Liv Larsson
Begegnung fördern
Mit gewaltfreier Kommunikation vermitteln
Mediation in Theorie und Praxis

Ausführliche Informationen zu jedem unserer lieferbaren und geplanten Bücher finden Sie im Internet unter www.junfermann.de. Dort können Sie auch unseren kostenlosen Mail-**Newsletter** abonnieren und sicherstellen, dass Sie alles Wissenswerte über das **JUNFERMANN**-Programm regelmäßig und aktuell erfahren.

Besuchen Sie auch unsere e-Publishing-Plattform www.active-books.de.

Liv Larsson

Begegnung fördern

Mit gewaltfreier Kommunikation vermitteln

Mediation in Theorie und Praxis

Aus dem Schwedischen von Ariane Korth

Junfermann Verlag • Paderborn
2009

© der deutschen Ausgabe: Junfermannsche Verlagsbuchhandlung, Paderborn 2009

© der schwedischen Ausgabe: Friare Liv Konsult, 2008
info@friareliv.se; www.friareliv.se
Originaltitel: Skapa möten och kontakt genom medling. Att agera tredje part med hjälp av Nonviolent Communication

Als Vorlage für die deutsche Ausgabe diente eine ergänzte und überarbeitete Version des Originaltextes aus dem Jahr 2009.
Übersetzung: Ariane Korth
Sprachliche Beratung und Überarbeitung der Übersetzung: Nadine Helm

Coverbild: © Peter Hires Images – Fotolia.com
Covergestaltung/Reihenentwurf: Christian Tschepp

Alle Rechte vorbehalten.

Das Werk einschließlich aller seiner Teile ist urheberrechtlich geschützt. Jede Verwendung außerhalb der engen Grenzen des Urheberrechtsgesetzes ist ohne Zustimmung des Verlages unzulässig und strafbar. Dies gilt insbesondere für Vervielfältigungen, Übersetzungen, Mikroverfilmungen und die Einspeicherung und Verarbeitung in elektronischen Systemen.

Satz: JUNFERMANN Druck & Service, Paderborn

Bibliografische Information der Deutschen Bibliothek

Die Deutsche Bibliothek verzeichnet diese Publikation in der Deutschen Nationalbibliografie; detaillierte bibliografische Daten sind im Internet über http://dnb.ddb.de abrufbar.

ISBN 978-3-87387-724-5

Inhalt

Vorwort zur deutschen Übersetzung 11
Vorwort der Autorin 13

Kapitel 1: Mediation 17
Was ist Mediation? 19
Wie unser Menschenbild unsere Mediationskompetenz beeinflusst 21
    Ein Menschenbild, das sich auf Bedürfnissen gründet 23
Was ist nötig, damit Mediation ein natürlicher Teil unserer Kultur wird? 25
    Recht muss gesprochen werden!!? 26
    Unsere Worte stützen unser Menschenbild 28

Kapitel 2: Der Traum von einer konfliktfreien Welt 29
Konflikt – Krise oder Chance? 31
    Übliche Sichtweise auf Konflikte in Dominanzstrukturen 33
    Übliche Sichtweise auf Konflikte in lebensbereichernden,
    partnerschaftlichen Strukturen 35
    Der Unterschied zwischen Dominanzstrukturen und
    lebensbereichernden, partnerschaftlichen Strukturen 36
Win-Win oder Nullsummenspiel? 39

Kapitel 3: Sich einmischen 41
Ohne Einladung vermitteln 43
    Wenn der Mediator nicht angenommen wird 44
    Zivilcourage oder respektlose Besserwisserei? 45
    Passivität fördert Gewalt 46
    Passivität und Gehorsam 47
Reflexionsübungen:
Was spielt sich bei Ihnen innerlich ab, wenn Menschen in
    Ihrem Umfeld einen Konflikt haben? 50
Was spielt sich bei Ihnen innerlich ab, wenn Sie Ratschläge
    erteilen oder die Konflikte anderer lösen wollen? 51

Kapitel 4: Von süßer Rache und Gesichtsverlust 53
Was macht Rache eigentlich süß?. 55
    Rache und Vergebung – zwei Seiten derselben Medaille. 56
    Einfühlung anstelle von „Bitte entschuldige" 59
    Wie man mithilfe der GFK um Entschuldigung bittet 60
Herauskristallisieren, worum es Menschen
    bei Mediation, Rache und Vergebung wirklich geht. 61
    Sein Gesicht verlieren 62
Reflexionsübung: Was tun Sie, um einen Gesichtsverlust zu vermeiden? 64
Tun Sie niemals etwas aus der Motivation heraus,
    Schuldgefühle oder Scham zu vermeiden! 65

Kapitel 5: Gewaltfreie Kommunikation als Haltung in der Mediation 67
Gewaltfreie Kommunikation. 69
    Zwei Grundprinzipien in der GFK. 71
    Anwendungsgebiete für die GFK 73
    Das Modell der Gewaltfreien Kommunikation 74
Bedürfnisse – unser gemeinsamer Nenner 75
    Ursache oder Auslöser?. 75
    Einige grundlegende Bedürfnisse, die wir alle haben. 76
Die Gefühle – „Kinder" der Bedürfnisse 78
    Starke Gefühle – Hilfe oder Hindernis? 80
    Einige Gefühle, die wir alle kennen 80
Bitten in der Mediation. 82
Praxisübung: Üben Sie im Alltag, um das zu bitten, was Sie haben wollen. 84
Hindernisse in der Mediation 85
    Interpretieren oder Beobachten 85
    Statische Sprache oder Prozesssprache 86
    Feindbilder 87
Praxisübung: Beobachtung oder Interpretation: Abhängig von der Perspektive! . . . 89
    Wenn das Wort „Konflikt" zu weiteren Konflikten führt 89
Reflexionsübung zum Wort „Konflikt". 90
Konflikte finden auf der Ebene der Strategien
    und nicht auf der Ebene der Bedürfnisse statt. 91
Empathie (Einfühlung) 93
    Wenn wir statt Empathie etwas anderes wählen 94
    Der Unterschied zwischen Einfühlung und Sympathisieren 95
    Ratschläge anstelle von Empathie. 97
Exakt wiedergeben, was jemand gesagt hat 98
    Gefühlsgedanken 99
    Beim Zuhören vorsortieren 100

Übung	100
Die perfekte Konfliktlösung	101
Der Preis dafür, auf einer Position zu beharren	102
Wie groß ist der Kuchen eigentlich?	103
Kompromiss oder innere Wandlung?	105
Körpersprache, die zu den Worten passt	108
Berührung	109

Kapitel 6: Die „Werkzeugkiste" 111

Werkzeuge, die in der Mediation eingesetzt werden	113
1. Hören, übersetzen und wiedergeben, was gesagt wird	114
2. Jemanden „am Ohr ziehen" – den Parteien helfen, einander zu hören	117
3. Unterbrechen	119
4. Erste-Hilfe-Empathie	120
5. Selbsteinfühlung – sich als Mediator selbst empathisch begegnen	121
6. Den Mediationsprozess beobachten und steuern	123
Denken Sie in Zyklen	124
Klärung einer Sachfrage oder Versöhnung?	124
Ausbilden oder mediieren?	125

Kapitel 7: Übung Übung Übung 129

Machen Sie sich fit fürs Mediieren	131
Bedürfnisse des Mediators: Nutzen und Stolperfallen	132
Übung: „Sich der eigenen Absicht beim Mediieren bewusst werden"	135
Aussagen übersetzen, die die Verbindung gefährden	136
Einige Beispiele, was und wie der Mediator übersetzt	137
Übung: „Das Gesagte so übersetzen, dass es zur Verbindung beiträgt"	139
Übung: „Jemanden am Ohr ziehen" (1)	142
Übung: „Jemanden am Ohr ziehen" (2)	143
Übung: „Unterbrechen" (1)	145
Übung: „Unterbrechen" (2)	147
Übung: „Unterbrechen und Erste-Hilfe-Empathie geben" (1)	148
Übung: „Unterbrechen und Erste-Hilfe-Empathie geben" (2)	150
Vertiefungsübung: „Unterbrechen"	151
Übung: „Selbsteinfühlung während einer Mediation"	154
Übung: „Aufspüren, wessen Bedürfnisse ‚auf dem Tisch' sind"	158
Übung: „Informelle Mediation – Mediation in Zeitlupe"	159

Kapitel 8: Formelle Mediation 161
Auf Anfrage vermitteln 163
Vorgespräche mit den Konfliktparteien 165
Die Vorbereitung des Mediators 168
    Hintergrundinformationen 168
    Innere Klarheit als Vorbereitung 169
    Konkrete Vorbereitung auf eine Mediation 170
Freiwilligkeit – Voraussetzung für eine gelungene Mediation 171
    Wenn jemand Forderungen hört und sich dagegen auflehnt 172
    Wenn jemand Forderungen hört und nachgibt 173
Der neutrale Vermittler 174
    Zwei Mediatoren oder einer? 175
    Wo findet die Mediation statt? 175
    Die Mediation beginnt 176
    Wer fängt an? 177
    Der Zeitrahmen 178
    Lösungen und Vereinbarungen 178
    Klare Bitten wirken konfliktvorbeugend 179
    Sich auf den Kern des Konflikts konzentrieren 181
    Nach der Mediation 182
Merkzettel für den Mediator 183
Mediation Schritt für Schritt 184
    Mediation in fünf Schritten 185
Übung: Formelle Mediation – Mediation in Zeitlupe 186

Kapitel 9: Herausforderungen und Möglichkeiten 189
Mediationsvarianten 191
    1. Wenn keine der beiden Parteien der anderen zuhören will 191
    2. Verschiedene Räume 192
    3. Kommunikation über den Mediator 193
    4. Rollenspiele 194
    5. Wenn ein direktes Gespräch nicht möglich ist:
       mit Aufnahmen von Rollenspielen arbeiten 195
    6. Bedrohliche Situationen 196
    7. Der Mediator in seiner Menschlichkeit 197
    Die Verantwortung des Mediators 198
    Wann ist Mediation nicht die beste Wahl? 199
Mediation als Teil eines Prozesses oder als losgelöstes Einzelereignis? 200
    Ziele einer Shuttle-Mediation 201
    Dialog vor dem Mediationsgespräch 201
Übung: „Shuttle-Mediation" 203

Es geht nicht darum, es „richtig" zu machen 204
Unsere Entscheidungen beeinflussen andere 208
    Moralische Entwicklung. 209
    Mediation in Strafsachen 209
Wiederherstellende Gerechtigkeit 212
Mediation in Arbeitsgruppen und Teams 215
Wertschätzung – vorbeugender Umgang mit Konflikten 218
    Wertschätzung à la GFK 219
    Was uns selbst täglich nähren kann 220
Konflikte kosten Geld. 222
Eskalation und Deeskalation 224
Aus Fehlern lernen 225
    Erfolge feiern und aus ihnen lernen 226

Kapitel 10: Mediation zwischen Kindern 227
Zwischen Kindern vermitteln 229
    Wenn der Erwachsene zuhört und beide Seiten zu verstehen versucht . . . 231
    Wenn der Erwachsene sich entscheidet, Partei zu ergreifen,
        kann Folgendes geschehen:. 234
    Wenn der Erwachsene sich entscheidet, nicht einzugreifen 240
    Wenn der Erwachsene den Konflikt beendet,
        anstatt zu vermitteln zu versuchen 242
    Wenn der Erwachsene vergleicht 243
    Eingreifen, um zu schützen, anstatt zu bestrafen 247
    Wenn der Erwachsene mithilfe von Strafe zu vermitteln versucht. 250
Übung „Zwischen Kindern mediieren". 252

Anhang. 253
Nachwort 255
Übungsplan für Mediations-Übungsgruppen 256
Alltagsbegriffe für Bedürfnisse 259
    Das Modell der Gewaltfreien Kommunikation. 260
    Einige Gefühle, die wir alle kennen 261
    Einige grundlegende Bedürfnisse, die wir alle haben. 262
Literatur und Internetquellen 263
Beispielantworten zur Vertiefungsübung „Unterbrechen" 265
Dank 268
Über die Autorin. 269
Stimmen zu diesem Buch 270

Vorwort zur deutschen Übersetzung

„Mediation sehe ich eher als Methode für besonders schwierige Fälle", las ich erst neulich wieder in einem Online-Forum. Noch vor wenigen Jahren hätte ich zugestimmt: Wenn mir der Begriff Mediation begegnete, dachte ich an Scheidungskriege, festgefahrene Tarifverhandlungen und an UN-Einsätze in Krisengebieten.

Als ich Marshall Rosenberg, den Begründer der Gewaltfreien Kommunikation, zum ersten Mal von den erstaunlichen Ergebnissen seiner Arbeit als Vermittler berichten hörte, hing ich wie gebannt an seinen Lippen. Zwischen den von ihm begleiteten Menschen standen Themen wie Krieg, Vergewaltigung und getötete Familienangehörige. Durch diese lebendigen Beispiele wuchs meine Ehrfurcht davor, was Mediation bewirken kann, ins nahezu Unermessliche. Gleichzeitig entstand in meinem Kopf das Bild einer Superkompetenz – Mediation als Berufsbild, der Mediator als letzte Hoffnung für die „richtig schwierigen" Fälle.

Durch die Arbeit mit Liv Larsson und das Übersetzen dieses Buches ist mir klar geworden, dass dies nur eine Seite der Medaille ist. Natürlich ist Mediator ein (wichtiger!) Beruf, und es gibt ausgezeichnete Weiterbildungen, um Menschen darauf vorzubereiten. Gleichzeitig braucht die Welt Menschen, die gelernt haben, spontan im Alltag zu vermitteln, zwischen Kindern, Freunden und Kollegen. Und da kaum jemand auf Anhieb in der Lage ist, zwischen zwei aufgebrachten Menschen zu mediieren, weil dabei so vieles gleichzeitig geschieht, gibt uns Liv Larsson mit diesem Buch eine Anleitung, wie wir den sprichwörtlichen Elefanten verspeisen können (d.h. wie wir Stück für Stück anhand vieler praktischer Übungen unsere Fähigkeit, in Konflikten zu vermitteln, weiterentwickeln können).

Als ich Liv Larsson beim ersten Teil ihrer Mediationsausbildung in Thailand assistierte, faszinierte mich insbesondere ihre strukturierte Vorgehensweise. Nach vier Tagen wusste jeder einzelne Teilnehmer, was ihm leichtfiel, welche Einzelkompetenzen er noch üben wollte und wie er das tun konnte.

Mittlerweile schlägt mein Herz für Alltagsmediation. Es berührt mich zutiefst, wenn ich erlebe, wie in hitzigen Situationen, in denen die meisten Anwesenden erstarren, mitstreiten oder den Konflikt zu beenden versuchen, plötzlich jemand anfängt, seine Aufmerksamkeit darauf zu richten, worum es beiden Seiten im Kern gehen könnte. Das immer häufiger in meinem Umfeld zu erleben macht mir Hoffnung, dass eines Tages Mediation für die Beziehungspflege ebenso wie Zahnbürsten für die Mundhygiene oder Schraubenzieher im Werkzeugkasten zum Allgemeingut in unserer Kultur werden könnte.

Doch richtet sich dieses Buch an alle Menschen, die sich für Mediation interessieren – sei es, dass sie eine Ausbildung absolvieren, das Vermitteln in Alltagssituationen ohne fremde Hilfe selbst erlernen möchten oder schon länger als Mediatoren tätig sind und ihre Fähigkeiten erweitern möchten. Der klare Aufbau des Buches unterstützt jeden Lernenden beim Erstellen eines eigenen Profils und lässt ihn einen persönlichen Zugang zur Haltung des Mediators finden. Die Gewaltfreie Kommunikation, wie sie hier vorgestellt wird, ist eine Haltung, die dazu beitragen kann, jedes formelle und informelle Mediationsgespräch wirkungsvoller zu gestalten.

Zwecks leichterer Lesbarkeit habe ich mich entschieden, das häufig vorkommende Wort Mediator bzw. Vermittler in der männlichen Form zu verwenden. Gemeint sind damit selbstverständlich sowohl männliche als auch weibliche Mediatoren.

Ariane Korth

Vorwort der Autorin

Ich bin in Norrbotten in Nordschweden aufgewachsen, wo man üblicherweise mit Menschen, die man kennenlernte, entweder direkt verwandt war oder zumindest gemeinsame Verwandte hatte. In meiner Kindheit habe ich mich oft geärgert und geschämt, wenn meine Eltern bei jeder neuen Bekanntschaft damit begannen, zu erforschen, in welchem verwandtschaftlichen Verhältnis wir zueinander standen.

Als ich anfing, mich für Mediation und den Umgang mit Konflikten zu interessieren, erkannte ich, dass es in der Tat Gründe gab, dieses Interesse an verwandtschaftlichen Beziehungen wertzuschätzen. Ich konnte nun sehen, dass dieses Forschen zu einem konstruktiven Umgang mit Konflikten beitragen kann: Es verdeutlicht uns, dass wir zusammengehören und wie unsere Handlungen sich auf andere auswirken. Ich fand heraus, dass es bestimmte Kulturen gibt, zum Beispiel auf Neuguinea, die Konflikte handhaben, indem eine dritte Partei den Beteiligten zeigt, wie sie zueinander in (z.B. verwandtschaftlicher) Beziehung stehen.[1] Auf diese Weise wird deutlich, wie die Handlungen eines Menschen sowohl einen Einfluss auf ihn selbst als auch auf seine Familie und Verwandtschaft haben.

Dieses Buch basiert auf der Gewaltfreien Kommunikation (GFK), und die GFK geht u.a. davon aus, dass wir wechselseitig voneinander abhängig sind. Die Absicht der GFK ist es, einen Kontakt zwischen uns zu schaffen, der in jedem von uns die Sehnsucht weckt, dass die Bedürfnisse aller gesehen und in größtmöglichem Maße erfüllt werden. Um diese Qualität von Verbindung zu schaffen, ist es notwendig, dass wir bereit sind, zu erkennen, wie unsere Handlungen sich auf andere auswirken und auf welche Weise dies geschieht.

Viele von uns vermitteln fast täglich als dritte Partei, auch wenn wir uns selbst vielleicht nicht als Mediatoren sehen. Das kann in Situationen sein, in denen wir aktiv zu verstehen versuchen und vielleicht eingreifen, wenn es anderen schwerzufallen scheint, miteinander in Verbindung zu kommen. Wir vermitteln vielleicht zwischen zwei Kindern, zwischen Menschen in unserem beruflichen Team oder zwischen Freunden.

---

1   Diamond, Jared (2006), Arm und Reich: Die Schicksale menschlicher Gesellschaften. Fischer.

Marshall Rosenberg, der Begründer der GFK, mediiert seit über 40 Jahren in verschiedenen Konfliktsituationen auf der ganzen Welt. Rosenberg sieht Bedürfnisse als gemeinsame Triebkraft hinter allem, was Menschen tun. Er geht davon aus, dass alle emotionalen Erfahrungen davon abhängen, ob unsere Bedürfnisse erfüllt oder nicht erfüllt sind und seine Entdeckungen haben mich sehr in meiner Arbeit als Mediatorin unterstützt. Es gibt viele verschiedene Ansätze zur Mediation. Ich habe mich entschieden, den der GFK zu vertiefen, da er sehr konkrete Werkzeuge beinhaltet, die meine Fähigkeiten, als dritte Partei zu vermitteln, gestärkt haben.

> *Echte Zusammenarbeit kann dann entstehen, wenn alle Beteiligten darauf vertrauen, dass der andere ihre Bedürfnisse und Werte auf respektvolle Weise berücksichtigen wird. Der Prozess der Gewaltfreien Kommunikation wurzelt in einer respektvollen Haltung, die wahre Zusammenarbeit ermöglicht.*
> – Marshall Rosenberg[2]

Als ich zu vermitteln begann, erlebte ich dies oft als ziemlich herausfordernd. Schrittweise lernte ich jedoch, wie sich verschiedene Bestandteile der GFK zu einer Ganzheit zusammenweben ließen. Meine auf diese Weise erweiterten Fertigkeiten wurden zur Grundlage dieses Buches. Ich habe mich viele Jahre vorangetastet und hoffe, dass das, was ich Ihnen mitteilen möchte, es Ihnen erleichtern wird, wirksam zu mediieren. Mit diesem Gedanken im Hinterkopf habe ich ein ganzes Kapitel mit Übungen verfasst, um Sie zu inspirieren, das Mediieren aktiv zu üben.

Zusammenfassung

Das Buch beginnt mit einem Überblick zum Thema Mediation und befasst sich in den ersten beiden Kapiteln mit dem Menschenbild, das meiner Arbeit zugrunde liegt, mit Hintergründen zu systembedingten Haltungen gegenüber Konflikten und mit dem Begriff „Gerechtigkeit". Kapitel 3 und 4 beinhalten Gedanken zu Passivität, Rache und Vergebung, zu Schuldgefühlen und Scham, jeweils bezogen auf den Umgang mit Konflikten. Darauf folgen zwei Kapitel darüber, wie die Gewaltfreie Kommunikation in der Mediation angewandt werden kann (Kapitel 5 und 6). Um in Konflikten vermitteln zu können, benötigen die meisten von uns Übung. Deshalb besteht das gesamte siebente Kapitel aus Übungen zu den einzelnen „Werkzeugen" – Methoden und Interventionen, die Sie beim Mediieren verwenden können. Kapitel 8 ist der Frage gewidmet, wie man eine formelle Mediation vorbereitet und durchführt. Verschiedene Arten, mit schwierigen Mediationssituationen umzugehen sowie die Themen „Mediation in Strafsachen" und „Wiederherstellende Gerechtigkeit" werden in Kapi-

---

[2] Rosenberg, Marshall (2007), Das können wir klären! Wir man Konflikte friedlich und wirksam lösen kann, Junfermann.

tel 9 beschrieben. In Kapitel 10 gehe ich darauf ein, wie man zwischen Kindern vermitteln kann.

Ich habe mich entschieden, die Medianten im gesamten Buch „Person A" und „Person B" zu nennen (auch wenn in Mediationen manchmal die Vermittlung zwischen mehr als zwei *Personen* vermittelt wird und es in diesem Fall korrekter wäre, sie als „Partei 1" und „Partei 2" zu bezeichnen). Ich hoffe jedoch, dass meine Wortwahl es Ihnen als Leser erleichtert, den theoretischen Abhandlungen zu folgen und die vorgeschlagenen Übungen auch durchzuführen.

Die in diesem Buch zitierten Beispiele aus meiner eigenen Mediationspraxis (vereinzelt auch Beispiele anderer) habe ich zum Schutz der beteiligten Personen bzw. Gruppen verfremdet.

Viel Erfolg beim Mediieren!

Liv Larsson

Kapitel 1

Mediation

Was ist Mediation?

Mediieren: versuchen, Übereinkunft zwischen zwei streitenden Parteien herzustellen {schlichten, vermitteln}
– Die schwedische Nationalenzyklopädie [3]

Konflikte beinhalten immer Geschenke. Folglich kann man Mediation als Möglichkeit sehen, ein noch verschlossenes Päckchen zu öffnen, um das Geschenk zu genießen. Für den Fall, dass das Geschenk (der Konflikt) in einer herausfordernden Verpackung kommt, kann ein Mediator derjenige sein, der den Deckel hebt. Mit anderen Worten kann Mediation als Vorgang beschrieben werden, bei dem eine dritte Partei streitenden Menschen dabei hilft, ihre Sicht des Konfliktes zu verändern, hinter ihn zu sehen, sein Entwicklungspotenzial zu erkennen und gemeinsam zu einer Übereinkunft zu gelangen, wie sie zukünftig handeln wollen.

Im Umgang mit einem Konflikt kann ein Mediator den streitenden Parteien insbesondere helfen, ein menschlicheres Bild voneinander zu bekommen. Wenn wir die Menschlichkeit des anderen sehen, indem wir seine Gefühle und Bedürfnisse wahrnehmen, erkennen wir uns selbst wieder und unser Mitgefühl wird geweckt. Damit wird es auch leichter, darauf hinzuwirken, dass die Bedürfnisse aller Beteiligten erfüllt werden.

In diesem Buch gehe ich von den Grundsätzen aus, auf denen die Gewaltfreie Kommunikation nach Marshall Rosenberg (GFK) basiert.[4] Diese Grundsätze können in der Mediation angewendet werden, um Menschen zu helfen, Lösungen für ein bestimmtes Problem zu finden. Mit denselben Grundsätzen kann man auch Menschen unterstützen, die sich versöhnen wollen, nachdem etwas vorgefallen ist, das es ihnen erschwert, einander zu vertrauen.

In ihrer einfachsten Form bedeutet Mediation, ein Gespräch leichter zu machen. Als Vermittler helfen Sie den Parteien, auf eine Weise miteinander zu sprechen, die zu

---

3   Internetausgabe der Schwedischen Nationalenzyklopädie www.ne.se (Stand vom 2. Februar 2008, schwedischsprachige Quelle).
4   Eine eingehende Beschreibung der Gewaltfreien Kommunikation finden Sie in Kapitel 5 und 6. Lesen Sie diese zuerst, falls Ihnen die GFK unbekannt ist und Sie die ersten Kapitel schwer verständlich finden. Weitere Informationen finden Sie unter www.cnvc.org sowie www.gewaltfrei.de.

Verständnis und Begegnung führt und nicht – wie in der bisherigen Kommunikation – zu Widerstand und Konfrontation.

Dem Mediator selbst geht es häufig darum, einen Beitrag zur Wiederherstellung von Beziehungen zu leisten – Beziehungen, die von den Betroffenen als schmerzhaft erlebt werden und in denen einander zu vertrauen als Herausforderung erlebt wird. Mediation zeigt sich dann als besonders wertvoll, wenn wir schwer lösbaren Konflikten in Beziehungen begegnen, für die wir uns wirklich einsetzen wollen (zum Beispiel zwischen Familienmitgliedern, Freunden, Nachbarn oder Arbeitskollegen). Das Vermitteln zwischen Tätern und Geschädigten nach Straftaten hat sich in Schweden und an vielen anderen Orten auf der ganzen Welt als wertvolle Möglichkeit erwiesen, um schmerzhafte Erfahrungen zu heilen.[5] Wenn Sie die GFK in der Mediation einsetzen, konzentrieren Sie sich vor allem darauf, den Kontakt, die Verbindung zwischen allen Parteien zu unterstützen. Diese Verbindung ist die Grundlage, um Lösungen zu finden, bei denen die Bedürfnisse aller Beteiligten berücksichtigt und in größtmöglichem Maße auch erfüllt werden. Als Mediator richten Sie Ihre Aufmerksamkeit auf die Verbindung, ungeachtet dessen, *wer* zuvor *was* getan hat.

Die besondere Art von Verbindung, von der ich spreche, gründet sich auf gegenseitigen Respekt und auf die Freiwilligkeit aller beteiligten Parteien. Manchmal findet man keine Lösungen, die für alle funktionieren. Indem die Medianten die Menschlichkeit des anderen sehen, wächst jedoch ihr Vertrauen, einander wirklich begegnen zu können. Nicht selten führt das zu einer erhöhten Bereitschaft und mehr Kreativität, um neue Lösungen und Strategien zu finden. Schöpfen erst die Parteien nach einer Mediation Hoffnung und haben sie mehr gegenseitiges Vertrauen gewonnen und einen tieferen Kontakt etabliert, wurden einige sehr wichtige Schritte in Richtung Versöhnung gegangen. Verfügen sie zudem über neue Werkzeuge, um konkret an der Wiederherstellung ihrer Beziehung arbeiten zu können und vorwärts zu gehen, ist man auf dem Weg zu einer Lösung, bei der alle berücksichtigt werden, weit gekommen.

---

5 Mehr zu Mediation in Strafsachen und Täter-Opfer-Ausgleich: siehe Kapitel 9 sowie www.bra.se. [Internetseite ist nur teilweise übersetzt].

Wie unser Menschenbild unsere Mediationskompetenz beeinflusst

Wenn man damit anfängt, das Vermitteln zu üben, fühlt sich das manchmal überwältigend und schwierig an. Ich glaube jedoch, dass alle Menschen mediieren können, wenn Sie auch möglicherweise einiges an Übung benötigen werden, um es auf eine Weise tun zu können, mit der Sie zufrieden sind. Am wichtigsten ist, dass Sie sich selbst darüber im Klaren sind, welches Menschenbild Sie als Mediator haben und wie Sie Konflikte sehen. Wenn Ihr Menschenbild potenziell auf Versöhnung ausgerichtet ist, wird es Ihnen sicher leichtfallen, Ihre Fähigkeiten als dritte Partei auf natürliche Weise einzusetzen.

Unser Menschenbild wird von der Gesellschaft geprägt, in der wir aufwachsen und von den Vorbildern, die uns diese Gesellschaft vorgibt. In ihrem Buch „Kelch und Schwert"[6] beschreibt die Kulturhistorikerin Riane Eisler den seit Jahrtausenden andauernden Kampf zwischen dem, was sie „Partnerschaftsmodell" und dem, was sie „Dominanzmodell"[7] nennt. Riane Eisler und der Theologe Walter Wink verdeutlichen in mehreren Büchern, wie in den vergangenen 10 000 Jahren fast überall auf der Welt auf dem Dominanzmodell basierende Gesellschaften aufgebaut worden sind.[8] In seinem Buch „The Powers That Be" beschreibt Wink, dass in auf Dominanz basierenden Organisationen Ressourcen und Privilegien ungleich verteilt sind und es hierarchische Machtstrukturen gibt.[9] In solchen Strukturen haben einige wenige das Sagen über die große Mehrheit. Kontrolle und Ordnung werden oft unter Anwendung von Zwang oder irgendeiner Form von Gewalt aufrechterhalten. In vielen Familien finden sich diese Prinzipien und viele unserer Schulen, Vereine, religiösen Gemeinden, Unternehmen und Regierungen werden auf diese Weise geleitet.

---

6   Eisler, Riane (2005), „Kelch und Schwert, unsere Geschichte, unsere Zukunft", Arbor.
7   Anm.d.Ü.: Riane Eislers Begriff „domination model" wurde in verschiedenen deutschen Büchern als „dominatorisches Modell", „Herrschaftsmodell" bzw. „Dominanzmodell" übersetzt. Im vorliegenden Buch wurden durchgängig Konstruktionen mit „Dominanz-" gewählt.
8   Wenn ich mir bewusst mache, dass aus menschlicher Perspektive 10 000 Jahre trotz allem eine sehr kurze Zeit sind, stimmt mich das hoffnungsvoll.
9   Wink, Walter (2000), The Powers That Be. Theology for a New Millennium. Doubleday.

Nach dem Menschenbild eines durch Dominanz gekennzeichneten Systems sind Menschen im Grunde genommen selbstsüchtig und gewalttätig. Gehen wir davon aus, dass das unsere wahre Natur ist, müssen Menschen kontrolliert werden, damit niemand zu Schaden kommt. Da wir in diesem System gelernt haben, zu vergleichen und Rangordnungen zu erstellen, gibt es eine weitverbreitete Meinung, nach der einige Menschen ein bisschen besser (oder zumindest weniger schlecht) als andere sind. Die „Guten" werden eingesetzt, um über die anderen zu regieren und sie anzuführen. Um herauszufinden, wer die Führung übernehmen darf, ist in den letzten Jahrtausenden ständig darum gekämpft worden, wer die „Guten" und wer die „Bösen" sind. Diejenigen, die in einem solchen System die Spitze erreicht haben, werden versuchen, Menschen zu kontrollieren, indem sie ihre Macht *über* sie einsetzen, vor allem durch Strafen und Belohnungen.

Wer gehorcht und den Willen der Autorität erfüllt, wird belohnt und wer nicht gehorcht, wird bestraft. Geht man davon aus, dass Menschen selbstsüchtig und gewalttätig sind, scheinen Strafen und Belohnungen die wirksamsten Mittel zu sein, sie zu lehren, wie sie sich benehmen sollen. Gestraft wird mit der Absicht, dass die Strafe (oder eine nicht erhaltene oder wieder entzogene Belohnung) uns zeigen soll, wie schlecht wir sind und dass wir etwas falsch gemacht haben. Auf ähnliche Weise sehen wir, dass wir anerkannt sind, wenn diejenigen an der Spitze (Eltern, Lehrer, Chefs …) uns das bestätigen, indem sie uns auf irgendeine Weise belohnen. Wir lernen, dass unser Wert als Mensch davon abhängt, ob wir von einer Autorität anerkannt werden oder nicht. Dieses Menschenbild rechtfertigt, dass die Überlegenen das Recht haben, den Ton anzugeben und andere zu kontrollieren, weil wir Menschen eben auf diese Weise lernen, was richtig und falsch ist. Das zu lernen ist wichtig, um in einer Kultur leben zu können, die auf Hierarchie und Dominanz beruht.

Zu diesem Menschenbild gehört auch die Idee, dass an jedem Konflikt jemand schuld sein müsse, es also einen „Täter" gibt. Und weil diese Idee sich nachhaltig durchgesetzt hat, haben wir ein unglaublich aufwendiges System geschaffen, um diese „bad guys" zu finden und zu überführen.

Die meisten von uns sind in dieser Denkweise – zu vergleichen und zu beurteilen, was gut und was schlecht ist – immens gut ausgebildet. Denken Sie nur einmal über Ihre eigenen Gedanken beim Lesen des letzten Abschnittes nach: Wie oft haben Sie das System, das ich beschreibe, als schlecht, falsch oder ungerecht beurteilt? Oder vielleicht bewerten Sie auch meine Gedankengänge als falsch, abstrus oder unrealistisch? Da wir so sehr darauf trainiert sind, in Kategorien von richtig und falsch, gut und schlecht zu denken, ist es nicht verwunderlich, dass wir fast die ganze Zeit auch so urteilen.

Wenn ich die (meiner Beurteilung nach) lebensgefährliche Kombination von hoch entwickelter Technologie und Dominanzdenken sehe, die derzeit große Teile unserer

Welt zu steuern scheint, verliere ich leicht die Hoffnung. Ich glaube, dass dieser Dominanzmythos zur Zeit enorm tragische Auswirkungen auf unseren Planeten hat und dass wir lernen müssen, die Welt auf eine Weise zu sehen, die dem Leben dienlicher ist.

Ein Menschenbild, das sich auf Bedürfnissen gründet

Richte ich stattdessen meine Aufmerksamkeit auf zwei Grundannahmen der Gewaltfreien Kommunikation (GFK), inspiriert mich das und lässt mich wieder hoffen:

- **Alles, was wir Menschen tun, ist ein Versuch, unsere Bedürfnisse zu erfüllen**[10].
- **Wenn wir es aus freiem Willen tun können, unterstützen wir Menschen einander gerne.**

Mithilfe dieser kann ich mir vergegenwärtigen, dass das, was ich als Dominanzsystem beschreibe, *eine* Entscheidung repräsentiert, wie man sich der Welt gegenüber verhalten kann. Die beiden obigen Annahmen repräsentieren eine *andere* Entscheidung und unterscheiden sich von der Art, wie viele von uns gelernt haben, die Welt zu sehen. Wir sind immer frei, uns zu entscheiden, wie wir miteinander und mit der Welt in Kontakt treten wollen.

Eines möchte ich verdeutlichen: Dass Gewalt dazu geeignet ist, Dinge in Ordnung zu bringen, ist für mich ein Mythos. Gewalt ist nur *eine* Möglichkeit, eine Lösung für ein Problem zu finden und wir können sie jederzeit gegen eine *andere* austauschen.

Wenn wir uns entscheiden, unsere Aufmerksamkeit auf das zu richten, was Menschen brauchen, anstatt darauf, wer sich richtig und wer sich falsch verhalten hat, dann haben wir bestimmt weitaus größere Chancen, eine Welt zu schaffen, in der es Platz für alle gibt. Eine solche Einstellung Menschen gegenüber stellt auch für denjenigen, der die Rolle eines Mediators annimmt, eine erhebliche Erleichterung dar, weil sie es einfacher macht, das Menschliche in jeder Person zu sehen, unabhängig davon, wie sie sich verhalten hat. Diese Einstellung und dieses Menschenbild ziehen sich durch das gesamte Buch und sind Grundlage der Praxisübungen.

Die Einstellung, dass Konflikte durch unerfüllte Bedürfnisse entstehen, stimmt mich zuversichtlich, dass wir eine Welt schaffen können, die völlig anders aussieht, als die, in der wir heute leben. Stellen Sie sich nur vor, dass all die Ressourcen, die heute für

---

10 Anm.d.Ü.: Mit „Bedürfnissen" sind im ganzen Buch *nicht an Personen, Zeiten, Orte oder spezifische Handlungen gebundene menschliche Triebkräfte/Seinsqualitäten* gemeint. (s. Kapitel 5). Bedürfnisse sind also immer lebensdienlich, selbst wenn die konkreten Handlungen, die jemand in dem Versuch wählt, sie zu erfüllen, in manchen Fällen tragische Folgen haben.

Waffen, Militär, Polizei und Gefängnisse verwendet werden, stattdessen eingesetzt würden, um Beziehungen wiederherzustellen und neue Strategien zu erarbeiten, die die Bedürfnisse aller berücksichtigen. In dieser Welt hätten Vermittler vermutlich automatisch einen anerkannten Platz.

Was ist nötig, damit Mediation ein natürlicher Teil unserer Kultur wird?

In meiner Antwort auf die in der Überschrift gestellte Frage möchte ich von den zwei zuvor beschriebenen unterschiedlichen Denkweisen ausgehen. Zuerst antworte ich im Sinne eines auf Kontrolle und Dominanz begründeten Systems und danach im Sinne eines Systems, dessen Absicht es ist, dem Leben durch die Erfüllung von Bedürfnissen zu dienen. In einem auf Dominanz basierenden System ist Mediation eher unüblich, da Konflikte als etwas Schlechtes gesehen und am liebsten vermieden werden. Gewalt oder Gewaltandrohung hingegen sind an der Tagesordnung, wenn es darum geht, Konflikte zu bekämpfen. Dennoch entstehen in diesem System immer wieder Konflikte.

Man kann auch versuchen, Konflikte durch Kontrolle und gut untermauerte Drohungen (zur Gewaltanwendung greifen, sollte ein Konflikt entstehen) generell zu vermeiden. Diejenigen, die die Macht haben, setzen solche Maßnahmen (oder Sanktionen) ein, um die Ordnung wiederherzustellen, wenn sie gestört wird. Entsprechend haben die Menschen in einem System, das sich auf Dominanz gründet, viel Vertrauen in das friedensschaffende Potenzial von Kontrolle und Gewalt. Denn auf Gewalt folgt ja bekanntlich Harmonie, oder …?

Ich möchte behaupten: Es ist *diese Art zu denken*, die den Mythos erschafft und erhält, dass Gewalt notwendig sei und Harmonie bewirken könne. Auf diesem Mythos basiert die Dominanzkultur, die Gewalt als Strategie zur Konfliktlösung einen hohen Wert zuschreibt. Er lässt Gewalt und Rache (oder „Vergeltung", wie sie oft genannt wird) natürlich erscheinen. Darüber hinaus erhält er das Macht(un)gleichgewicht, welches darin besteht, dass einige wenige Menschen Macht über die große Mehrheit haben.

Wenn in Systemen, die sich auf Dominanz gründen, ein Konflikt entsteht, versucht man herauszufinden, wessen Fehler es ist. Hat man den Schuldigen gefunden, urteilt man, welche Strafe *gerecht* ist und bestraft die Person (oder Gruppe). Eine solche Handlungsweise basiert auf dem Glauben, dass Menschen neue Verhaltensweisen am besten dadurch lernen, dass sie sich selbst hassen und für schlecht halten, indem sie nämlich Schuld, Scham oder Angst vor Strafe fühlen. Solche Versuche, Veränderung zu bewirken, sind tragisch, da sie ausgesprochen selten zu Versöhnung oder Zusammenarbeit führen. Im Gegenteil: Oft führen sie zu Rache, einer Form von Destruktivität. Und wenn Rache in einer Situation nicht attraktiv scheint, richtet sich die Destruktivität vielleicht nach innen, was zu Depressionen und Bitterkeit führen kann.

Nicht die Tatsache, ob Konflikte entstehen oder nicht, lässt Rückschlüsse darüber zu, mit welcher Art von Kultur wir es zu tun haben. Der Unterschied liegt in der *Art*, die entstehenden Konflikte zu betrachten und darin, wie man mit ihnen umgeht.

Wenn nach den kulturellen Normen Konflikte ein Zeichen dafür sind, dass jemand etwas falsch gemacht hat oder dass etwas nicht normal ist, wird kaum jemand zugeben wollen, dass Mediation nützlich sein könnte. Nach diesen Normen einen Konflikt zuzugeben käme dem Eingeständnis gleich, nicht vollkommen zu sein. In Kulturen hingegen, in denen Konflikte als etwas Natürliches angesehen werden, als etwas, aus dem man lernen kann, besteht Interesse daran, ihnen Zeit und Aufmerksamkeit zu widmen. Wenn in lebensbereichernden Systemen Konflikte entstehen, versucht man zu *verstehen*, worum es eigentlich geht. Man versucht nicht, sie zu unterdrücken oder zu bekämpfen. Mediation stellt somit eine Chance dar, so viel wie möglich aus einem Konflikt zu lernen.

Manche Kulturen haben die Rolle einer „dritten Partei" in ihre Gesellschaftsstruktur integriert, da man erkannt hat, dass es Sinn macht, Konflikte frühzeitig anzugehen. Beispiele dafür finden wir bei den Indianern in Nord- und Südamerika, bei den Maori in Neuseeland und in bestimmten Volksgruppen in Neu Guinea und Südostasien.[11]

Würde unsere Kultur ein Menschenbild fördern, nach dem Menschen tun, was sie tun, weil sie sich Bedürfnisse erfüllen wollen und auf freiwilliger Basis gerne zum Leben anderer beitragen, könnte Mediation ein natürlicher Teil unserer Kultur werden.

Recht muss gesprochen werden!!?

Ein Hindernis, auf das Sie möglicherweise stoßen werden, wenn Sie versuchen zu vermitteln, ist die Sichtweise von Konflikten, welche die meisten von uns gelernt haben: dass ein Konflikt entsteht, weil jemand etwas falsch gemacht hat – und nun soll Recht gesprochen werden. Das bedeutet, dass eine oder mehrere Personen bestraft werden sollen, um die Sache wieder „in Ordnung" zu bringen. Wenn wir den Schuldigen nicht finden, suchen wir auf jeden Fall nach einem Sündenbock, der geopfert werden kann; schließlich sehnen wir uns nach Harmonie und danach, dass der Normalzu-

---

11 Diamond, Jared (2006), Arm und Reich: Die Schicksale menschlicher Gesellschaften. Fischer.

stand wieder hergestellt wird. Die Absicht ist selbstverständlich eine gute, schießt aber allzu oft am Ziel vorbei. Geht man davon aus, dass nur *eine Person* sich anders hätte verhalten sollen, übersieht man nur zu leicht, wenn es etwas im System selbst gibt, das zu Konflikten führt. Da wir jedoch vollauf damit beschäftigt sind, „den Schuldigen" zu finden und zu bestrafen, ändern wir nichts am konfliktverursachenden System, das unverändert bestehen bleibt.

Wenn für uns Gerechtigkeit bedeutet, jemandem zu geben, was er *verdient*, riskieren wir, dass der Umgang mit Konflikten zum reinen Kampf darüber verkommt, wer belohnt und wer bestraft werden soll. Diese Sichtweise durchdringt den größten Teil unseres Rechtssystems, die meisten Zeugnis- und Gehaltssysteme, sowie viele andere Systeme, die zur Kontrolle, Belohnung und Bestrafung eingesetzt werden.

Wenn ein Mediator die GFK anwendet, liegt der Fokus darauf, Verbindung und Begegnung zwischen den Parteien zu fördern, um dann einen Weg zu finden, die Bedürfnisse aller Beteiligten zu erfüllen. Die Frage, wer der Schuldige ist oder was „gerecht" ist, ist in dieser Situation kontraproduktiv, da das, was wir „Gerechtigkeit" nennen, eigentlich eine Umschreibung für „Rache" ist.

Fehlt einer der Konfliktparteien das Vertrauen, dass die Bedürfnisse aller Beteiligten berücksichtigt werden, wird der Ausdruck „verdienen" oft zum Geländer, an dem sie sich entlanghangeln. Haben wir in einer Mediation jedoch Vertrauen dafür geschaffen, dass es das gemeinsame Anliegen ist, die Bedürfnisse aller in größtmöglichem Maße zu erfüllen, fällt es leichter, die Idee loszulassen, dass jemand für das, was geschehen ist, bestraft werden müsse. Dann wird deutlich, dass hinter dem Streben nach Gerechtigkeit eigentliche eine starke Sehnsucht steht, dass die eigenen Bedürfnisse erfüllt werden. Herauszufinden, was die Parteien tun können, um das, was zerbrochen ist, zu reparieren, sei es materieller Schaden, Beziehungen oder Vertrauen, rückt dann in den Mittelpunkt des Interesses.

Unsere Worte stützen unser Menschenbild

> *... es begann vor langer Zeit mit Mythen über die menschliche Natur, die den Menschen als grundsätzlich böse und selbstsüchtig beschrieben – und dass ein „gutes Leben" bedeutete, dass eine Heldenmacht die bösen Mächte bezwang. Mit dieser zerstörerischen Mythologie haben wir lange Zeit gelebt, und sie wird ergänzt durch eine entmenschlichende Sprache, die Menschen zu Objekten macht.* – Marshall Rosenberg[12]

Will man dritte Partei in einer auf Dominanz basierenden Kultur sein, stellt auch die Sprache eine Herausforderung dar. Die meisten von uns haben unglaublich viele Wörter gelernt, um zu beschreiben, was Menschen *sind*. Folglich fällt es uns leicht, uns gegenseitig zu analysieren und zu beurteilen, was normal oder unnormal, angemessen oder unangemessen, gut oder schlecht und so weiter ist. Die GFK kann eine große Hilfe sein, da sie uns konkrete Werkzeuge an die Hand gibt, um alle statischen Ausdrücke in eine Sprache zu übersetzen, die Menschen wieder ihr gemeinsames Menschlichsein erkennen lässt. Hierfür benötigen wir eine prozessorientierte Sprache, die beschreibt, was wir tun und was wir *brauchen,* anstelle einer statischen Sprache, in der es darum geht zu beschreiben, wie oder was jemand *ist*.

Zu der Weltsicht, dass Ordnung durch Kontrolle und Bestrafungs-/Belohnungssysteme geschaffen und erhalten wird, gibt es Alternativen. Die GFK baut auf die Einstellung, dass wir Menschen es genießen, andere zu unterstützen, wenn dies auf freiwilliger Basis geschieht und wenn wir verstehen, was diese Unterstützung für jemand anderen bedeutet. Diese Haltung gründet sich weder auf den Gedanken, dass Menschen gut sind, noch, dass sie schlecht sind, sondern darauf, dass wir Menschen handeln, um unsere Bedürfnisse zu erfüllen. Um dieses Menschenbild zu festigen, ist es nötig, dass wir lernen, von Herzen zu kommunizieren und uns nicht leiten lassen von einer Welt voller Regeln, die vom „Richtig und Falsch"-Denken regiert wird und in der wir Autoritäten blind gehorchen. Wir benötigen eine Sprache, die uns helfen kann, die lebensbereichernde Absicht zu verdeutlichen, die in einer auf Dominanz und Kontrolle basierenden Sprache verborgen liegt.

Ich glaube, dass alle Menschen das Vermögen haben, zu vermitteln. Wir benötigen aber praktische Werkzeuge, um Verbindung mit den Bedürfnissen aufzunehmen, die Menschen in allen Lebenssituationen zu erfüllen versuchen. Sie müssen in der Lage sein, Ihr theoretisches Verständnis dessen, wie Mediation funktioniert, in einer Sprache zu transportieren, die Verbindung fördert und Mitgefühl weckt. Deshalb finden Sie in diesem Buch neben der Theorie auch handfeste Übungen, aus denen Sie hoffentlich großen Nutzen für das Trainieren Ihrer Fähigkeit, als dritte Partei zu vermitteln, ziehen werden.

---

12 Rosenberg, Marshall (2006), Eine Sprache des Friedens sprechen in einer konfliktreichen Welt: Was Sie als nächstes sagen, wird Ihre Welt verändern, Junfermann.

Kapitel 2

Der Traum von einer konfliktfreien Welt

Konflikt – Krise oder Chance?

*Konflikt: Schwere Meinungsverschiedenheit, die eine Lösung fordert,
gewöhnlich durch eine Form von Kampf.
Bedeutungsnuancen: a) offener Kampf: politischer Konflikt; ~ auf dem
Arbeitsmarkt; die angespannte Lage ging in einen offenen ~ über b) psych.
unvereinbare Handlungsimpulse in einem Individuum: konfliktvoll;
Rollenkonflikt; seelischer ~; mit sich selbst in ~ sein; ein innerer ~
Hist.: seit 1811; von lat. conflictus „Zusammenstoß".*
– Die schwedische Nationalenzyklopädie[13]

*Man kann Konflikte auch so beschreiben:
Ein Konflikt ist eine Interaktion zwischen mindestens
zwei Parteien, in der mindestens eine Partei:
1) Wünsche hat, die sich zu wichtig anfühlen, um sie aufzugeben
2) die Wahrnehmung hat, dass die andere Partei die
Erfüllung dieser Wünsche verhindert.*
– Thomas Jordan[14]

Wenn Sie dazu beitragen möchten, Konflikte zu lösen, gilt es auf einige Dinge zu achten, die Ihnen helfen werden, klarer zu sehen, *wann* und *wie* Sie unterstützend agieren können. Dazu gehört, Deutungen und Wertungen (wenn jemand also Geschehnisse **interpretiert**, **beurteilt** und **analysiert**) klar von dem zu unterscheiden, was wirklich geschehen ist. Wenn jemand, der mit einem Konflikt zu tun hat, sich plötzlich damit beschäftigt, wer **Recht** und wer **Unrecht** hat, bedarf dies ebenfalls der Aufmerksamkeit. Das Risiko ist dann nämlich ziemlich groß, dass der Betreffende eine feste Position bezieht, was zu Stagnation führt und den Konflikt nur noch schwieriger handhabbar macht.

Sollten Sie bemerken, dass oben genannte Verhaltensweisen im Konflikt auftreten, können Sie Ihre Aufmerksamkeit auf die hinter den Äußerungen verborgenen unerfüllten Bedürfnisse richten. Sich auf Bedürfnisse zu konzentrieren (sowohl auf die eigenen als auch auf die anderer) schafft meist mehr Kontakt zwischen Menschen als nach Sündenböcken zu suchen und sich darauf zu konzentrieren, wer etwas falsch ge-

---

13 Internetausgabe der schwedischen Nationalenzyklopädie: www.ne.se (Stand vom 2. März 2008, schwedischsprachige Quelle).
14 Jordan, Thomas (2007), Att hantera och förebygga konflikter på arbetsplatsen. Lärarförbundet (schwedischsprachige Quelle).

macht hat und wer sich anders verhalten sollte. Wenn die an einem Konflikt Beteiligten wissen, was sie brauchen, wird es leichter, Strategien zu finden, die für alle Parteien befriedigend sind.

Unsere Haltung gegenüber Konflikten hat Einfluss darauf, wie wir mit ihnen umgehen. Für mich sind Konflikte wie leicht verderbliche Lebensmittel – schon nach kurzer Zeit fangen sie an zu stinken und ihr Verwesungsgeruch breitet sich aus. Oft warten wir ab, bevor wir einen Konflikt angehen, in der Hoffnung, er würde abflauen oder von selbst verschwinden. Doch durch Abwarten allein lässt sich ein Konflikt leider nur selten lösen – es vergeht nur Zeit. So viele von uns haben gelernt, dass Konflikte ein Zeichen dafür seien, dass etwas nicht stimme. Deshalb ist es nicht verwunderlich, dass wir den Umgang mit Konflikten tunlichst meiden, wodurch sie nur noch mächtiger werden. Ich hoffe deshalb, dass Sie mithilfe dieses Buches anfangen werden zu handeln – und zwar frühzeitiger als bisher und auf eine Weise, die zu Kontakt und Zusammenarbeit führt.

Ich sehe Konflikte als wertvollen Bestandteil menschlicher Beziehungen. Sie helfen uns, als Individuen und als Gesellschaften zu wachsen. Wenn wir die Verantwortung für Konflikte der Gesellschaft oder dem Rechtssystem überlassen, könnte uns deren eigentlicher Kern entgehen. Fragen wir uns stattdessen, was wir mit einem Konflikt zu tun haben, wie er jeden Einzelnen von uns berührt, besteht eine Chance zur Veränderung, von der wir alle profitieren. Für mich heißt Mediation, Menschen auf eine friedliche Weise, aus der wir alle etwas lernen können, ihre Konflikte leben zu lassen.

Zusammenfassung, wie man konstruktiv mit Konflikten umgehen kann

1. Sicherstellen, dass „alle Karten auf den Tisch" kommen (Tatsachen und Beobachtungen herausarbeiten).
2. Alle Beteiligten als Menschen sehen (Gefühle, Bedürfnisse und Träume verstehen).
3. Klären, welche Handlungen die einzelnen Parteien ausgeführt sehen wollen (eindeutige, durchführbare Bitten).

Ich habe bereits in Hunderten von Konflikten vermittelt und bin deshalb sehr zuversichtlich, dass sich menschliche Beziehungen wiederherstellen lassen, auch wenn das manchmal eine große Herausforderung sein kann (und in manchen Fällen auch mehr Zeit und Energie kosten würde, als wir zu investieren bereit sind).

Übliche Sichtweise auf Konflikte in Dominanzstrukturen

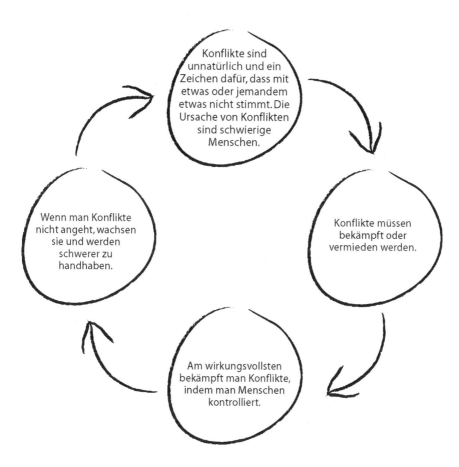

- ⇢ Konflikte sind negativ und schlecht.
- ⇢ Wir müssen unser Äußerstes tun, um Konflikte zu vermeiden.
- ⇢ Konflikte sind ein Zeichen dafür, dass jemand etwas falsch gemacht hat.
- ⇢ Konflikte werden von schwierigen Menschen und Unruhestiftern in Gang gesetzt. Deshalb brauchen wir wirksame Mittel, um Menschen zu kontrollieren.
- ⇢ Kontrolle und Harmonie können erreicht werden, indem man seinen Gegner bezwingt. Manchmal muss das durch eine Form von Strafe oder mithilfe von Gewalt oder Zwang geschehen.

Folgen dieser Einstellung

Es besteht die Tendenz, Konflikte aus den oben genannten Überzeugungen zu meiden. Konflikte, die man nicht angeht, eskalieren jedoch meistens. Konfliktvermeidung trägt also dazu bei, dass die Kontroversen letztendlich noch schwerer zu handhaben sind. Und genau diese Erfahrung, dass Konflikte schwer zu lösen sind und Energie kosten, scheint wiederum zu beweisen, dass sie wirklich unnatürlich sind und man sie tunlichst vermeiden sollte. Wenn wir glauben, dass irgendein Unruhestifter einen Konflikt völlig unnötigerweise verursacht hat, nehmen wir vermutlich die Dinge nicht mehr wahr, die uns wirklich helfen könnten, mit dem Konflikt umzugehen.

Gemäß der Annahme, Menschen seien von Natur aus gewalttätig und selbstsüchtig und dass aufgrund dieser gewalttätigen und selbstsüchtigen Natur Konflikte entstünden, lassen sich Konflikte anscheinend nur vermeiden, indem wir Menschen kontrollieren. Vor diesen gewalttätigen Menschen werden wir uns schützen wollen und Obrigkeitsinstanzen installieren, deren Auftrag es ist, meistens unter Zuhilfenahme unterschiedlicher Formen von Kontrolle, die Anzahl der Konflikte zu minimieren. Aussagen wie: „Zerstöre nicht die Stimmung!" oder: „Ihr seid euch doch eigentlich einig, jetzt hört doch endlich auf zu streiten!", können Ausdruck der eigenen Sorge sein, nicht mit Konflikten umgehen zu können. Wenn wir andere davor schützen wollen, zu Schaden zu kommen, ist nicht selten unser erster Impuls, den Konflikt zu beenden, anstatt den Parteien zu helfen, einander zu verstehen.

Wenn man versucht, Konflikte abzumildern oder zu beenden, riskiert man, dass sie stattdessen wachsen und immer größer werden, bis die Situation schließlich unhaltbar wird. Besteht ein Konflikt schon längere Zeit, kann es ziemlich schwierig und herausfordernd sein, wieder zu Vertrauen und Kooperation zurückzufinden. Menschen in Konflikten haben das Bedürfnis, gehört und verstanden zu werden; sie wollen nicht, dass man ihnen sagt, dass sie nicht länger streiten sollen. Werden sie nämlich nicht gehört, „schreien" sie womöglich noch lauter, um so endlich Gehör zu finden.

Wenn es uns jedoch gelingt, menschliche Unzufriedenheit als einen Versuch anzusehen, sich Bedürfnisse zu erfüllen, eröffnen sich oft neue Möglichkeiten für Kontakt und Kooperation. Mit dem Wissen, wie wir weiterkommen können, wenn wir uns „festgefahren" haben, können wir sowohl unsere eigenen Konflikte handhaben als auch anderen helfen, ihre zu lösen. Sobald wir sehen, dass Konflikte eine Bereicherung sein können, steigt auch unsere Motivation, uns ihnen zu widmen.

Übliche Sichtweise auf Konflikte in lebensbereichernden, partnerschaftlichen Strukturen

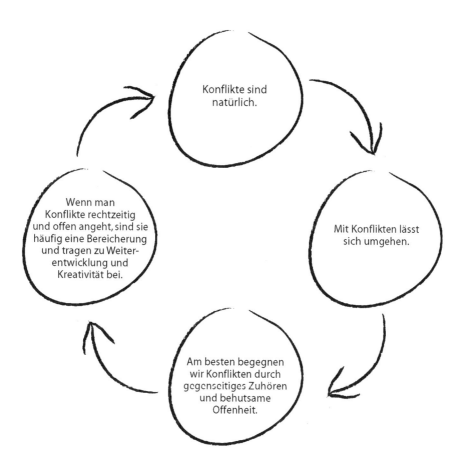

⋯ Konflikte sind natürlich und lassen sich lösen.
⋯ Wo es Leben und Träume gibt, gibt es auch Konflikte.
⋯ Konflikte können eine Bereicherung sein und dazu führen, dass wir in neuen kreativen Formen der Zusammenarbeit versuchen, die Bedürfnisse aller zu erfüllen.
⋯ Konflikte bringen den größten Nutzen, wenn man sie mit „Win-Win"-Methoden angeht, die eine Lösung zum beiderseitigen Vorteil anstreben.

Folgen dieser Einstellung

Wenn man anerkennt, *dass* es Konflikte *gibt*, werden diese nicht so leicht tabuisiert. Vermutlich wird man dann entdecken, dass sie ganz natürlich sind und sogar bereichernd sein können. Wenn man Konflikte sichtbar macht und nicht etwa versucht, sie zu verheimlichen, können sie mit weitaus größerer Wahrscheinlichkeit zu Verbindung und Kooperation führen.

Werden Konflikte als etwas potenziell Beziehungen und Zusammenarbeit Bereicherndes angesehen, geht man sie früher an, wodurch sie sich auch leichter lösen lassen. Sie werden dann zu einem Zeitpunkt in Angriff genommen, zu dem die Beteiligten noch offen dafür sind, die verschiedenen Standpunkte voneinander zu hören und zu neuen kreativen Ideen beizutragen. Das Erleben dieser so entstehenden Kreativität trägt dazu bei, Konflikte eher als Bereicherung anzusehen.

Versucht man jedoch, Harmonie zu erreichen, indem man bestehende Konflikte leugnet, wird dies vermutlich eher zu einer Vertiefung der Konflikte als zu echter Harmonie führen. Wenn wir Konflikte stattdessen als etwas sehen, das wir verstehen und woraus wir etwas lernen wollen, tabuisieren wir sie weniger, wodurch es leichter wird, alle Karten auf den Tisch zu legen.

Der Unterschied zwischen Dominanzstrukturen und lebensbereichernden, partnerschaftlichen Strukturen

Ich möchte nun die beiden eben beschriebenen Einstellungen vergleichen. Ihre Unterschiede zu verstehen, kann zu mehr Klarheit über Konflikte und Mediation beitragen.

Welche Rolle haben diejenigen, die sich im Konfliktfall in leitender Position befinden?	
Dominanzstrukturen	*Lebensbereichernde Strukturen*
Menschen in Leitungsfunktionen sollten alle Konflikte unter Kontrolle haben. Oft wird das durch Bemühungen erreicht, Konflikte niederzuhalten oder sie durch Macht- und Gewaltausübung zu bekämpfen.	Diejenigen in leitenden Funktionen bemerken Konflikte, tragen zu deren Sichtbarmachung bei und versuchen, eine Umgehensweise zu entwickeln. Wenn es der Gruppe dient, nehmen sie Hilfe bei der Handhabung von Konflikten in Anspruch.

Verteilung von Macht	
Dominanzstrukturen	*Lebensbereichernde Strukturen*
Es geht darum, Macht *über* Menschen zu haben. Diejenigen mit der meisten Macht haben auch den besten Zugang zu den Ressourcen, die ihre Macht vergrößern.	Die Aufmerksamkeit ist darauf gerichtet, Ressourcen und Macht zu verteilen, *mit* Menschen zu kooperieren. Macht wird eingesetzt, um dafür zu sorgen, dass diejenigen mit Ressourcen versehen werden, die sie am nötigsten brauchen.

Kooperation	
Dominanzstrukturen	*Lebensbereichernde Strukturen*
Zusammenarbeit basiert auf Pflichtbewusstsein, Schuld und Scham oder auf Polaritätsdenken, Abgrenzung („wir/sie") und Aggression gegen andere Gruppen.	Zusammenarbeit basiert auf Freiheit und Interdependenz (dem Bewusstsein der wechselseitigen Abhängigkeit). Es wird darauf vertraut, dass alle Menschen beitragen und kooperieren wollen, wenn ihre Bedürfnisse berücksichtigt werden.

Anwendung von Macht und Einflussnahme	
Dominanzstrukturen	*Lebensbereichernde Strukturen*
Belohnung und Strafe werden eingesetzt, um die Handlungen und Entscheidungen von Menschen zu kontrollieren.	Mithilfe einer auf Ehrlichkeit und empathischem Zuhören basierenden Sprache wird Zugang zu den Menschen gesucht. Macht kann im Fall einer konkreten Gefahr zur Anwendung kommen. Dies geschieht immer, um zu *beschützen* und niemals, um zu *strafen*.

Gerechtigkeit	
Dominanzstrukturen	*Lebensbereichernde Strukturen*
Gerechtigkeit wird durch Strafe geschaffen und von einem System gesteuert, das darüber entscheidet, wer etwas falsch gemacht hat. Derjenige, der etwas falsch gemacht hat, verdient Strafe und soll „sein Verbrechen sühnen".	Gerechtigkeit wird im Dialog und durch wiederherstellende Handlungen erlangt – etwas richten, ohne jemanden zu richten. Bei akuter Gefahr oder Bedrohung greift man ein, um zu schützen, aber niemals, um jemanden zu strafen.

Erziehung und Ausbildung	
Dominanzstrukturen	*Lebensbereichernde Strukturen*
Damit wir Menschen einem auf Dominanz basierenden System dienen können, lernen wir bereits als Kinder, für Belohnungen zu arbeiten (für ein Lob, gute Noten und Geld). Es ist deshalb auch wichtig, zu lernen, uns um das zu kümmern, was Autoritäten (diejenigen, die Macht über die Ressourcen haben) denken. Manche von uns macht das gehorsam und leicht steuerbar; andere rebellieren, als Reaktion auf die Kontrolle. Das System bleibt jedoch so gut wie immer intakt.	Schule und Erziehung sind auf Freiheit und Gegenseitigkeit gegründet. Was das Individuum braucht und will, ist genauso wichtig wie ein kooperativer Austausch mit anderen in gegenseitigem Respekt. Die Motivation kommt von innen, was nachhaltiges und kontinuierliches Lernen maximal fördert.

Win-Win oder Nullsummenspiel?

1964 spielten ein amerikanischer Vater und sein zwölfjähriger Sohn im Londoner Hydepark Frisbee. In England war das damals noch ziemlich unbekannt, und eine Anzahl von Spaziergängern schauten dieser eigenartigen Sportart zu. Dann trat ein Engländer mit einem klassischen Homburg auf dem Kopf an die beiden heran und fragte den Vater: „Tut mir leid, wenn ich störe. Ich habe Ihnen eine Viertelstunde zugesehen. Wer von Ihnen wird gewinnen?"[15]

Wir sind so an Wettbewerb gewöhnt und daran, unsere Aufmerksamkeit darauf zu richten, wer gewinnt, dass wir diese Denkweise leicht auf alle Lebenssituationen übertragen. In einer Freundschaft oder Liebesbeziehung fragen sich vermutlich die wenigsten von uns bewusst, wer „gewinnen wird". Dennoch ähneln unsere Konflikte oft Wettkämpfen. Sie sind wie Machtkämpfe, bei denen wir gewinnen wollen.

Das Ziel einer durch GFK unterstützten Mediation ist es, eine Lösung zum beiderseitigen Vorteil zu finden, eine sogenannte „Win-Win"-Lösung – kein Nullsummenspiel. In einem Nullsummenspiel gleichen sich Gewinne und Verluste gegenseitig aus; ihre Höhe spielt dabei keinerlei Rolle. In der Konsequenz kann ein Spieler nur gewinnen, indem ein anderer verliert.

In Konflikten führen Machtkämpfe deshalb selten zu längerfristig befriedigenden Lösungen. Kompromisse sind meistens auch Nullsummenspiele, da die Parteien etwas aufgeben, um etwas anderes zu bekommen.

Anstelle von Kompromissen versuchen wir, mithilfe der GFK Lösungen zu finden, die so viele Bedürfnisse wie möglich erfüllen und bei denen niemand verliert, weil ein anderer gewinnt.

---

15 Fisher, Roger; Ury, William; Patton, Bruce (2004), Das Harvard-Konzept, Campus.

Kapitel 3

Sich einmischen

Ohne Einladung vermitteln

Wenn du nicht Teil der Lösung bist, bist du Teil des Problems.
– Buell Gallagher

Viele von uns übernehmen im Alltag die Rolle einer dritten Partei, ohne uns überhaupt selbst als Mediatoren zu sehen: zwischen unseren Kindern, in der Familie oder am Arbeitsplatz. Wenn Sie vermitteln, ohne darum gebeten worden zu sein, werden Sie auf eine Weise intervenieren, von der Sie glauben, dass sie am meisten zur Konfliktlösung beiträgt. Manchmal werden Sie nur gelegentlich etwas sagen und manchmal aktiver sein. Äußerungen, die möglicherweise zu Missverständnissen zwischen den Beteiligten führen, können Sie beispielsweise in Worte übersetzen, die für alle leichter zu hören sind.

Da in vielen informellen Mediationssituationen beiden Seiten nicht klar sein wird, dass Sie mit dem Ziel eingreifen, Verbindung zu schaffen, werden vielleicht eine oder beide Parteien Ihre Absicht in Frage stellen. Für Menschen, die es gewohnt sind, auf ihre Weise zu sprechen, ist es manchmal seltsam, zu hören, wie jemand die eigenen Worte umformuliert. Selbst wenn man einsieht, dass die Umformulierung für den anderen leichter zu verstehen ist und die gewohnte Art zu kommunizieren nicht zum erwünschten Ergebnis führt, kann es schwer sein, neue Arten des Selbstausdrucks anzunehmen. Die meisten Menschen werden es jedoch zu würdigen wissen, wenn Sie in Situationen, in denen beide Seiten einander nicht mehr erreichen, zu helfen versuchen (zumindest dann, wenn Sie nicht die Absicht haben, die Parteien zu etwas zu bewegen, was diese selbst nicht wollen). Wenn Ihre Intervention hilfreich war, wird sie unbemerkt bleiben, gerade weil sie den Dialog vorangebracht hat.

Auch wenn Ihre Versuche zu vermitteln vermutlich meistens angenommen werden, möchte ich Ihnen einige Dinge weitergeben, die immer dann hilfreich sein können, wenn es jemandem schwerfällt, Ihre Unterstützung anzunehmen.

Wenn der Mediator nicht angenommen wird

Wenn Sie jemandem, ohne darum gebeten worden zu sein, sagen, welche Bedürfnisse Sie von ihm gehört haben und danach die andere Partei bitten, diese wiederzugeben, kann das wie eine Zurechtweisung ankommen. Selbst, wenn Sie es achtsam angehen, kann es passieren, dass der Ärger sich nun gegen Sie richtet und man Sie auffordert, sich herauszuhalten. In diesem Fall können Sie zwei Dinge tun: Zum einen können Sie sich daran erinnern, dass es für einen aufgebrachten Menschen manchmal schwer ist, zu verstehen, dass Sie als Dritter nur helfen wollen und nicht darauf aus sind, zu kritisieren oder Partei zu ergreifen. Zum anderen können Sie sich innerlich damit verbinden, mit welcher Absicht Sie die Rolle des Mediators übernommen haben. Wenn Sie sich auf das besinnen, was Sie motiviert, zu intervenieren, können Sie in der Regel auch dann weitermachen, wenn es anderen schwerfällt, die Schönheit in dem, was Sie gerade tun, wahrzunehmen.

Seien Sie bereit, den Konfliktparteien zu zeigen, dass Sie ihnen helfen wollen, mehr *Verbindung* zueinander zu bekommen. Versuchen Sie hierfür *in erster Linie* zu verstehen, wie sich die Situation auf die Parteien auswirkt und informieren Sie erst *in zweiter Linie* darüber, was genau Sie versuchen werden zu tun, um diese Verbindung zu fördern. Ich schlage diese Reihenfolge vor, weil verärgerte Menschen meiner Erfahrung nach oftmals keine Erklärungen aufnehmen können, bevor man ihnen mit Verständnis begegnet ist.

In einer Mediation sind Worte oft sehr nützlich. Denken Sie aber daran, dass Einfühlung auch ohne Worte möglich ist. So kann allein schon die Anwesenheit eines Dritten zwei Menschen, die sich uneins sind, dabei helfen, das Tempo zu drosseln und dazu beitragen, dass sie sich sicherer fühlen. Viele Menschen achten auch stärker darauf, wie sie miteinander reden, wenn ein Dritter anwesend ist. Diese Aufmerksamkeit macht es ihnen häufig leichter, in einer der Begegnung dienlichen Weise zu kommunizieren.

Zivilcourage oder respektlose Besserwisserei?

Als die Nazis die Kommunisten holten,
habe ich geschwiegen;
ich war ja kein Kommunist.

Als sie die Sozialdemokraten einsperrten,
habe ich geschwiegen;
ich war ja kein Sozialdemokrat.

Als sie die Gewerkschafter holten,
habe ich nicht protestiert;
ich war ja kein Gewerkschafter.

Als sie die Juden holten,
habe ich geschwiegen;
ich war ja kein Jude.

Als sie mich holten,
gab es keinen mehr, der protestieren konnte.

Martin Niemöller,
deutscher Theologe und Widerstandskämpfer gegen den Nationalsozialismus[16]

Immer wieder habe ich Menschen Dinge sagen hören wie:
„Damit habe ich nichts zu tun, das ist deren Sache."
„Darum müssen sie sich in der Familie kümmern."
„Es ist nicht respektvoll, zwischen erwachsenen Menschen zu vermitteln, wenn sie nicht darum gebeten haben."

Ich vermute, dass jemandem, der solche Sätze sagt, Respekt und Integrität sehr wichtig sind und dass er es schätzt, wenn Menschen selbst entscheiden dürfen, ob und wann sie Unterstützung annehmen wollen. Respekt und Integrität sind mir auch wichtig. Gleichzeitig werde ich traurig, wenn ich an diese Aussagen denke, weil ich so oft Menschen über Konflikte als „Privatangelegenheiten" sprechen höre. Meiner Meinung nach ist es besser, „ein Mal zu viel" als „ein Mal zu wenig" zu handeln. Ich würde mir wünschen, dass mehr Menschen versuchten zu vermitteln, wenn sie sehen, dass andere nicht übereinkommen und dass sie es nicht vermeiden würden, aus Angst, jemand könne sich darüber aufregen oder ihr Handeln nicht gutheißen. Wenn niemand eingreift, wenn es wirklich nötig ist, trifft oft die Redewendung „Der Stärkere gewinnt" zu. Ich habe erlebt, wie Konflikte über Jahre andauerten, weil niemand, ich selbst eingeschlossen, etwas getan hat, um den Beteiligten zu helfen, miteinander in Verbindung zu kommen.

---

16 http://en.wikipedia.org/wiki/First_they_came ...

Passivität fördert Gewalt

Martin Luther King sagte nicht nur die wohlbekannten Worte:
„Nicht die Brutalität der Bösen ist die große Tragödie, sondern das Schweigen der Guten."[17]
Er äußerte ebenso: *„Du bist nicht nur für das verantwortlich, was du sagst, sondern auch für das, was du nicht sagst."*

In Friedenszeiten geschieht die meiste Gewalt in Beziehungen. 88 % der Frauen, die ermordet werden, kennen ihren Mörder – in der Regel ihr Partner oder Ex-Partner. In Russland werden zum Beispiel jährlich etwa 13000 Frauen ermordet. In den zehn Jahren des russisch-afghanischen Krieges starben 14000 Russen[18]. In einem einzigen Jahr sterben also beinahe ebenso viele russische Frauen an den Folgen häuslicher Gewalt wie Soldaten während eines zehn Jahre andauernden Krieges. Vermutlich gibt es in vielen anderen Ländern vergleichbare Zahlen. Gewalt ist ein Weg geworden, um – abgeschirmt von außen – in einer privaten Welt Kontrolle auszuüben. Natürlich machen uns die Medien meistens nicht auf Gewalt aufmerksam, die in Privathaushalten geschieht. Allzu häufig verteidigen wir unsere eigene Passivität mit dem Hinweis, dass wir „das Privatleben anderer respektieren".

Um überhaupt fassen zu können, was während der Völkermorde in Ruanda und im ehemaligen Jugoslawien geschehen ist, wurden Interviews geführt, aus denen hervorgeht, dass das Schweigen und die Passivität der Umwelt als Zustimmung gedeutet wurden. 1994 wurden binnen 100 Tagen beinahe eine Million Tutsi von Menschen aus dem Volk der Hutu getötet. Man rechnet, dass über 120000 Hutu an den Tötungen beteiligt waren. Später berichteten viele von ihnen, dass sie das Schweigen der UN als Unterstützung ihrer Handlungen aufgefasst hatten. D.h., die Passivität der UN, aber auch die der Regierungen anderer Länder, wurde als Zustimmung zum Ausrotten der „Kakerlaken" (so bezeichneten die Hutu die Tutsi) interpretiert.

Wenn ich das lese, wird mir klar, wie leicht Passivität als Zustimmung gedeutet werden kann. Dann fällt es mir leichter, mich zum Vermitteln zu entscheiden, selbst wenn ich nicht dazu aufgefordert worden bin. Ich kann ja niemals wissen, ob ein Streit, den ich als Familienangelegenheit sehe, zu häuslicher Gewalt hinter verschlossenen Türen führen wird, und will lieber die Chance ergreifen, jemanden zu schützen, anstatt es aus Furcht vor Ablehnung bleiben zu lassen.

Ein weiteres Beispiel, wohin passives Verhalten führen kann, las ich in Katarina Wennstams Buch „En riktig våldtäktsman" („Ein richtiger Sexualverbrecher"). Sie hat in Schweden Fälle von Gruppenvergewaltigungen untersucht und einen gemeinsamen Hintergrund der jungen Frauen herausgearbeitet, die vergewaltigt wurden.

---

17 King, Martin Luther, Jr (2002), I've Been to the Mountaintop: From a Call to Conscience.
18 Strasbourg TT-SFP Februar 2003.

Ihre Untersuchungen zeigen, dass die Opfer von Gruppenvergewaltigungen meistens ein gewisses Image hatten. Es waren Mädchen, die zum Beispiel „Hure" und „Schlampe" genannt wurden, über die man *behauptete*, sie seien „bereit, mit jedem ins Bett zu steigen" oder „viel zu herausfordernd". Sogar die Erwachsenen im Umfeld dieser Mädchen trugen dazu bei, solche Aussagen zu verbreiten und die Mädchen in bestimmte Schubladen zu stecken. Die Erwachsenen verwendeten einerseits selbst diese Bewertungen, zum anderen interpretierten sie die Art der jungen Frauen, sich zu kleiden und brachten sie so mit dieser Form von Sprache in Verbindung. Andererseits verhielten sie sich passiv und stellten nicht infrage, wie die jungen Frauen bewertet oder verurteilt wurden. Es stellte sich heraus, dass manche dieser angeblich so leicht zu habenden Mädchen vor ihrer Vergewaltigung niemals Sex gehabt hatten.

Ich hoffe, dass alle, die das lesen, es lohnend finden werden, sich Zeit zu nehmen, um mit Jugendlichen und Erwachsenen darüber zu sprechen, was es bedeutet, Menschen abzustempeln und wie man mit solch festsitzenden Bildern umgehen kann.

Andere Studien in Wennstams Buch untermauern die Argumentation noch: Es zeigte sich, dass nur in den Fällen, in denen auch die beteiligten Jungen nach einer Vergewaltigung die Schule wechselten, die vergewaltigten Mädchen *kein* solches Image hatten. Diesen Jungen wurde von den anderen Jugendlichen so zugesetzt, dass es für sie unerträglich wurde zu bleiben. Mädchen hingegen, denen im Vorfeld der Vergewaltigung ein bestimmtes Image anhaftete, wechselten fast immer die Schule und diejenigen, die versuchten, zu bleiben, wurden nach ihrem entsetzlichen Erlebnis nun erst recht in die „Schlampen"-Schublade gesteckt und verurteilt.

Passivität und Gehorsam

Ziel des Milgram-Experiments, einer berühmt gewordenen sozialpsychologischen Versuchsreihe, war es, die Neigung von Versuchspersonen zu testen, einer Autorität zu gehorchen, die sie zu Handlungen anwies, die sie normalerweise aus Gewissensgründen verweigern würden. 1963 schrieb Stanley Milgram, ein Psychologe an der Yale Universität zu dem Experiment: *„Die rechtlichen und philosophischen Aspekte von Gehorsam sind von enormer Bedeutung, sie sagen aber sehr wenig über das Verhalten der meisten Menschen in konkreten Situationen aus. Ich habe ein einfaches Experiment an der Universität Yale durchgeführt, um herauszufinden, wie viel Schmerz ein gewöhnlicher Mitbürger einem anderen zufügen würde, einfach weil ihn ein Wissenschaftler dazu aufforderte. Starre Autorität stand gegen die stärksten moralischen Grundsätze der Teilnehmer, andere Menschen nicht zu verletzen, und obwohl den Testpersonen die Schmerzensschreie der Opfer in den Ohren klingelten, gewann in der Mehrzahl der Fälle die Autorität. Die extreme Bereitschaft von erwachsenen Menschen, einer Autorität fast beliebig weit* *zu folgen, ist das Hauptergebnis der Studie, und eine Tatsache, die dringendster Erklärung bedarf."*[19]

Vom Versuchsleiter wurde jeweils ein Teilnehmer, der die Rolle eines Lehrers übernahm, angewiesen, einem Schüler Fragen vorzulesen und ihm bei jeder falschen Antwort einen elektrischen Schlag zu verpassen, indem er einen Knopf drückte. Natürlich erhielt der Schüler keinen Schlag, denn er war ein in das (wirkliche) Ziel des Experimentes eingeweihter Schauspieler.

Zu Beginn hatte der Versuchsleiter erklärt, dass sie die Auswirkung von Strafe auf den Lernerfolg erforschen wollten. Der Versuchsteilnehmer, der „Lehrer", hatte selbst einen 45-Volt-Schlag bekommen, um sich ein Bild davon machen zu können, welcher Belastung der „Schüler" im Versuch ausgesetzt sein würde.

Während des Experiments erhielt der Schüler für jede falsche Antwort einen Stromstoß. Bei jeder weiteren falschen Antwort wurde die Spannung um 15 Volt erhöht. Mit zunehmender Spannung jammerte der Schüler immer lauter, hämmerte gegen die Wand, um dann zu verstummen und gab schließlich weder Antworten noch sonst irgendein Geräusch von sich. In dieser Situation wollten viele Teilnehmer das Experiment abbrechen und nachsehen, wie es dem Schüler ging. Einige zweifelten das Experiment an und brachen es ab. Andere machten jedoch weiter, nachdem ihnen versichert worden war, dass es nicht ihre Verantwortung sei, wie es den Schülern ging. Einige Versuchsteilnehmer lachten nervös oder zeigten andere Anzeichen extremer Belastung, nachdem der Schüler starke Schmerzen geäußert hatte. Wenn ein Teilnehmer sagte, er wolle das Experiment abbrechen, wurde er überredet, weiterzumachen. Wenn dies trotz beharrlicher Bemühungen nicht gelang, wurde das Experiment abgebrochen. Ansonsten wurde es erst beendet, wenn der Teilnehmer die stärkstmögliche Spannung, 450 Volt, dreimal hintereinander verabreicht hatte, auch wenn es ihm selbst dabei nicht gut ging und er deutliche Stresssymptome zeigte. Sämtliche Teilnehmer zweifelten das Experiment zu irgendeinem Zeitpunkt an und fuhren dennoch fort, Stromstöße auszuteilen, zumindest über 300 Volt hinaus. Wiederholungsexperimente anderer Forscher führten zu vergleichbaren Ergebnissen.

Milgrams klassisches Experiment ist oft im Sinne unserer Autoritätshörigkeit gedeutet worden. Ich finde jedoch einen Aspekt besonders interessant: Manchmal war außer dem Versuchsleiter und dem Teilnehmer noch eine weitere Person im Raum. Wenn der Teilnehmer protestierte und durch den Versuchsleiter (Autorität) zum Weitermachen aufgefordert wurde, sagte die andere Person, dass der Teilnehmer frei war, das

---

19 „The Perils of Obedience", veröffentlicht im Harper's Magazine, gekürzt und adaptiert aus „Obedience to Authority. An Experimental View" (1974). Eine ausführliche Beschreibung des Experimentes findet sich auch unter http://de.wikipedia.org/wiki/Milgram-Experiment.

Experiment abzubrechen, wenn er es nicht fortsetzen wolle. In diesen Fällen hörten die Teilnehmer deutlich früher als die anderen auf, Stromstöße zu verabreichen.

Wenn mehr als nur *eine* Person den Teilnehmer zu beeinflussen versuchten, ging das Experiment anders aus – mit diesem Gedanken möchte ich unsere Möglichkeiten aufzeigen, Einfluss auf Dinge zu nehmen, von denen wir vielleicht nicht glauben, dass wir sie beeinflussen könnten. Unabhängig davon, ob es in diesem Experiment um Gehorsam oder um das Einhalten von Normen ging, erinnert es mich in jedem Fall an die Wichtigkeit zu agieren, anstatt passiver Beobachter von Gewalt und destruktiven Gruppenprozessen zu sein.

Ich hoffe, dass Sie durch diesen Exkurs in Ihrem Wunsch bekräftigt wurden, auch dann in Konfliktsituationen zu vermitteln, wenn sich dies vielleicht etwas unbequem anfühlen sollte. Doch Ihr Eingreifen könnte viel bewirken – eine Perspektive, die Ihnen hoffentlich Kraft gibt und Sie ermutigt.

Reflexionsübungen

**Was spielt sich bei Ihnen innerlich ab, wenn
Menschen in Ihrem Umfeld einen Konflikt haben?**

Ziel: Ihre Aufmerksamkeit bei Konflikten auf Ihren inneren Dialog richten,
damit Sie bewusster entscheiden können, wie Sie handeln wollen.

Die unten stehenden Fragen sind unterstützend zur konstruktiven Reflexion gedacht.
Notieren Sie sich ruhig Ihre Antworten.

Richten Sie Ihre Aufmerksamkeit auf das, was Sie denken, wenn Menschen in Ihrem Umfeld einen
Konflikt haben – insbesondere, wenn solche Gedanken Ihre Bereitschaft mindern, unaufgefordert
zu vermitteln. Das können Gedanken sein wie:

„Es ist ihre Sache, das zu lösen!"
„Ich sollte mich nicht einmischen."
„Wenn sie bloß nicht anfangen, mich auch so zu beschimpfen!"

a. Welche Bedürfnisse versuchen Sie sich zu erfüllen, indem Sie so denken?

_____

_____

b. Welche Ihrer Bedürfnisse werden dadurch nicht erfüllt?

_____

_____

c. Zur Erfüllung welcher Bedürfnisse der Konfliktbeteiligten versuchen Sie durch diese Art zu
denken und sich zu verhalten beizutragen?

_____

_____

d. Welche Ihrer Bedürfnisse werden dadurch vielleicht nicht erfüllt?

_____

_____

e. Wie wollen Sie zukünftig in einer ähnlichen Situation handeln?

_____

_____

Was spielt sich bei Ihnen innerlich ab, wenn Sie Ratschläge erteilen oder die Konflikte anderer lösen wollen?

Ziel: Ihre Aufmerksamkeit auf Ihren inneren Dialog richten, damit Sie, wenn Sie Ratschläge erteilen oder die Konflikte anderer lösen wollen, bewusster entscheiden können, wie Sie handeln möchten.

Die unten stehenden Fragen sind unterstützend zur konstruktiven Reflexion gedacht. Notieren Sie sich ruhig Ihre Antworten.

In manchen Konfliktsituationen in unserem Umfeld entscheiden wir uns weder für die Rolle des passiven Zuschauers noch für die des Vermittlers. Stattdessen gehen wir – sobald wir nur die geringste Uneinigkeit wahrnehmen – in den Lösungsmodus. Wir versuchen, den Konflikt zu lösen, abzumildern, jemanden zu beruhigen oder Ratschläge zu erteilen, wie die Beteiligten mit der Situation umgehen sollen.

Falls Sie sich selbst in dieser Beschreibung wiedererkennen, nutzen Sie die Chance, das nächste Mal darüber zu reflektieren, was in Ihnen vorgeht, wenn Sie in der Nähe von Menschen sind, die sich uneinig sind. Was spielt sich innerlich bei Ihnen ab? Erkennen Sie folgende Gedanken wieder?

„Die sollten nicht so streiten!"
„Das ist doch eine Bagatelle, die sich ganz einfach lösen lässt, indem man ..."
„Wenn sie nur verstünden, dass sie lernen müssen, sich anders auszudrücken. „Wenn sie nur aufhören würden zu ..., dann wird sich alles lösen."

a. Welche Bedürfnisse versuchen Sie sich zu erfüllen, indem Sie so denken?

_____

_____

b. Welche Ihrer Bedürfnisse werden dadurch nicht erfüllt?

_____

_____

c. Wie wollen Sie zukünftig in einer ähnlichen Situation handeln?

_____

_____

Kapitel 4

Von süßer Rache und Gesichtsverlust

Was macht Rache eigentlich süß?

*An Verbitterung festhalten ist wie Gift nehmen und hoffen,
dass jemand anderes daran stirbt.*
– Caroline Myss

Rache und den Wunsch, sich zu rächen, können wir als Ausdruck eines Bedürfnisses nach Einfühlung sehen. Rache und Mediation haben viele Ähnlichkeiten, denn beide sind Strategien, um das „Gleichgewicht" in der Beziehung wiederherzustellen, zu Selbstachtung beizutragen und etwas zurechtzurücken, was schiefgegangen ist.

Auch wenn Rache eine tragische und ineffektive Art ist, das Bedürfnis nach Einfühlung zu erfüllen: Ich behaupte, dass es ein Versuch ist, Verständnis dafür zu bekommen, wie sehr man gelitten hat. Darüber hinaus will derjenige, der sich rächt, seine Selbstachtung zurückerlangen und ein Gleichgewicht in der Beziehung schaffen. Und wenn jemand Rache nimmt, dann fällt diese oft reichlich aus, in der Hoffnung, dass sich so das Gegenüber davon abschrecken lässt, sich wiederum zu rächen.

Rache basiert auf dem Gedanken, dass der andere etwas falsch gemacht hat – und wer etwas falsch macht, verdient Strafe. So kommt es zu einer Eskalation, zu einer Spirale von Rache und Gegenrache, in der beide Parteien sich fortan drehen und aus der niemand mehr einen Ausweg weiß. Beide vertreten denselben Standpunkt: „Ich weiß, was richtig ist" oder: „Ich habe die Gerechtigkeit auf meiner Seite". In einem sich endlos wiederholenden Prozess tauschen „Opfer" und „Täter" in der Rachespirale die Rollen: Derjenige, der zuerst „Täter" war, wird zum „Opfer" und umgekehrt.

Ich glaube, dass wir uns rächen, weil wir es *gelernt* haben und nicht, weil es unserer Natur entspricht. Wir haben gelernt, uns von Gewalt unterhalten zu lassen, z.B. von Filmen, deren Botschaft auf der Vorstellung basiert, dass Gewalt zu Frieden führt. Die „Bösen" bekommen ja nur das, was sie für ihr falsches Handeln verdienen. Die „Guten" erweisen den „Bösen" beinahe einen Dienst, wenn sie diese bestrafen, weil sie ihnen die Chance geben, zu verstehen, dass sie falsch gehandelt haben und sich ändern sollten. Sie haben nun die Strafe bekommen, die sie verdienen, und gemäß dem Mythos, dass Gewalt zu Harmonie führt, ist die Sache geklärt, sobald die Strafe erduldet wurde[20]. Wie sehr wir an die Sündenbock-Theorie glauben, setzt mich immer wieder in Erstaunen[21]. Actionfilme mit eindeutigen Schurken (wie z.B. James-Bond-Filme, „Terminator" oder „Kill Bill") bestärken unseren Glauben, dass es normal ist, sich zu rächen, wenn die Dinge sich nicht wie gewünscht entwickeln. Gewalt in Unterhaltungsmedien basiert auf dem Gedanken, dass der „Schurke" sich beim geringsten Widerstand rächen wird. Dieser erlernte Rache- und Gewaltmythos erschwert es uns, in Kontakt mit unserem natürlichen Mitgefühl zu sein. Wenn wir nach Rache trachten, sehnen wir uns eigentlich nach innerem Frieden, wobei uns nicht bewusst ist, in welch begrenzten Maße Rache als Strategie zur Erfüllung des inneren Friedens taugt. Der Unterschied zwischen Rache und Mediation ist, dass wir in der Mediation versuchen, die Bedürfnisse *aller* zu erfüllen, nicht nur die der einen Seite. Nicht nur meine Bedürfnisse zählen, sondern auch deine. Wir übergehen nicht das, was für eine Person wichtig ist, um der anderen etwas Gutes zu tun, sondern bieten eine Alternative zur Rache an, die das Wohlergehen beider Seiten im Blick hat. Mediation kann gegenseitigen Respekt wiederherstellen und anstelle des von Rache verursachten endlosen Leidens ein echtes Gleichgewicht schaffen.

Die Sichtweise, dass wir in einer Welt leben, in der „man das bekommt, was man verdient" („Wie man sich bettet, so liegt man"), verführt uns leicht zur Passivität. Leicht ist man geneigt zu denken, dass jemand, der bestraft wird, vermutlich etwas getan hat, weshalb er es auch verdient. So kommt es, dass wir möglicherweise lange Zeit passiv mit ansehen, wie jemand anderen Schmerzen zufügt.

Rache und Vergebung – zwei Seiten derselben Medaille

Rache und Vergebung haben einige Gemeinsamkeiten, unterscheiden sich aber auch in mehreren wichtigen Punkten voneinander. Ich erinnere mich noch gut, dass in meiner Kindheit Begriffe wie Entschuldigung und Vergebung[22] häufig auf eine Weise verwendet wurde, die selten zu dem führte, was der Sprechende damit beabsichtigte. Zu vergeben hieß dann, dass jemand einen Schlussstrich unter das Geschehene ziehen wollte, um es hinter sich zu lassen.

---

20 Für eine ausführlichere Beschreibung des Mythos von der „versöhnenden Gewalt" (redemptive violence) siehe „The Powers That Be. Theology for New Millennium" von Walter Wink (1999, Bantam Dell).
21 Ich wundere mich, wenn ich daran denke, wie oft ich höre, dass jemand nach dem Schuldigen sucht und einen Sündenbock bestimmt. Es scheint, als würden wir immer noch von dem uralten Glauben geleitet, wonach wir alles wieder gutmachen können, wenn wir nur die Götter besänftigen. Für mich ist das ein weiteres Indiz dafür, wie stark wir von dem Mythos beeinflusst sind, dass Gewalt zu Harmonie führt.
22 Anm.d.Ü. Im Schwedischen haben die Wörter „Vergebung" und „Entschuldigung" denselben Wortstamm. „Entschuldigung" heißt auf Schwedisch wörtlich „Vergib!"

Obwohl ich nahezu allergisch auf das mir in meiner Kindheit vermittelte Bild von Vergebung reagiere, bin ich mir bewusst, dass Vergebung für viele Menschen einen ungeheuer zentralen Stellenwert hat und sehr tief gehen kann. Das „Entschuldigung!" meiner Kindheit war ein Wort, das man sagen sollte, damit alles wieder gut würde. Wie durch eine Art Magie sollte es den Schaden reparieren. Dahinter steht die Absicht von „Vergebung" – Menschen dazu zu bringen, ihre Sünden zu sühnen, zu leiden, tiefe Reue zu spüren und sich dadurch zu ändern. Schließlich müssen sie einsehen, wie schlecht sie sind, um wirklich verstehen zu können, wie ihre Handlungen nicht zum Leben anderer beigetragen haben. In einer Dominanzkultur ist „Entschuldigung" deshalb eines der ersten Wörter, die ein Kind – schön zerknirscht – lernen muss zu sagen.

(Ich hoffe, dass sich niemand von Ihnen in dieser Bilderserie wiedererkennt).

Für manche Menschen ist es sehr wichtig, ja geradezu eine Prestigefrage, jemand zu sein, der vergeben kann. Selbst wenn der andere nicht um Entschuldigung gebeten hat oder bereut, was er getan hat, wollen sie vergeben. Wenn ich gelernt habe, dass „gute Menschen anderen vergeben, wenn diese etwas falsch gemacht haben", kann ich sagen, dass ich vergebe, ohne wirklich Versöhnung im Geschehen erlebt zu haben. Dieses „Entschuldigung!" basiert auch auf der Vorstellung, dass es ein „Richtig" und ein „Falsch" gibt. Es schafft ein Machtungleichgewicht in der Beziehung: Einer ist „der Gute, der vergibt" und der andere ist „der Sünder" oder „der Böse", dem vergeben wird.

In unserer Kultur versucht man üblicherweise, Konflikte mit einer Bitte um Entschuldigung oder Verzeihung zu lösen, was in manchen Situationen ziemlich absurd sein kann: Erst habe ich etwas getan, das dem anderen wehgetan hat, und jetzt soll derjenige mir verzeihen. Von jemandem erst geschlagen und dann um Entschuldigung gebeten zu werden, kann sich wie blanker Hohn anfühlen. In dieser Lage bedeutet ein „Entschuldigung!" nicht besonders viel für denjenigen, der geschlagen wurde, selbst wenn es aufrichtig gemeint sein sollte.

Viele von uns haben (wie in der Bilderserie auf Seite 57) gelernt, ziemlich mechanisch um Verzeihung zu bitten und nicht, weil wir wirklich eingesehen hätten, welche schmerzlichen Auswirkungen unsere Handlungen auf den anderen haben oder weil es uns aufrichtig leid tut.

Rache und oberflächlicher Entschuldigung ist gemeinsam, dass beide einseitig sind und keine Kommunikation zulassen: Man rächt sich oder sagt schnell „Entschuldigung!", anstatt nach einer Umgangsweise zu suchen, die es ermöglicht, dass die Bedürfnisse aller Beteiligten erfüllt werden. Derjenige, der sich rächt, will dem anderen zeigen, dass das, was geschehen ist, falsch, ungerecht, nicht normal usw. ist. Durch eine oberflächliche Form von Vergebung versuchen wir dann als Gegenüber, einen Strich darunter zu ziehen, indem wir vergessen, weitergehen und unsere Aufmerksamkeit nicht auf das richten, was passiert ist, auch wenn auf diese Weise viele Bedürfnisse nicht erfüllt wurden. Tragischerweise werden wir mit nur sehr geringer Wahrscheinlichkeit gemeinsam etwas aus der Situation lernen. Verwechseln wir Versöhnung mit oberflächlicher Vergebung, verpassen wir nur zu oft die Chance auf ein tieferes Verständnis des Geschehenen und darauf, einander aus tiefstem Herzen mitfühlend begegnen zu können.

Derjenige, der vergibt, weil es eine gute Idee oder „das Richtige" zu sein scheint, geht bereitwillig – zumindest sieht es so aus – weiter, ohne dass seine Bedürfnisse erfüllt werden. Vergeben wir, weil wir uns nicht mit den unangenehmen Situationen auseinandersetzen möchten, die entstehen können, wenn man für sich selbst einsteht, werden wir höchstwahrscheinlich doch irgendwann verbittert sein.

Besonders besorgt bin ich dann, wenn Menschen „Vergebung" so verstehen, als wäre es *ehrenwert*, Situationen, die noch nicht bearbeitet sind, hinter sich zu lassen und vollkommen über sie hinwegzusehen. Wenn man Vergebung für edel hält und vergibt, um ein „guter Mensch" zu sein (und nicht, weil man wirklich durch einen Vergebungsprozess gegangen ist), riskiert man, dass ein Kontakt oberflächlicher wird, denn ohne eine innere Veränderung führt Vergebung nur zu mehr Distanz und Verbitterung. Ich kenne Beispiele, wo jemand „vergeben" hatte, obwohl er nach wie vor sehr verbittert war über das, was geschehen ist. Leider musste ich auch sehen, wie später daraus ein Widerstand wuchs, mit dem anderen in tieferen Kontakt zu kommen oder zu kooperieren.

Ein wichtiger Unterschied zwischen der Strategie der Vergebung ohne wirkliche Versöhnung und der Strategie des Rächens ist, dass der Rächer weitermachen und den Konflikt nicht loslassen will. Der Rächer sagt: *„Du hast falsch gehandelt und ich habe nicht vor, das zu vergessen."*

Derjenige, der vergibt, ohne wirklich dafür bereit zu sein, sagt: *„Was du getan hast, war falsch, aber ich habe vor, darüber hinwegzusehen."*

Einfühlung anstelle von „Bitte entschuldige"

Eine Entschuldigung wird dann echte und beständige Veränderung bewirken, wenn ihr ein tiefer innerer Wandel und ein Erleben einfühlenden Kontaktes und Verständnisses vorausgeht. Wahre Vergebung hat etwas geradezu Magisches, vermag sie doch auf eine Weise zu heilen, die wir bis dahin nicht zu träumen wagten. Deshalb sind wir manchmal versucht, die Ereignisse zu beschleunigen, weil wir die „Süße" der empathischen Vergebung bei früheren Gelegenheiten gekostet haben und ihr fantastisches Heilungspotenzial kennen.

Wenn wir einen Fehler gemacht haben, können wir mithilfe der GFK auf eine andere und für viele von uns ganz ungewohnte Art und Weise um Entschuldigung bitten. Dafür hören wir zuerst empathisch zu, bis der andere sich ganz darin verstanden fühlt, wie das, was wir getan haben, sich auf sein Leben ausgewirkt hat. Zweitens versuchen wir aufzunehmen, was der andere sagt und auszudrücken, wie es uns dabei geht, das zu hören. Schließlich werden wir ihm in vielen Fällen auch sagen, dass wir unsere Entscheidung jetzt, nachdem wir die Konsequenzen für den anderen besser verstehen, bedauern. Die andere Person will danach in der Regel hören, wie es kam, dass wir so gehandelt haben, das heißt, welche Bedürfnisse wir dadurch zu erfüllen versuchten.

Eine Entschuldigung, die nicht in diesen drei Teilen erfolgt, kann leider als Versuch erlebt werden, das Geschehene abzumildern anstatt Versöhnung zu schaffen. Wenn die Entschuldigung eine Wirkung haben soll, muss ich bereit sein, mir wirklich anzuhören, an mich heranzulassen, wie meine Entscheidungen sich für den anderen ausgewirkt haben. Dann kann ich versuchen, auf andere Weise positiv zu der Situation beizutragen.

Mithilfe der GFK um Entschuldigung zu bitten erleichtert die Konfliktlösung wesentlich. Ein Mediator kann die Parteien unterstützen, klare Entschuldigungen zu formulieren und so zur Versöhnung beitragen.

Wie man mithilfe der GFK um Entschuldigung bittet

Schritt 1: Hören Sie einfühlend zu und versuchen Sie wirklich aufzunehmen, wie sich das, was Sie getan haben, für den anderen ausgewirkt hat.

Schritt 2: Wenn Sie das Gesagte verinnerlicht haben, drücken Sie aus, was sich bei Ihnen innerlich abspielt, wenn Ihnen bewusst wird, wie sich Ihre Handlungen für die andere Person ausgewirkt haben.

Schritt 3: Erzählen Sie, welche Bedürfnisse Sie durch Ihre Entscheidungen zu erfüllen versuchten. Drücken Sie aus, was Sie dazu gebracht hat, auch wenn Sie sich, nachdem Sie die Konsequenzen erkannt haben, für andere Handlungsweisen entscheiden würden.

Herauskristallisieren, worum es Menschen bei Mediation, Rache und Vergebung wirklich geht

Damit die Beteiligten ein Mediationsgespräch als befriedigend erleben, müssen die Bedürfnisse erfüllt werden, die sie hofften, durch Rache oder Vergebung befriedigen zu können. Das können z.B. Ruhe und Respekt sein oder das Bedürfnis, gehört zu werden.

Stellen Sie sich eine Situation vor, in der eine der Parteien sagt, dass sie das Ganze einfach hinter sich lassen und deshalb das Mediationsgespräch beenden will. Als Vermittler haben Sie Zweifel, ob die Person sich in der Tiefe wirklich mit dem Geschehen versöhnt hat. Für die Beziehung der Parteien kann es schädlich sein, die Mediation in diesem Moment abzubrechen. Deshalb ist es sehr wertvoll, wenn Sie als Mediator im Blick haben, was gerade geschieht. Falls Sie merken, dass Sie sich unsicher über die Absichten der Person sind, die das Mediationsgespräch beenden möchte, verbinden Sie sich mit den Bedürfnissen, die sie sich erfüllen will, indem nicht länger über den Konflikt geredet werden soll. Handelt es sich um einen bereits längere Zeit andauernden Konflikt, hat diese Person vielleicht eine große Sehnsucht nach Ruhe und möchte deshalb das Gespräch beenden. Denken Sie in einem solchen Moment daran, dass es auch andere Möglichkeiten gibt, zur Ruhe beizutragen, beispielsweise durch eine Pause oder ein langsameres Gesprächstempo.

Wenn jemand eine Mediation nicht fortsetzen oder das Thema wechseln und zum nächsten Punkt weitergehen will, liegt das häufig daran, dass derjenige sein Gesicht nicht verlieren will. Er ist besorgt, dass seine Selbstachtung bedroht oder die Gemeinschaft, die er zu erleben und wiederaufzubauen hofft, zerstört werden könnte.

Sein Gesicht verlieren

Wenn man manchmal hört: „Das tut er bloß, um sein Gesicht nicht zu verlieren", könnte man aufgrund der Art und Weise, wie das gesagt wird, fast annehmen, es sei etwas falsch daran, „sein Gesicht wahren" zu wollen. Was bedeutet das eigentlich? Dass jemand auf seine Selbstachtung bedacht ist? Dass sich jemand schämt und sein Selbstwertgefühl schützen will? Hat derjenige vielleicht Angst, nicht mehr zu einer Gemeinschaft dazugehören zu dürfen, wenn er „entlarvt" wird?

Wenn wir selbst gerade starke Gefühle verspüren, fällt es uns möglicherweise nicht ganz leicht, zwischen Beobachtungen und Bewertungen zu unterscheiden. Zu beschreiben, was „sein Gesicht verlieren" heißt, hilft uns, die Situation klarer zu sehen. Hierfür richten wir unsere Aufmerksamkeit auf das, was wir in genau dem Moment sehen oder hören, in dem wir interpretieren, jemand „habe Angst, sein Gesicht zu verlieren". Was kann es also bedeuten?

- Dass wir bei etwas ertappt werden, das wir zuvor abgestritten haben und uns deshalb schuldig fühlen und uns schämen.
- Dass wir etwas zugeben, das wir bis dahin abgestritten haben oder dessen wir uns schämen.
- Dass wir versuchen, Enttäuschung, Angst, Kummer oder andere starke Gefühle vor anderen oder vor einer bestimmten Person zu verbergen und uns das nicht gelingt.
- Dass wir Tatsachen verdreht oder wesentliche Informationen zurückgehalten haben und diese Dinge aufgedeckt werden.

Es kann viele Gründe dafür geben, dass man nicht offen mitteilen will, wie sich ein Konflikt auf das eigene Leben auswirkt oder was vor einer Mediation geschehen ist. Wenn jemand wichtige Informationen zurückhält, die den Kern des Konfliktes berühren, um den es in der Mediation geht, wird das aller Wahrscheinlichkeit nach das Ergebnis der Mediation auf negative Weise beeinflussen.

Es kann sein, dass jemand etwas nicht offen sagen will, von dem Sie als Mediator glauben, dass es dem Kontakt und der Konfliktlösung dienlich wäre. Dann ist es wichtig, dass Sie zuerst Ihre Bereitschaft zeigen, verstehen zu wollen, wie schwierig es für einen oder mehrere der Medianten ist, über diese Sachen zu sprechen. Begegnen Sie dieser Sorge mit Einfühlung. Erst wenn die Medianten sich verstanden fühlen, weisen Sie sie darauf hin, dass es schwierig ist, weiterzukommen, wenn sie nicht bereit sind, zu sagen, was in ihnen vorgeht. Mediation baue darauf auf, dass „alle Karten auf den Tisch kommen", damit man Lösungen finden kann, die die Bedürfnisse aller erfüllen. Achten Sie darauf, dass dies nicht nach Forderung oder Zurechtweisung klingt. Als Mediator geht es Ihnen darum, dass die Medianten sehen können, wie ihre Entscheidung, ob sie sich offen mitteilen oder nicht, sich auf das Ergebnis der Mediation auswirken kann.

Dies können Sie z.B. folgendermaßen ausdrücken: *„Ein gewisses Maß an Offenheit ist eine Voraussetzung dafür, dass die Mediation gelingt und ich höre, dass es Ihnen schwerfällt zu erzählen, wie es Ihnen mit der Situation geht. Deshalb frage ich mich, ob es etwas gibt, das ich oder jemand anderes tun kann, was Sie dabei unterstützen würde, offener zu berichten, woran Sie interessiert sind und was aus Ihrer Sicht geschehen soll?"*

Oder: *„Ich höre, dass es Ihnen schwerfällt, mitzuteilen, was in Ihnen vorgeht. Darüber bin ich etwas besorgt, da eine Mediation darauf aufbaut, dass wir sagen, was wir wollen und brauchen. Ich frage mich, ob Mediation der beste Weg ist, um weiterzukommen. Möchten Sie gemeinsam mit mir darüber nachdenken, wie Sie auf eine andere Art und Weise weiterkommen können?"*

Eine weitere Möglichkeit, zum Thema „sein Gesicht verlieren" über reine Interpretationen hinauszugelangen, besteht darin, Verbindung damit aufzunehmen, welche Bedürfnisse sich jemand durch diese Deutung des Verhaltens einer anderen Person zu erfüllen versucht.

Beispiel:
Person A sagt über Person B: *„Er versucht nur, sein Gesicht zu wahren. Das ist reine Manipulation, ein Ausweichmanöver."*
Ich vermute, dass Person A ein Bedürfnis nach Kontakt, Ehrlichkeit und Vertrauen hat.
Person B sagt über Person A: *„Sie versucht nur, mich unter Druck zu setzen, damit ich Dinge sage, die sie danach gegen mich verwenden kann."*
Ich vermute, dass Person B das Bedürfnis nach Respekt, Integrität und Rücksichtnahme hat.
Ihre Aufgabe als Mediator ist es, dafür zu sorgen, dass beide Seiten gehört werden. Sie können also folgendermaßen weitermachen: *„A, wollen Sie, dass gehört wird, wie ungeheuer wichtig Ehrlichkeit für Sie ist, und dass Sie sich darauf verlassen können, dass das, worüber gesprochen wird, auch bearbeitet wird? Wünschen Sie sich an diesem Punkt in Ihrer Beziehung mehr Vertrauen?"*
(An Person B gerichtet): *„Ist es so, dass Ihnen Ehrlichkeit auch wichtig ist, Sie aber ebenso Integrität und Rücksichtnahme erleben wollen, wenn sich jemand äußert?"*

Wenn man will, dass Menschen sich ändern, muss man sie gemäß der Betrachtungsweise eines auf Dominanz basierenden Systems dazu bringen, richtig schlecht über sich selbst zu denken. Selbstverachtung oder purer Selbsthass müssten also, dieser Sicht zufolge, positive Triebkräfte für Veränderung sein. Wenn eine der Parteien auf dieser Grundlage agiert, kann das eine Herausforderung für Sie als Mediator sein, denn so kommt es oft zu Beschuldigungen und persönlichen Angriffen.

Vermittle ich jedoch auf Grundlage der GFK, will ich die Medianten davor bewahren, Kritik, Drohungen oder Forderungen zu hören. Ich gehe dabei von der Annahme aus, dass wir uns am ehesten öffnen und zur Veränderung bereit sind, wenn wir sehen, wie diese Entscheidung dazu beiträgt, die Bedürfnisse aller Beteiligten zu erfüllen. Deshalb versuche ich, beide Seiten dabei zu unterstützen, die Bedürfnisse des jeweils anderen zu hören, damit sie seine Menschlichkeit sehen und sich nicht darauf konzentrieren, wer denn nun richtig oder falsch gehandelt hat.

Wenn jemand, ohne sich schuldig zu fühlen, bedauert, was er getan hat und dabei die einfühlsame Einsicht hat, dass er in diesem Moment sein Bestes getan hat, eröffnen sich ihm vielleicht neue kreative Wege, seine eigenen Bedürfnisse sowie die des anderen zu erfüllen. Ihnen als Mediator fällt also die Rolle zu, die Aufmerksamkeit auf die allgemein menschlichen Bedürfnisse zu richten, die beide Seiten auszudrücken versuchen und ihnen dabei zu helfen, sich ihren Selbstrespekt zu bewahren. Dann können die Parteien gemeinsam herausfinden, was sie ändern wollen, damit die Bedürfnisse beider erfüllt werden.

Reflexionsübung
Was tun Sie, um einen Gesichtsverlust zu vermeiden?

1. Was könnten Sie tun oder was tun Sie manchmal, um Ihr Gesicht zu wahren?
_____
_____

2. Welche Ihrer Bedürfnisse versuchen Sie sich dadurch zu erfüllen?
_____
_____

3. Wenn Sie beobachten, was andere tun oder sagen: Was davon würden Sie als „Gesichtsverlust" bezeichnen?
_____
_____

4. Welche Bedürfnisse dieser Menschen sind Ihrer Meinung nach in diesem Moment nicht erfüllt?
_____
_____

Tun Sie niemals etwas aus der Motivation heraus, Schuldgefühle oder Scham zu vermeiden!

Wenn man Schuld und Scham genauer betrachtet, kann man vieles lernen. Entscheidet sich jemand aus freien Stücken, die Themen Schuld und Scham in seinem Leben durch bewusste Wahrnehmung zu erforschen, ist das etwas vollkommen anderes, als wenn jemand ihn beschuldigt oder versucht, ihn zu „Erziehungszwecken" zu beschämen. Da Letzteres zu mehr Widerstand führt, werde ich es als Mediator vermeiden, Scham und Schuldgefühle zu fördern.

Ebenso wichtig ist es für einen Mediator, sich darüber im Klaren zu sein, wie unangenehm es für Menschen sein kann, sich zu schämen oder sich schuldig zu fühlen. Für viele ist Scham die Essenz des Gesichtsverlustes. Manche Menschen sind bereit, fast alles Erdenkliche zu tun, um diese Gefühle nicht erleben zu müssen. So entsteht meist starker Widerstand aus dem Unbehagen, das jemand fühlt, wenn er sich vorstellt, darüber zu sprechen, was er getan hat, oder zu versuchen, es wieder gutzumachen. Das zu tun hieße nämlich, der Scham offen ins Gesicht zu sehen.

Wenn jemand sich sehr schämt, kann das zum Hindernis für ein Mediationsgespräch werden. Ein Mensch, der Scham erlebt, verstummt oft und antwortet nur noch auf direkte Fragen. Es kann passieren, dass er in fast jede Vereinbarung einwilligt, nur um das Gespräch beenden zu können. In einem solchen Fall ist es hilfreich, eine Pause zu machen oder etwas Zeit alleine mit der betreffenden Person zu verbringen. Wird jemand in seiner Scham mit tiefer Einfühlung gehört, gibt ihm das den nötigen inneren Raum, sich für mehr Offenheit zu entscheiden. Dies entspannt und in einer Situation, in der die Scham sonst alles lähmen würde, schafft es die dringend benötigte Distanz zur Identifikation mit den Schamgefühlen.

Eine meiner Freundinnen hatte Marshall Rosenberg einmal sagen gehört: „Tun Sie niemals irgendetwas, um Schuldgefühle und Scham zu vermeiden." Sie war verwirrt und wir hatten mehrmals darüber gesprochen, was er eigentlich damit meinte. Das sollte sie bei einem Besuch eines Abends selbst erfahren …

Als es ziemlich spät geworden war, dachte sie für sich: „Jetzt muss ich heimfahren, weil mein Mann auf mich wartet." Doch dann begriff sie, dass sie dabei war, nach Hause zu fahren, um Schuldgefühle und Scham zu vermeiden. Des Weiteren verstand sie, dass auch ihr Mann, ohne dass er überhaupt gefragt worden wäre, dafür würde bezahlen müssen, wenn sie jetzt heimführe, weil sie glaubte, sie habe keine andere Wahl. Wäre sie nämlich nach Hause gefahren, weil sie meinte, es tun zu „müssen", hätte sie ihm übel genommen, dass er von ihr forderte, heimzukommen – auch wenn er das in Wirklichkeit gar nicht getan hatte.

Immer leiden unsere Beziehungen darunter, wenn wir sie mit Schuldgefühlen oder Scham in Verbindung bringen. Meine Freundin machte sich den Unterschied klar, was es bedeutete, heimzufahren, weil sie glaubte, es tun zu *müssen* oder heimzufahren, weil sie wirklich bei ihrem Mann sein wollte. Ihre Schuldgefühle wollten sie lediglich daran erinnern, dass ihr Mann ihr am Herzen liegt und dass sie zur Erfüllung seiner Bedürfnisse beitragen wollte, indem sie nach Hause fuhr. Gleichzeitig war es ihr sehr wichtig, ihre eigenen Bedürfnisse zu achten und bewusst zu entscheiden, *wann* sie heimfahren wollte. Sie fuhr schließlich zu einem Zeitpunkt, der für sie stimmig war, sodass sie den inneren Freiraum hatte, wirklich bei ihrem Mann sein zu wollen. Sie war neugierig, wie sie wohl mit seinem möglicherweise sauren Gesicht umgehen würde.

Wenn wir Dinge aus der Freude heraus tun, zum Leben anderer beizutragen, anstatt aus Pflichtgefühl oder weil wir denken, dass wir es tun sollten, wird das unsere Beziehungen bereichern. Hinter Scham und Schuldgefühlen steht sehr oft unser Bedürfnis, etwas zum Leben anderer beizutragen. Zugleich haben wir aber auch andere starke Bedürfnisse, die erfüllt werden wollen. Hier fällt dem „inneren Mediator" die Aufgabe zu, neue Handlungsalternativen zu finden, die geeignet sind, alle Bedürfnisse zu erfüllen.

Kapitel 5

Gewaltfreie Kommunikation als Haltung in der Mediation

Gewaltfreie Kommunikation

"... dass die Gewaltfreie Kommunikation tatsächlich die Integration einer bestimmten Spiritualität, ein konkretes Werkzeug zur Manifestation dieser Spiritualität in unserem Alltagsleben ist."
– Marshall Rosenberg[23]

In der Gewaltfreien Kommunikation (GFK) verbinden sich eine bestimmte Art zu denken, eine Weise zu kommunizieren und eine Haltung, die jeweils eigenen Möglichkeiten auf eine lebensbereichernde Art und Weise einzusetzen. In der GFK geht es darum, eine besondere Qualität von Verbindung zwischen den Menschen zu schaffen. Dadurch wird nämlich der Wunsch geweckt, dass alle versuchen, die Bedürfnisse aller einzubeziehen, was eine Haltung voraussetzt, dass die Bedürfnisse von allen Beteiligten wertgeschätzt werden.

Gegenseitiger Respekt und Freiwilligkeit sind zentrale Begriffe. Egal, ob wir eine funktionierende Zusammenarbeit erreichen wollen oder ob es uns darum geht, mit Konflikten umzugehen: Diese beiden Aspekte bilden die Grundlage des Miteinander.

Als Mediator können Sie die Prinzipien und Werkzeuge der GFK einsetzen, ohne dass die Teilnehmer eines Mediationsgespräches diese kennen müssen. Bei einer GFK-unterstützten Vermittlung konzentrieren Sie sich in erster Linie darauf, Verbindung und Begegnung zwischen den Parteien herzustellen. Dies können Sie unter anderem tun, indem Sie:

- die Medianten unterstützen, ihre eigenen Bedürfnisse, Träume und Interessen zu äußern,
- sie ermutigen, beim anderen auf Sehnsüchte, Bedürfnisse, Interessen und Träume zu hören, unabhängig davon, wie er diese ausdrückt,
- ihnen so lange empathisch zuhören, bis sie bereit sind, sich die Bedürfnisse, Gefühle, Träume, Interessen und Bitten des anderen anzuhören.

Erst wenn dieser menschliche Kontakt hergestellt wurde, wendet sich ein Mediator, der auf Grundlage der Prinzipien der GFK arbeitet, der Frage zu, wie der Konflikt gelöst werden kann.

---

23 Rosenberg, Marshall (2006), Eine Sprache des Friedens sprechen in einer konfliktreichen Welt, Junfermann.

Versuchen wir, eine Lösung zu finden, bevor uns klar ist, was die Konfliktparteien brauchen, riskieren wir, bei unserer Entscheidung für einen Lösungsweg wichtige Bedürfnisse zu übersehen. Zu einer befriedigenden Lösung, die auch in der Zukunft standhält, gehört, dass in größtmöglichem Maße die Bedürfnisse aller Beteiligten erfüllt werden. Erst wenn alle Beteiligten sich darauf verlassen können, dass die anderen in respektvoller Weise Rücksicht auf ihre Bedürfnisse und Werte nehmen werden, kommt es zu echter Kooperation.

Konzentrieren Sie sich in der Mediation und im Umgang mit Konflikten auf:
- **Kontakt und Verbindung,** indem Sie die Aufmerksamkeit auf Gefühle und Bedürfnisse lenken.
- **Die Bereitschaft, etwas beizutragen,** die immer dann entsteht, wenn Menschen in Kontakt mit den Bedürfnissen und so mit der Menschlichkeit des anderen kommen.

Achten Sie in zweiter Linie auf:
- den **Hintergrund**.
- die **Lösung** des Problems.

Selbst wenn jemand seine Bedürfnisse in Form von Drohungen, Forderungen, Schubladendenken, Zuschreibungen, vorgefassten Meinungen, Diagnosen und Analysen äußert, können wir dennoch wählen, auf das zu hören, was er braucht und wonach er sich sehnt. Wenn wir das versuchen, kommen wir in tieferen Kontakt mit dem, was demjenigen am Herzen liegt. Das wiederum macht es uns leichter, ihn zu verstehen und weckt unser natürliches Mitgefühl.

Für die Konfliktparteien ist es oft am wichtigsten, dass sie ausdrücken dürfen, was *in* ihnen vorgeht und dass auch genau das von den anderen so gehört wird. Aufgebrachte Menschen sehnen sich mehr danach, dass jemand ihre Gefühle und Bedürfnisse versteht, als dass jemand zu verstehen versucht, was genau passiert ist!

Zu Beginn einer Mediation sind Menschen häufig etwas befangen im Umgang mit ihren Gefühlen. Eher sind sie bereit, sich „um ihre Sache zu prügeln" als sich vor ihrem Gegner zu öffnen. Aber wenn jemand sich verteidigt oder dem anderen Vorwürfe macht, erschwert das den Umgang mit dem Konflikt. Um genau dieses Risiko zu minimieren, dass jemand eine Verteidigungsposition einnimmt, hilft der Mediator den Parteien, auszudrücken, was sie fühlen und brauchen.

Zwei Grundprinzipien in der GFK

Die Gewaltfreie Kommunikation wird leicht als reine Kommunikationsmethode missverstanden. Im Grunde genommen stellt sie jedoch einen Versuch dar, einigen über die Kommunikationsebene hinausreichenden Grundprinzipien sprachlich Ausdruck zu verleihen. Will man seine eigenen Fähigkeiten erweitern, mithilfe der GFK mit anderen Menschen zu kommunizieren, helfen die beiden nachfolgend aufgeführten Prinzipien:

- Es ist leichter, Kontakt zwischen Menschen herzustellen, wenn wir davon ausgehen, dass Menschen alles, was sie tun, aus der Absicht heraus machen, ihre Bedürfnisse zu erfüllen.
- Kooperation und Kontakt mit anderen Menschen fallen leichter, wenn wir davon ausgehen, dass alle Menschen gerne zum Wohlergehen anderer beitragen – wenn sie dies freiwillig tun können.

Man kann die GFK einsetzen, um einen Konflikt zu verstehen, aber auch, um mit einem Konflikt umzugehen. Dabei ist es wichtig, die Bedürfnisse beider Parteien zu berücksichtigen. In Auseinandersetzungen stehen Menschen so oft ausschließlich für das ein, was sie selbst wollen und brauchen, weil sie glauben, sie müssten den anderen besiegen, damit ihre Bedürfnisse erfüllt werden. Einem Mediator obliegt es deshalb, beide Seiten im Blick zu haben und beiden Parteien auch die Bedürfnisse des jeweils anderen bewusst zu machen.

Vor einigen Jahren sah ich in einer Illustrierten eine Überschrift – „Wie Sie jeden Streit gewinnen!" –, die mich an meine Vermittlungen in Paarbeziehungen erinnerte, in denen die Konflikte einem Wettbewerb oder Machtkampf glichen. Wir sind es so sehr gewohnt, miteinander zu konkurrieren, dass wir das sogar in unseren engsten Beziehungen tun. Wir sehnen uns danach, dass der andere das verstehen möge, was uns wichtig ist, aber weil wir versuchen, dies zu erreichen, indem wir uns mit ihm in Konkurrenz begeben, bewirken wir oft nur das Gegenteil.

Aus solch verfahrenen Situationen können wir mithilfe der GFK herausfinden, indem wir uns zuallererst darauf konzentrieren, die Begegnung zwischen den Parteien zu fördern. Kommen wir Menschen auf tiefer Ebene mit jemandem in Verbindung, scheint wie durch eine Art Naturgesetz unser Mitgefühl geweckt zu werden und damit unser Wunsch zu wachsen, dazu beizutragen, dass auch die Bedürfnisse des anderen erfüllt werden. Als Mediator bemerkt man, was mehr Kontakt zwischen den Parteien schaffen kann und betont dies entsprechend. Wenn aber ein Vermittler – was leicht passieren kann – sich für die Ergebnisse der Mediation verantwortlich fühlt, wird er versuchen, den Prozess zu kontrollieren. Es ist jedoch nicht die Aufgabe des Mediators, Lösungen oder Kompromisse zu finden; diese besteht vielmehr darin, beide Parteien zu unterstützen, selbst Beschlüsse zu fassen.

Selbstverständlich kann der Mediator an der Lösungsfindung *beteiligt* sein. Doch bevor nicht der Kontakt zwischen beiden Seiten hergestellt ist, legt er nicht sein Hauptaugenmerk darauf. Selbst wenn er größtenteils *den Prozess an sich* steuert, lässt er die Lösungen in größtmöglichem Maße von den Medianten kommen. Ich glaube ganz einfach daran, dass die beteiligten Konfliktparteien bessere Voraussetzungen haben, für Angelegenheiten, die sie beide betreffen, zu guten Ergebnissen zu kommen als eine außenstehende Person das könnte. Wenn beide einander verstehen und erleben, dass auch der jeweils andere versuchen will, ihre Bedürfnisse zu erfüllen, werden sie gemeinsam Lösungen finden. Außerdem sind Menschen eher geneigt, sich an Vereinbarungen zu halten, wenn sie selbst daran beteiligt waren, diese aufzustellen.

Durch die Mediation haben die Parteien hoffentlich auch Anregungen bekommen, wie sie auf eine verbindungsfördernde Weise kommunizieren können, sodass sie künftig mit Konflikten anders umgehen.

Egal, ob wir als Außenstehender zwischen Parteien vermitteln oder ob wir einen Konflikt zu handhaben versuchen, an dem wir selbst beteiligt sind: Die Grundprinzipien der GFK kommen hier wie dort in gleicher Weise zum Tragen – mit dem Unterschied, dass wir beim Vermitteln anderen unsere Fähigkeiten und Kenntnisse dessen, was Kontakt fördert, „ausleihen", anstatt diese nur für uns selbst anzuwenden. In der Mediation geht es größtenteils darum, die Parteien dabei zu unterstützen, Gefühle und Bedürfnisse, die geäußert werden, zu hören. Das schließt auch ein, Urteile in Gefühle und Bedürfnisse zu übersetzen. Ein Mediator unterbricht zum Beispiel, wenn er Sprache hört, die auf „Richtig-oder-Falsch"-Denken, Forderungen, Zuschreibungen, Schubladendenken oder auf dem Konzept des „Verdienens" (Wer verdient was und wofür?) beruht und übersetzt diese in Gefühle und Bedürfnisse.

Ein Mediator konzentriert sich in erster Linie darauf, zur Verbindung der Parteien *untereinander* beizutragen. Es geht ihm nicht darum, *selbst* einen vertieften Kontakt mit einem oder beiden Medianten aufzubauen. Gleichzeitig ist der Mediator natürlich auch ein Mensch mit Gefühlen und Bedürfnissen, die, wenn sie ausgedrückt werden, viel zum Mediationsgespräch beitragen können.

Anwendungsgebiete für die GFK

GFK kann im Umgang mit ganz unterschiedlichen Konflikten eingesetzt werden.

1. Innere Konflikte: Situationen, in denen Sie zwischen verschiedenen Entscheidungen oder Verhaltensweisen hin- und hergerissen sind. In der Rolle als Mediator können einem zum Beispiel starke Zweifel am eigenen Vermögen kommen, in einer Konfliktsituation einen Beitrag leisten zu können.

2. Konflikte mit anderen: Wenn Sie selbst an einem Konflikt beteiligt sind.

3. Informelle Mediation: Wenn Sie in einem Konflikt vermitteln, ohne darum gebeten worden zu sein, z.B. zwischen Ihren Kindern, Freunden oder Kollegen.

4. Formelle Mediation: Eine Situation, in der Sie in einem Konflikt gebeten worden sind, die Rolle des Mediators zu übernehmen.

Dieses Buch befasst sich vor allem mit formeller und informeller Mediation. Es berührt jedoch auch innere Konflikte und teilweise Konflikte mit anderen.

Beispiele für Konflikte, bei denen Mediation eingesetzt werden kann:
- bei Streitigkeiten unter Nachbarn
- wenn es um geschäftliche Vereinbarungen geht
- am Arbeitsplatz
- bei Mobbing und anderen Konflikten in der Schule
- bei familiären Auseinandersetzungen und Beziehungsproblemen
- bei Streitigkeiten in Mietsachen
- in Strafsachen, nach Verbrechen
- in politischen Konflikten
- innerhalb eines Landes und zwischen Ländern
- in allen zwischenmenschlichen Konflikten

Das Modell der Gewaltfreien Kommunikation

Ich äußere ehrlich wie es mir geht, ohne zu beschuldigen oder zu kritisieren.	Ich höre empathisch zu, wie es dir geht, ohne Kritik zu hören.
Beobachtung	
Die konkreten Handlungen, die ich beobachte (sehe, höre, mir vorstelle, an die ich mich erinnere), die zu meinem Wohlbefinden beitragen – oder auch nicht: „Wenn ich (sehe, höre) …,“	Die konkreten Handlungen, die du beobachtest (siehst, hörst, dir vorstellst, an die du dich erinnerst), die zu deinem Wohlbefinden beitragen – oder auch nicht: „Wenn du (siehst, hörst) …,“
Gefühl	
Wie ich mich, bezogen auf diese Handlungen, fühle: „… fühle ich mich …,“	Wie du dich, bezogen auf diese Handlungen, fühlst: „… fühlst du dich …,“
Bedürfnis	
Lebensenergie in Form von Bedürfnissen, Werten, Wünschen oder Gedanken, welche die Ursache meiner Gefühle sind: „… weil ich … brauche.“	Lebensenergie in Form von Bedürfnissen, Werten, Wünschen oder Gedanken, welche die Ursache deiner Gefühle sind: „… weil du … brauchst?“
Bitte	
Eine klare und deutliche Bitte darüber, was zu meinem Wohlbefinden beitragen würde. Die konkret machbare Handlung, die ich gerne ausgeführt sähe, ohne sie einzufordern: „Und ich hätte gerne, dass du …“	Eine klare und deutliche Bitte darüber, was zu deinem Wohlbefinden beitragen würde. Die konkret machbare Handlung, die du gerne ausgeführt sähest, ohne sie einzufordern: „Und du hättest gerne, dass ich ….?“

© Marshall Rosenberg (2007).
Mehr Informationen über Marshall Rosenberg und das Center for Nonviolent Communication unter www.cnvc.org

Bedürfnisse – unser gemeinsamer Nenner

Beobachtung, Gefühl, Bedürfnis und Bitte sind die vier Hauptkomponenten der GFK. Wir beginnen mit der zentralsten, dem Bedürfnis.

Der Mediator hört auf die Bedürfnisse beider Parteien, da Bedürfnisse allen Menschen gemeinsam sind. Manchmal nenne ich sie auch unseren „gemeinsamen Nenner". Bedürfnisse ermöglichen es uns, uns in einander wiederzuerkennen, was natürliches Mitgefühl und Verständnis wecken kann. Die Bedürfnisse eines anderen zu sehen hilft uns, besser zu verstehen, was hinter seinem Handeln steht. Wir alle haben dieselben Bedürfnisse, auch wenn wir manchmal ganz unterschiedliche Arten wählen, diese zu erfüllen. Bedürfnisse können als universelle Triebkräfte beschrieben werden, die alle Menschen in sich tragen, unabhängig von ihrem Geschlecht, ihrem Alter und ihrem kulturellen, religiösen oder politischen Hintergrund. Es ist unerlässlich, als Mediator zwischen Bedürfnissen und spezifischen Erfüllungsstrategien unterscheiden zu können. Neben unseren körperlichen Bedürfnissen haben wir zum Beispiel alle Bedürfnisse nach Akzeptanz, Freiheit, Gemeinschaft und Sinn. Marshall Rosenberg fasst seine Sicht auf Bedürfnisse folgendermaßen zusammen: *Ich verwende den Begriff Bedürfnisse und verstehe darunter die Ressourcen, die das Leben benötigt, um sich selbst aufrechtzuerhalten. Unser körperliches Wohlbefinden hängt zum Beispiel davon ab, dass unsere Bedürfnisse nach Luft, Wasser, Ruhe und Nahrung erfüllt sind. Unser psychisches und spirituelles Wohlbefinden wird gesteigert, wenn unsere Bedürfnisse nach Verständnis, Unterstützung, Ehrlichkeit und Sinn erfüllt sind.*[24]

Ursache oder Auslöser?

Wenn Menschen glauben, dass sie die Ursache (und nicht nur der Auslöser) für die schmerzhaften Gefühle eines anderen sind, verstehen sie seine Gefühlsäußerungen leicht als Kritik und hören nicht länger zu. Der Mediation kommt deshalb die wichtige Aufgabe zu, Gefühle auf Bedürfnisse als deren Ursache zurückzuführen. Die Er-

---

24 Rosenberg, Marshall (2007), Das können wir klären! Junfermann.

kenntnis, dass ihren Gefühlen Bedürfnisse zugrunde liegen und dass nicht etwa das Verhalten einer anderen Person ihre Gefühle verursacht, macht es Menschen leichter, anderen empathisch zuzuhören. Indem Sie die Verbindung zwischen Gefühlen und Bedürfnissen verdeutlichen, helfen Sie den Medianten zu erkennen, was ihnen wichtig ist, Verantwortung für ihre Gefühle zu übernehmen und anhören zu können, was andere fühlen, ohne Verantwortung für diese Gefühle übernehmen zu müssen.

Einige grundlegende Bedürfnisse, die wir alle haben

Nahrung, Luft, Wasser
Berührung, sexueller Ausdruck
Schutz, Sicherheit
Bewegung

Autonomie – meine eigenen Träume und wie ich sie erreichen möchte
Authentizität
Integrität
Zuverlässigkeit/Glaubwürdigkeit
Bedeutung haben
Kreativität/Ausdruck
Sinn

Frieden, Harmonie
Balance, Schönheit
Inspiration
Spiel/Vergnügen

Interdependenz/Bewusstsein der wechselseitigen Abhängigkeit[25]
Beitragen, d.h. mein Leben und das Leben anderer bereichern
Akzeptanz
Respekt
Unterstützung
Nähe
Zugehörigkeit
Fürsorge

---

25 Anm.d.Ü.: Gemeint sind Bedürfnisse, die hinter der Verbindung mit der Überzeugung stehen, dass die Menschheit auf vielfältige Weise miteinander verwoben ist und dass jede Handlung eines Menschen Auswirkungen auf das Gefüge hat, in dem er handelt. Dies können unter anderem Bedürfnisse sein wie Beitragen, Unterstützung, Sinngemeinschaft und Vertrauen (in dieses Netz eingebunden zu sein, andere zu unterstützen und selbst unterstützt zu werden).

Rücksichtnahme
Einfühlung/Empathie
Ehrlichkeit
Liebe
Wärme
Ermutigung
Vertrauen
Verständnis
emotionale Sicherheit/Geborgenheit
gehört und gesehen werden

Ein Bekannter von mir hatte sich lange über ein Verhalten eines seiner Söhne im Teenageralter geärgert: Wenn der Sohn nach Hause kam, warf er seine Schuhe und Jacke auf einen Haufen direkt hinter der Haustür, und seine Freunde taten es ihm gleich. Das führte dazu, dass der nach Hause kommende Vater manchmal über einen ganzen Berg (zumindest war es in den Augen meines Bekannten ein solcher) von Schuhen und Kleidung steigen musste. Jedes Mal, wenn der Haufen wieder da war, spürte er, wie Wut in ihm aufstieg. Die Kommentare, die ihm dann herausrutschten, führten oft zu Streit zwischen ihm und seinem Sohn.

Eines Tages hörte er auf der Heimfahrt im Auto, dass in der Nähe seines Zuhauses mehrere Jugendliche im Alter seines Sohnes bei einem schweren Unfall verunglückt waren. Sie können sich denken, wie er sich dieses Mal fühlte, als er einige Minuten später über den gewohnten Kleiderhaufen stolperte und zugleich die Jugendlichen im ersten Stock hörte! In diesem Augenblick wurde ihm klar, dass niemals der Kleiderhaufen seine Wut verursacht hatte, denn derselbe Haufen hatte dieses Mal zu Erleichterung anstelle von Wut geführt.

Bis dahin war ihm nicht bewusst gewesen, dass es seine eigenen Gedanken über den Sohn waren, die ihn wütend machten. Diese drehten sich um Eigenschaften, die er dem Sohn zuschrieb (schlampig, selbstsüchtig). Manchmal handelten sie auch davon, was der Sohn lernen müsste (sich dafür interessieren, wie es anderen geht, zuhören, tun, was seine Eltern ihm sagen).

Als er zwischen seinen *Interpretationen* der Geschehnisse und dem, was wirklich passiert war, zu unterscheiden begann, konnte er seine Bedürfnisse leichter identifizieren. Er glaubte nicht mehr, dass jemand anderes die Ursache seiner Gefühle war und war nun frei, seine Bedürfnisse durch neue Handlungsalternativen zu erfüllen.

Die Gefühle – „Kinder" der Bedürfnisse

Wenn ich in diesem Buch das Wort Gefühle verwende, geht es mir um Gefühle, die man in seinem Körper spüren kann. Es ist nämlich leichter, herauszufinden, was man braucht, wenn man zunächst nur beschreibt, was man in seinem Körper fühlt. Übernehmen wir die Verantwortung für unsere Gefühle, indem wir sie an unseren eigenen Bedürfnissen festmachen und nicht an den Handlungen des anderen, verringern wir das Risiko, dass andere den Ausdruck unserer Gefühle als Kritik an ihrer Person verstehen.

Wenn wir Gefühle in Worten ausdrücken, können sich manchmal auch andere Dinge hineinmischen. Wir äußern dann, was wir denken, dass jemand anderes getan hat (wenn wir beispielsweise sagen, dass wir uns „manipuliert", „gekränkt" oder „angegriffen" fühlen). Das kann leicht dazu führen, dass der andere unsere Worte als Kritik hört.

Die Öl-Warnleuchte im Auto ist ein gutes Bild, um die Verbindung zwischen unseren Gefühlen und Bedürfnissen verdeutlichen. Wenn sie aufleuchtet, ist das ein Zeichen, dass der Motor Öl braucht. Die Leuchte selbst ist nicht so wichtig, aber sie gibt uns eine wesentliche Information, die uns Maßnahmen ergreifen lässt, den Motor vor Schaden zu bewahren. Auf dieselbe Weise zeigen uns alle unsere Gefühle, was wir brauchen. Wenn Sie zum Beispiel durstig sind, haben Sie das Bedürfnis nach Flüssigkeit. Wenn Sie sich einsam fühlen, brauchen Sie vielleicht Gemeinschaft. Langeweile bietet Ihnen eine Chance, sich mit Ihren Bedürfnissen nach Sinn oder Anregung zu verbinden. Wenn wir nicht auf das hören, was wir fühlen, riskieren wir, lebenswichtige Signale zu verpassen, die uns dabei helfen können, uns wohl zu fühlen.

Andere Menschen, die sich mit dem verbinden, was Sie fühlen, können so leichter eine Beziehung zu Ihnen aufzubauen, da sie sich in Ihrer gemeinsamen Menschlichkeit wiedererkennen und sich besser in Ihre Wirklichkeit hineinversetzen können.

Gefühle haben einen starken Einfluss auf uns, selbst wenn sie nicht ausgedrückt werden. Stellen Sie sich jemanden aus Ihrem Team oder Ihrer Familie vor, dessen Körpersprache, Mimik und Gestik man ansieht, dass in ihm starke Gefühle lebendig sind. Auf die Frage, was los sei, sagt er: „Nichts besonderes." Je weniger klar ist, was derjenige fühlt, desto mehr wird sich die Aufmerksamkeit anderer, oft unbewusst, auf das richten, was wohl in ihm vorgehen könnte.

Je größer unsere Fähigkeit ist, unsere Gefühle auszudrücken und Verantwortung für sie zu übernehmen, desto weniger werden diese Gefühle unsere Zusammenarbeit mit anderen behindern. Wenn Sie in der Mediatorenrolle mit größtmöglicher Aussicht auf Erfolg dafür sorgen wollen, dass zwischen den Parteien durch das Mediationsgespräch ein guter Kontakt entsteht, dann achten Sie besonders darauf, dass alle Gefühle an Bedürfnissen festgemacht werden.

In manchen Fällen kann es tabu sein, seine Gefühle offen zu äußern. Wenn Sie als Mediator in einer solchen Situation die Entscheidung treffen, Gefühle zu benennen, halten die Parteien infolgedessen womöglich ihre Gefühlsreaktionen noch mehr zurück, um Bloßstellung zu vermeiden. Bemerken Sie so etwas, können Sie stattdessen still für sich selbst zur Kenntnis nehmen, welche Gefühle da zu sein scheinen und nur die Bedürfnisse der Medianten verbalisieren. Wenn Sie sich dafür entscheiden, Gefühle nicht zu benennen, sollten Sie jedoch im Auge behalten, ob dadurch der Kontakt zwischen den Parteien oberflächlicher und der Konflikt somit schwieriger zu handhaben wird.

Manchmal kann es auch heikel sein, die Wörter „Gefühl" und „Bedürfnis" zu verwenden, weshalb es hilfreich ist, über Gefühls- und Bedürfnisthemen sprechen zu können, ohne die Begriffe selbst zu verwenden. Auch wenn Sie das Wort „Bedürfnis" nicht aussprechen: In einer Mediation ist es von unschätzbarem Wert, Ihre Aufmerksamkeit auf menschliche Triebkräfte/Seinsqualitäten gerichtet zu halten, die nicht an Personen, Zeiten, Orte oder spezifische Handlungen gebunden sind. Und Sie können andere inspirieren, dies ebenfalls zu tun. Wenn Sie über Bedürfnisse sprechen, dies aber nicht auf die „klassische" Weise ausdrücken wollen, könnten Sie beispielsweise folgendermaßen verfahren:
„Ist ... das, was Ihnen daran wichtig ist?"
„Spielt es für Sie eine Rolle, dass ...?"
„Sehnen Sie sich nach ...?"
„Ich höre, dass der Kern darin für Sie ... ist. Stimmt das?"

Weitere Alternativen finden Sie im Anhang dieses Buches unter „Alltagsbegriffe für Bedürfnisse" [Seite 259].

Starke Gefühle – Hilfe oder Hindernis?

Im Verlauf einer Mediation kann es auch mal ziemlich hitzig zugehen. Deshalb ist es wichtig, dass Sie als Mediator damit umgehen können, wenn starke Gefühle ausgedrückt werden. Der erste Schritt um zu lernen, mit starken Gefühlen anderer umzugehen, besteht darin, dass Sie darauf achten, wie Sie reagieren, wenn in Ihrer Umgebung jemand beispielsweise die Stimme hebt oder zu weinen anfängt.

Einige Gefühle, die wir alle kennen

Gefühle, die wir empfinden, wenn unsere Bedürfnisse erfüllt sind			
amüsiert	dankbar	fasziniert	neugierig
angeregt	eifrig	froh	optimistisch
aufgekratzt	energiegeladen	geborgen	ruhig
ausgeglichen	entspannt	glücklich	überrascht
begeistert	erleichtert	hoffnungsvoll	überwältigt
berührt	erstaunt	inspiriert	zufrieden
Gefühle, die wir empfinden, wenn unsere Bedürfnisse nicht erfüllt sind			
ängstlich	erschöpft	hin- und hergerissen	peinlich berührt
ärgerlich	erschrocken	irritiert	taub
aufgewühlt	erschüttert	kraftlos	unentschlossen
bestürzt	frustriert	nervös	unglücklich
betrübt	gleichgültig	niedergeschlagen	verwirrt
enttäuscht	hilflos	panisch	wütend

Gelegenheiten, dies zu üben, bekommen wir oft dann, wenn wir es am wenigsten vermuten. Wenn sich eine solche Gelegenheit ergibt, holen Sie tief Luft und nehmen Sie wahr, welche Gefühle in Ihnen ausgelöst werden. Nicht die starken Gefühle anderer sind Ihr Problem, sondern Ihre Reaktion darauf. Immerhin können Sie selbst entscheiden, wie Sie mit Ihren eigenen Gefühlsreaktionen umgehen wollen, wohingegen Sie keinen Einfluss darauf haben, wie andere ihre Gefühle handhaben.

Denken Sie daran, dass Menschen nicht immer sofort sehen können, ob das, was sie im Rahmen einer Mediation ausdrücken, zur Lösung des Konfliktes beiträgt oder nicht. Stellen Sie sich vor, dass Ihre Medianten (ohne selbst bereit dazu zu sein) mit etwas in Kontakt kommen, das sie zutiefst berührt. Wenn sie sich dazu äußern würden, könnte das den weiteren Verlauf des Gespräches durchaus verändern. Vielleicht entscheiden sie sich dennoch, einfach wie bisher weiterzumachen, bei ihrer ursprünglichen „Geschichte" zu bleiben, anstatt etwas darüber zu sagen, was sie angerührt hat. Manchmal bleiben Menschen auch bei der Perspektive der Geschichte, mit der sie gekommen sind, aus Gewohnheit oder Angst vor Neuem, mit dem sie sich noch nicht ganz sicher fühlen. Hier kann der Mediator natürlich eine große Unterstützung sein, indem er sowohl die Unsicherheit empathisch hört als auch darauf hinweist, dass starke Gefühle ein wertvoller *Beitrag* zum Mediationsprozess sein können.

Vor meinen ersten Mediationsaufträgen war ich sehr nervös, insbesondere dann, wenn Paarbeziehungen und langfristige Kooperationen auf dem Spiel standen. Erst als ich wirklich tief verinnerlicht hatte, dass es als Mediatorin *nicht* meine Aufgabe war, Konflikte zu lösen oder die Parteien dazu zu bringen, sich zu einigen, konnte ich mich entspannen. Ein gewisses Maß an Nervosität spüre ich meistens auch heute noch, bin mittlerweile jedoch dankbar für das Gefühl. Mich nervös zu fühlen hilft mir, wachsam zu sein und mir bewusst zu machen, dass ich diese Aufgabe ernst nehmen will, *ohne* Verantwortung für Dinge zu übernehmen, die ich nicht beeinflussen kann.

Bitten in der Mediation

Konkrete Bitten auszudrücken, ist einer der Hauptbestandteile der GFK. Es geht darum, um etwas zu bitten, das uns helfen kann, unsere Bedürfnisse zu erfüllen. Dabei sollten wir so konkret wie möglich sein, damit andere leicht verstehen können, worum wir bitten. Außerdem ist es wichtig, dass wir uns sicher sind, dass die Dinge, um die wir bitten, wirklich machbar sind.

In einer früheren Liebesbeziehung lief recht häufig der folgende tragische Dialog ab. Ich verwendete dann das Wort „zuhören" so, als beschriebe es konkret, was mein Partner machen sollte:

„Ich will, dass du mir zuhörst!"
„Ich höre dir zu."
„Du hörst überhaupt nicht zu."
„Doch, das tue ich!"
„Wie jetzt gerade, du hörst nicht zu, du hörst ja nicht einmal, was ich sage."

So stritten wir und sahen nicht, dass wir tatsächlich beide hätten genauer sagen können, was wir eigentlich wollten. Manche Leser werden jetzt vielleicht denken: „Typisch Männer, nie hören sie zu." Andere denken stattdessen: „Typisch, dass Frauen immer über sich selbst reden wollen." Urteile wie diese sind in einer solchen Situation selten eine Hilfe. Für mich ist es interessanter, aus einer Situation zu lernen und neue Wege zu finden, mit anderen in Beziehung zu sein, als mich mit vorgefertigten Meinungen über Frauen oder Männer zu befassen oder damit, wer etwas falsch gemacht hat. Mir ist klar, dass ich damals nicht präzise genug ausgedrückt habe, was ich wollte. Leider wurde mir das erst später klar, lange, nachdem die Beziehung auseinandergegangen war. Jemanden zu bitten, „zuzuhören", ist meistens nicht konkret genug, wenn wir wollen, dass er wirklich versteht, was genau wir von ihm möchten. Was hätte ich also stattdessen sagen können, um die Wahrscheinlichkeit zu erhöhen, dass er tun würde, was ich mir wünschte?

Beispielsweise: *„Ich möchte dir gerne etwas erzählen, das ich heute erlebt habe und ich hätte gerne, dass du dich dafür zehn Minuten mit mir aufs Sofa setzt. Würdest du das tun?"*

Und was hätte mein Partner sagen können, wenn er sich in der weiter oben beschriebenen Situation Veränderung gewünscht hätte?

„Ich fühle mich verwirrt, wenn ich dich sagen höre, dass ich nicht zuhöre, denn aus meiner Sicht höre ich zu. Ich verstehe, dass ich das auf eine Weise mache, die dir nicht hilft. Willst du mir mehr darüber sagen, was es ist, das du gerne möchtest, dass ich es anders mache?"

Sind in einem Mediationsgespräch Kontakt und Verständnis hergestellt worden, verlagern Sie Ihre Aufmerksamkeit darauf, gemeinsam nach Lösungen zu suchen, die die Bedürfnisse aller Beteiligten erfüllen können. Hier müssen Sie vielleicht den Parteien helfen, vage oder unklare Bitten und Vereinbarungen umzuformulieren, denn unklare Absprachen können sonst schnell einen neuen Konflikt auslösen.

Jemanden zu bitten, mit etwas *aufzuhören* oder bestimmte Dinge *nicht* zu tun, ist ein häufiger Auslöser für Konflikte. Wenn Sie als Mediator Bitten in „Negativform" hören, können Sie dem Sprecher helfen, diese so umzuformulieren, dass er ausdrückt, was er wirklich will.

> *Immer, wenn unser Anliegen ist, jemanden dazu zu bringen, aufzuhören etwas zu tun, verlieren wir Kraft. Wenn wir wirklich Kraft haben wollen, um Veränderung zu bewirken – sei es persönliche Veränderung, Veränderung eines anderen Individuums oder einer ganzen Gesellschaft – müssen wir aus dem Bewusstsein kommen, wie eine bessere Welt aussehen kann. Wir wollen, dass Menschen erkennen, wie sie sich mehr Bedürfnisse zu einem niedrigeren Preis erfüllen können.* – Marshall Rosenberg[26]

Damit unsere Bitten klar sind und nicht wie Forderungen klingen, können wir die folgenden beiden Fragen zu Hilfe nehmen:
„Was will ich, dass jemand anders macht?"
„Mit welcher Motivation wünsche ich mir, dass er es tut?"

Wollen wir, dass jemand etwas tut und bitten wir ihn dann, weil wir glauben, dass es seine Pflicht sei, es zu tun oder dass er es tun müsse, weil wir es ihm sagen, müssen wir uns fragen, ob wir wirklich bereit sind, den Preis zu zahlen, den uns diese Haltung kosten wird. Wenn ein Menschen nämlich für einen anderen Menschen etwas tut, weil er Angst hat, dieser könnte ihn ansonsten bestrafen, führt das häufig zu weniger Vertrauen, Wärme und Rücksichtnahme innerhalb einer Beziehung.

Wenn Menschen merken, dass sie auch „Nein" sagen können und sich nicht gegen einseitig getroffene unabänderliche Lösungen wehren müssen, sind sie eher bereit, zum Leben anderer beizutragen.

---

26 Rosenberg, Marshall (2006), Eine Sprache des Friedens sprechen in einer konfliktreichen Welt, Junfermann.

Praxisübung: Üben Sie im Alltag, um das zu bitten, was Sie haben wollen

Üben Sie so oft wie möglich, klare Bitten zu stellen.

- Formulieren Sie sie konkret, machbar und so offen, dass man Ja oder Nein darauf antworten kann.
- Beobachten Sie auch, was geschieht, wenn Sie oder andere Menschen Bitten nicht auf diese Art und Weise ausdrücken.

Wenn Sie dies kontinuierlich üben, entwickeln Sie auch Ihre Fähigkeit weiter, zwei Parteien, die in einer Mediation eine gemeinsame Absprache treffen wollen, besser und präziser zu unterstützen.

Hindernisse in der Mediation

Interpretieren oder Beobachten

Es war einmal ein Mann, der seine Axt nicht finden konnte. Er verdächtigte den Nachbarsjungen, sie gestohlen zu haben. Dieser sprach so seltsam, schlich manchmal im Dunkeln herum und hatte ein ganz merkwürdiges Verhalten, ganz anders als die anderen Jungen: Er ging wie ein Dieb, sah aus wie ein Dieb und redete wie ein Dieb. Eines Tages jedoch, als der Mann einen Holzstapel zur Seite räumte, fand er seine Axt wieder. Als er dann dem Nachbarsjungen das nächste Mal begegnete, sah dieser aus wie jeder andere Junge und ging und redete auch so. Eigentlich zeigte er ein ganz normales Verhalten, an dem nichts Verdächtiges zu erkennen war. (Traditionelle deutsche Geschichte aus unbekannter Quelle)

Wenn die Kultur, in der wir leben, uns nicht lehrt, in Bedürfnissen zu denken, sondern stattdessen moralische Werturteile verbreitet, uns beibringt, in statischen Begriffen und Feindbildern zu denken und uns dazu anhält, zu analysieren, was mit anderen nicht stimmt, sind auch Krieg und Bomben nicht mehr fern. Wenn wir Menschen abstempeln und in Schubladen stecken, kommt uns leicht das Mitgefühl abhanden und es wird schwieriger, die Menschlichkeit im anderen zu sehen. Von da an ist es nur noch ein kleiner Schritt zur Gewalt.

Schauen wir uns beispielsweise den furchtbaren Völkermord in Ruanda an. Wie ich bereits erwähnte, wurden fast eine Million Menschen aus dem Volk der Tutsi als sogenannte „Kakerlaken" innerhalb von drei Monaten getötet. Bei solch abscheulichen Ereignissen wird deutlich, dass die Feindbilder Gewalttaten begünstigen.

Konkrete Beobachtungen anzustellen, was jemand sagt oder tut und diese Handlung bzw. das Gesagte von dem zu unterscheiden, was wir darüber *denken,* ist also ein wichtiger erster Schritt in der GFK und allgemein im Umgang mit Konflikten.

Ein Beispiel: die *Beobachtung,* dass jemand auf dem Sofa liegt, während die restliche Familie putzt, von der *Schlussfolgerung* zu unterscheiden, derjenige sei faul und verantwortungslos.

Wenn ich mit jemandem auf Grundlage der Interpretation „Du bist faul und verantwortungslos" kommuniziere, wird das völlig anders klingen, als wenn ich von der Beobachtung ausgehe: „Du liegst auf dem Sofa, während wir anderen putzen." Vermutlich werden beide Kommunikationsansätze zu völlig verschiedenen Ergebnissen führen, denn Menschen mögen es in der Regel nämlich nicht, wenn man sie in eine Schublade steckt. Sie wollen, dass gesehen wird, warum sie so handeln, wie sie es tun.

Das Bild einer Videokamera kann uns helfen, zwischen Beobachtung und Interpretation zu unterscheiden, denn eine Kamera kann aufzeichnen, was geschieht, aber sie kann nicht beurteilen, ob das, was sie aufzeichnet, normal, anormal, gut, schlecht, unangemessen oder passend ist. Wenn wir mit der Neutralität einer Videokamera genau wiedergeben, was wir jemanden haben sagen hören oder tun sehen, haben wir Verständigung auf einer ersten gemeinsamen Ebene erreicht.

Manchmal beginnt ein Konflikt mit einer diffusen Aussage, die zu Missverständnissen und aufgebrachten Gefühlen führt. Dann können Sie als Mediator helfen, zu konkretisieren, denn es ist schwierig, wütende Menschen, die nicht erst auf Ebene ihrer Gefühle und Bedürfnisse gehört worden sind, mit Informationen zu erreichen.

Alles statische Denken, welches Menschen kategorisiert, bewertet, verurteilt, feste Bilder und Stereotypen von ihnen prägt („Sie ist eine bestimmte Art Mensch." „Er ist halt so und so!") und sie in Schubladen steckt, kann in eine Sprache gebracht werden, die klar, prozesshaft und beschreibend ist.

Wenn wir ein Menschenbild haben, nach dem es möglich ist, dass Menschen sich ständig weiterentwickeln, dann können wir auch konkrete, auf eine Situation bezogene Beobachtungen machen und verwechseln diese nicht mit statischen Analysen über die betreffenden Personen. Wenn es Ihnen gelingt, Menschen eher auf eine prozessorientierte Weise zu sehen, wird Ihnen das Ihre Mediatorenrolle erleichtern, insbesondere dann, wenn die Teilnehmer eines Mediationsgespräches eine sehr statische Sprache verwenden und starke Feindbilder von der jeweiligen Gegenseite haben.

Statische Sprache oder Prozesssprache

A: „Du bist faul und verantwortungslos."
B: „Aber ich ruhe mich doch nur aus."
A: „Ja, aber auch du musst Verantwortung übernehmen und mithelfen."
B: „Ich werde doch wohl noch frei entscheiden dürfen, mich auszuruhen, wann ich will!"

Wenn wir mit jemandem sprechen, bei dem wir etwas erreichen wollen, werden unsere Interpretationen und Analysen leicht zu sich selbst erfüllenden Prophezeiungen. Gehen wir aber mit der Person in Kontakt und versuchen gleichzeitig, einen Einfluss auf die Situation zu nehmen, könnte sich eine Unterhaltung folgendermaßen anhören:

A: „Wenn ich dich auf dem Sofa liegen sehe, während der Rest der Familie putzt, bin ich ziemlich frustriert. Ich möchte gerne, dass wir alle mithelfen und frage mich, wie es kommt, dass du dort liegst."
B: „Ich bin unheimlich müde, habe die ganze Woche nicht richtig geschlafen."
A: „Ich verstehe, dass du müde bist. Gleichzeitig möchte ich auch Unterstützung haben. Ich frage mich, ob du dich bereit erklären könntest, vor 18 Uhr die Küche zu putzen, weil wir um 20 Uhr Besuch bekommen."

Feindbilder

Mir ist einmal sehr deutlich geworden, wie schnell eine Vorstellung darüber entstehen kann, wie ein Mensch ist und wieso er auf eine bestimmte Weise handelt. Wenn ich hier den Begriff „Feindbilder" verwende, meine ich damit alle statischen Ideen und vorgefassten Meinungen über andere.

Eine Frau fragte mich, ob ich ihr helfen wolle, einen schwedischen Verlag zu finden, der ihr Buch übersetzen und herausgeben würde. Als ersten Schritt wollte sie mir das Buch per E-Mail auf Englisch schicken, damit ich es lesen konnte. Mit großer Neugier erwartete ich das Manuskript, jedoch die Zeit verging und ich hörte nichts von ihr. Alle paar Monate schickte ich ihr eine E-Mail, um Klarheit zu erlangen, erhielt jedoch nie eine Antwort von ihr. Zu dieser Zeit gab es in einem Netzwerk, dem wir beide angehörten, einen Konflikt, von dem wir beide auf unterschiedliche Weise betroffen waren. Meine Gefühle zu dem Netzwerk begannen nun, irgendwie auch auf den Kontakt mit dieser Frau „abzufärben".

Fortan analysierte und deutete ich und versuchte herauszufinden, was vor sich ging. Kleine paranoide Gedanken, dass hinter meinem Rücken über mich gesprochen würde, schienen eine einleuchtende Erklärung dafür zu sein, wieso sie nicht von sich hören ließ. Deshalb urteilte ich folgendermaßen über sie: „Sie kümmert sich nicht um Sachen, die zu tun sie zugesagt hat. Sie ist feige und traut sich nicht einmal, zu dem zu stehen, was sie denkt."

Als wir uns einige Zeit später begegneten und die Gelegenheit zu einem Gespräch hatten, wurde klar, was geschehen war. Mein Feindbild von ihr war gewachsen – und bei ihr war ungefähr das Gleiche passiert. Genau wie wir vereinbart hatten, hatte sie nämlich bereits wenige Tage nach unserem ersten Gespräch das Manuskript geschickt und wartete neugierig auf meine Rückmeldung. Als sie nach weiteren E-Mails an mich noch immer keine Antwort hatte, kam sie für sich zu ganz ähnlichen Schlussfolgerungen wie ich. Sie war schließlich überzeugt davon, dass ihr Buch mir nicht gefallen habe und ich deshalb erst gar nichts von mir hören ließe. Da ihre Bedürfnisse nach Unterstützung und Vertrauen nicht erfüllt wurden, war sie zunächst enttäuscht. Als sie nach einer Weile immer noch keine Antwort bekommen hatte, wurden aus der Enttäuschung Ärger und Analysen über mich: „Sie ist so arrogant und es ist ihr egal, wie es anderen geht. Sie kann nicht einfach zu ihrer Meinung stehen und meldet sich einfach nicht mehr."

Sowohl ihre als auch meine E-Mails waren verloren gegangen – vermutlich in irgendeinem Spamfilter. Als uns dies in dem Gespräch klar wurde, waren wir verblüfft, wie schnell unsere inneren Fantasien zu „Wahrheiten" für uns geworden waren. Das hatte es uns nach jeder unbeantworteten E-Mail schwerer gemacht, erneut den Kontakt zu suchen. Nach einer Weile konnten wir beide darüber lachen und freuten uns über die Lektion, die wir so bekommen hatten. Beide hatten wir angefangen, die andere durch den eigenen Wahrnehmungsfilter zu sehen und wir konnten nun erkennen, wie daraus ein Konflikt hatte entstehen können

Als ich anfing, meine Interpretationen über die Frau von dem zu trennen, was wirklich geschehen war (von den Beobachtungen), gab es plötzlich eine viel größere Chance, in Kontakt miteinander zu kommen. Als mir das klar wurde, wurde diese Geschichte für mich zu einer eindrucksvollen Lektion zum Thema *Interpretationen von Beobachtungen unterscheiden.*

Die Beobachtung war: *„Wir hatten uns geeinigt, dass sie mir Informationen schicken würde, und ich habe diese nicht bekommen."*

Eine meiner Deutungen war: *„Sie hat die Informationen nicht geschickt."* (Da ich es in der Tat nicht ganz sicher wissen konnte, nenne ich das eine Deutung oder Interpretation.)

Etwas später und wesentlich ärgerlicher interpretierte ich: *„Sie kümmert sich nicht um Sachen, die sie zu tun zugesagt hat. Sie ist feige und traut sich nicht einmal, zu sagen, was sie denkt."*

Bei Missverständnissen – ähnlich dem, das ich beschrieben habe – kann es manchmal so weit kommen, dass eine dritte Partei benötigt wird, um den zerbrochenen Kontakt wiederherzustellen. Durch das Feindbild entsteht ein starker Schmerz, der es uns schwer macht zu hören, was der andere wirklich sagt. Selbst wenn der andere Informationen darüber gibt, was wirklich geschehen ist, kann das völlig an uns vorbeigehen, wenn wir nicht erst in unserem eigenen Schmerz, unserer Frustration und Enttäuschung gehört worden sind.

Ist etwas geschehen ist, das den Kontakt beeinträchtigt hat, ist es hilfreich, eine Mediation so schnell wie möglich durchzuführen. Wenn man lange wartet, kann es immer schwieriger werden, die Menschlichkeit im anderen/in den anderen zu sehen.

Wenn der Mediator selbst wiederkehrend Urteile oder Interpretationen über einen Menschen oder über das, was geschehen ist, äußert, fällt es auch den Parteien häufig schwer, damit umzugehen. Es schafft mehr Sicherheit, wenn Sie sich als Mediator wirklich in größtmöglichem Maße an Ihre Beobachtungen, Gefühle, Bedürfnisse und Bitten halten.

Beobachtung oder Interpretation: Abhängig von der Perspektive!

1. Eine Person sagt: *„Ich tue immer sofort, um was er mich bittet!"*
Die andere Person beschreibt ihre Sichtweise derselben Situation: *„Sie macht nie etwas, ohne darum gebeten zu werden."*

Übung: Beschreiben Sie in Beobachtungssprache, was tatsächlich passiert ist. Verzichten Sie dabei auf Interpretationen.

_____

_____

_____

2. Eine Person sagt: *„Er ist gefühllos und das Wohlbefinden anderer ist ihm egal."*
Die andere Person sagt: *„Ich bin rücksichtsvoll und mische mich niemals in die Privatsphäre anderer ein."*

Übung: Beschreiben Sie in Beobachtungssprache, was tatsächlich passiert ist. Verzichten Sie dabei auf Interpretationen.

_____

_____

_____

Wenn das Wort „Konflikt" zu weiteren Konflikten führt

Wenn wir das, was zwischen zwei Parteien geschehen ist, mit dem Ausdruck „Konflikt" zusammenfassen können, vereinfacht es manchmal das Gespräch. Ich habe jedoch mehrfach erlebt, wie Menschen stark gerade auf das Wort „Konflikt" reagiert haben. In manchen Familien oder Teams ist es zum Beispiel stark tabuisiert, Konflikte zu haben, und so vermeidet man es lieber, von einem „Konflikt" zu sprechen. Weil zudem in angespannten Situationen auch die Formulierungen von Interpretationen und Analysen etwas härter als gewöhnlich ausfallen, kann der Gedanke an einen „Konflikt" beängstigend sein.

Wenn wir sagen: „Das ist ein Konflikt", interpretieren wir das, was zwischen Menschen oder Gruppen geschieht. Da das Wort Konflikt oft negativ besetzt ist, ist es hilfreich, wenn Sie sich als Mediator darüber im Klaren sind, auf welche Beobachtungen Sie Ihre Interpretation stützen, das heißt, was Sie gesehen oder gehört haben, das Sie Konflikt nennen.

Wenn Sie es schaffen, negative Reaktionen auf das Wort Konflikt „aufzufangen", kann das die ganze Situation beträchtlich vereinfachen. Beispielsweise sagt ein Mediant: *„Ich erlebe es nicht so, dass wir einen Konflikt haben. Wir haben nur etwas abweichende Ansichten darüber, wie diese Arbeit gemacht werden soll."* In diesem Fall greifen Sie als Mediator auf, was derjenige gesagt hat, formulieren Ihre Deutung aber in eine Beobachtung dessen um, was geschehen ist. Wo Sie gesagt hätten: „Wenn Sie an Ihren Konflikt denken ...", können Sie nun vielleicht sagen: *„Wenn Sie daran denken, dass Sie in mindestens fünf Teamsitzungen über dieses Thema gesprochen haben ..."* Oder: *„Wenn Sie hören, dass Sie unterschiedliche Wünsche haben, wie Dinge getan werden sollen ..."*

Versuchen Sie, die Situation so genau wie möglich zu beschreiben, anstatt die „Abkürzung" zu nehmen und sie als „Konflikt" zu bezeichnen. Selbstverständlich können Sie auch fragen, ob jemand etwas dagegen hätte, der Einfachheit halber Konflikt zu sagen.

Es gibt auch andere Worte und Begriffe, die bei manchen Menschen starke Reaktionen auslösen. Am häufigsten geschieht das bei Ausdrücken, die Diagnosen und Analysen enthalten oder durch die Menschen in Schubladen gesteckt werden.

Reflexionsübung zum Wort „Konflikt"

--> Was bedeutet das Wort „Konflikt" für Sie?
--> Ab wann nennen Sie etwas einen Konflikt und wann entscheiden Sie sich, es anders zu bezeichnen? (Vielleicht hilft es Ihnen, an eine konkrete Situation zu denken, um in diesem Punkt Klarheit zu gewinnen) Beschreiben Sie in Beobachtungssprache, was genau Sie hören und sehen, das Sie Konflikt nennen.

Konflikte finden auf der Ebene der Strategien und nicht auf der Ebene der Bedürfnisse statt

Je länger ich mich in den Jahren mit Konflikten befasst habe, je mehr ich gesehen habe, was Familien dazu bringt, zu streiten und was Länder in den Krieg führt, desto mehr glaube ich, dass die meisten Schulkinder diese Konflikte lösen könnten.

Konflikte würden sich sehr viel leichter lösen lassen, wenn Menschen nur fragten: „Wenn dies die Bedürfnisse der beiden Konfliktparteien sind und das die Ressourcen. Was kann da getan werden, um diese Bedürfnisse zu erfüllen?"
– Marshall Rosenberg[27]

Für einen Mediator ist es wichtig, Klarheit zu haben und unterscheiden zu können, was menschliche Bedürfnisse sind und was Mittel und Wege sind, mithilfe derer die Menschen versuchen, sich ihre Bedürfnisse zu erfüllen. Wenn Sie Bedürfnisse und Erfüllungsstrategien unterscheiden können, können Sie den Medianten dabei helfen, Lösungen zu finden, die wirksamer sind als Kompromisse oder Methoden, die darauf aufbauen, dass „der Stärkste gewinnt".

Da wir alle dieselben Bedürfnisse haben, können wir Menschen dabei helfen, sich in anderen wiederzuerkennen, indem wir die Aufmerksamkeit auf die Bedürfnisse lenken. Wenn wir Bedürfnisse als allgemein menschlich und nicht an eine bestimmte Person oder einen bestimmten Zeitpunkt gebunden sehen, ist es leichter, Konfliktlösungen zu finden. Wenn wir keine Lösung finden, ist es wichtig, dass wir uns fragen, ob wirklich die Bedürfnisse aller Beteiligten „auf dem Tisch" sind.

Inmitten eines Konfliktes kann es leicht passieren, dass wir auf das schauen, was wir selbst als Problem sehen. Wenn wir uns stattdessen auf das konzentrieren, was wir brauchen oder wovon wir träumen, öffnen sich vielleicht ganz andere Türen. Machen Sie sich bewusst, dass ein Konflikt selten entsteht, ohne dass die Beteiligten starke Interessen, Werte oder Träume haben, an denen festzuhalten für sie bedeutsam ist. Wenn wir tief mit etwas verwurzelt sind erhöht sich unsere Bereitschaft, für das einzustehen, an das wir glauben und wovon wir träumen. Da können leicht Konflikte ent-

---

27 Rosenberg, Marshall (2007), Das können wir klären! Junfermann.

stehen, insbesondere wenn jemand anderes auch für etwas brennt, das in Konflikt mit dem zu stehen scheint, das wir wollen. Solche Konflikte können wir jedoch auch als Möglichkeit begreifen, neue Dinge zu lernen und alte, nicht länger dienliche Kommunikationsmuster aufzubrechen.

Mit der Aufmerksamkeit bei dem zu sein, wovon Menschen träumen, wofür sie sich interessieren, was sie wertschätzen und was sie in die Tat umgesetzt sehen wollen – das herauszukristallisieren ist eine wichtige Aufgabe in Ihrer Rolle als Mediator.

Empathie (Einfühlung)

Dies ist das Geheimnis in aller Helferkunst. Jeder, der das nicht tun kann, erliegt selbst einer Wahnvorstellung, wenn er sich für fähig hält, jemand anderem zu helfen.

Um in Wahrheit einem andern helfen zu können, muss ich mehr als er verstehen – zuallererst aber doch wohl das verstehen, was er versteht. Tu ich das nicht, so hilft mein größeres Verständnis ihm gar nicht. Will ich gleichwohl mein größeres Verständnis geltend machen, so ist es deshalb, weil ich eitel bin oder stolz, sodass ich im Grunde, anstatt ihm zu nützen, eigentlich von ihm bewundert werden will. Alles wahre Helfen jedoch beginnt mit einer Demütigung; Der Helfer muss sich zuerst unter den demütigen, dem er helfen will, und daran verstehen, dass helfen nicht herrschen heißt, sondern dienen, dass helfen nicht heißt, der Herrschsüchtigste zu sein, sondern der Geduldigste, dass helfen Willigkeit ist, sich bis auf Weiteres darein zu finden, dass man unrecht habe, darein, dass man nicht verstehe, was der andere versteht.
– Søren Kierkegaard.[28]

In der GFK wird der Begriff „Empathie" oder „empathisch zuhören" verwendet, um eine bestimmte Haltung zu beschreiben, mit der man auf jemanden eingeht. Empathisches Zuhören ist demnach eine respektvolle Weise, Verständnis für das Erleben eines anderen zu zeigen, ohne ihm zuzustimmen oder ihn zu bedauern. Ich konzentriere mich ganz einfach darauf, mit dem Erleben eines anderen präsent zu sein und mit meinem ganzen Sein zuzuhören. Als Mediator versuche ich nicht, jemanden „in Ordnung zu bringen" oder seine Probleme zu lösen, sondern zeige stattdessen, dass ich gerne verstehen möchte, wie es ist, sich in seine Lage zu versetzen.

Empathie entsteht, wenn wir Urteile und vorgefasste Meinungen über Menschen ablegen und stattdessen mit offenem Herzen wirklich darauf hören, was sie fühlen und brauchen. Wir sind völlig gegenwärtig im Moment und nehmen wahr, was in den Menschen vorgeht.

Empathie ist die Verbindung mit Gefühlen und Bedürfnissen. Sie bedarf keinerlei Worte. Unsere Worte tragen jedoch dazu bei, dem anderen zu bestätigen, dass wir wirklich versuchen, sein inneres Erleben zu verstehen. Wenn wir die Grundprinzipien der GFK kennen, können wir mithilfe dieses Wissens versuchen, die Gefühle und Bedürfnisse eines anderen Menschen zu hören und so eine empathische Verbindung aufnehmen.

---

28 Pieper, Annemarie (2000), Søren Kierkegaard, Beck.

Konflikte sind häufig durch fehlendes Mitgefühl für das, was das Gegenüber braucht, gekennzeichnet. Deshalb ist es für einen Mediator enorm wichtig, sich in der Fähigkeit zu üben, das hören zu können, was die Parteien als schmerzhaft oder frustrierend erleben und welche Bedürfnisse ihnen diesbezüglich unerfüllt sind. Für jemanden, der etwas Schmerzhaftes erlebt hat, ist es in der Regel ausgesprochen angenehm, empathisch gehört zu werden. Auf diese tiefe Weise verstanden zu werden hilft Menschen oft, sich für ihr eigenes Mitgefühl der anderen Partei gegenüber zu öffnen. Dann fällt es ihnen in aller Regel leichter, zuzuhören und zu versuchen, den anderen zu verstehen.

> *Empathie (neulateinisch empathia, vom griech. empatheia „starke Gemütsbewegung", „Leidenschaft") umfasst, sich in die Gefühlslage und Bedürfnisse eines anderen Menschen hineinversetzen zu können. Die Fähigkeit zur Empathie ist in verschiedenen Formen der Pflegearbeit, aber auch in alltäglicheren menschlichen Beziehungen essenziell. Üblicherweise wird empathisches Verständnis durch eine bestätigende Handlung (Mimik, Kommentar) vermittelt. Eine Voraussetzung für Empathie ist die Fähigkeit, zwischen eigenen Gefühlen und denen des Gegenübers unterscheiden zu können.*
> – Aus der schwedischen Nationalenzyklopädie[29]

Wenn wir statt Empathie etwas anderes wählen

Im Folgenden finden Sie einige Beispiele, wie Menschen einander üblicherweise begegnen. Alle angeführten Beispiele haben verschiedene Auswirkungen und funktionieren, je nach Kontext, mehr oder weniger gut. In Mediationssituationen sind sie jedoch oft kontraproduktiv. Begegnet man den Parteien in einem Konflikt hingegen empathisch, öffnen sie sich häufig und erzählen, was sie brauchen.

Wenn ein an einem Konflikt Beteiligter z.B. sagt: *„Ich gebe diese Beziehung lieber auf, denn sie wird sowieso nie richtig gut werden"*, könnte eine empathische Vermutung beispielsweise lauten: *„Fühlen Sie eine große Hoffnungslosigkeit, weil Sie sich so danach sehnen, Kooperation und Unterstützung in Ihrer Beziehung zu erfahren?"*

Es kann für Sie jedoch auch von großem Nutzen sein, wenn Sie identifizieren können, mit welch anderen Formen man auf eine solche Aussage reagieren könnte und wenn Sie sich Gedanken darüber machen, wie Sie selbst üblicherweise reagieren, wenn Ihnen jemand von einem Problem erzählt.

1. Gute Ratschläge erteilen: „Wäre es nicht eine gute Idee, zu ...?" Oder: „Sie könnten ja versuchen, ..."
2. Anspornen, Mut zusprechen: „Das ist doch nicht so tragisch. Ich habe viel Schlimmeres mitgemacht und bin damit fertig geworden."

---

29 Internetausgabe der schwedischen Nationalenzyklopädie (Stand 4. Februar 2007, schwedischsprachige Quelle).

3. Belehren: „Das kann zu einer außerordentlich positiven Erfahrung für Sie werden, wenn Sie nur ..."
4. Trösten: „Mit der Zeit wird es besser werden. Sie beide haben ja schon schlimmere Krisen bewältigt."
5. Geschichten erzählen: „Das erinnert mich an Menschen, die ..."
6. Beschwichtigen: „Raffen Sie sich auf. Nehmen Sie es nicht so schwer."
7. Bemitleiden: „Nein wie schrecklich! Das ist ja wirklich schlimm."
8. Ausfragen: „Wann ist das eigentlich zum ersten Mal passiert?"
9. Erklären: „Ich glaube, das kommt daher, dass ..."
10. Zurechtweisen: „Aber Sie können doch nicht einfach so ohne Weiteres aufgeben. Sie sind es ihm/ihr schuldig, zu ..."

Der Unterschied zwischen Einfühlung und Sympathisieren[30]

Wenn Sie als Mediator, z.B. während eines Vorbereitungstreffens, mit einer Seite sympathisieren, anstatt ihr Einfühlung entgegenzubringen, besteht das Risiko, dass der Konflikt eskaliert. Deshalb ist es von entscheidender Bedeutung, dass Sie wirklich zwischen Einfühlung (Empathie) und Sympathisieren (Mitleid, Zustimmung, Betroffenheit) unterscheiden können.

Wenn ich empathisch zuhöre, versuche ich zu verstehen, wie jemand etwas auf der Ebene seiner Bedürfnisse erlebt. Ich richte meine Aufmerksamkeit darauf, mit dieser Person präsent zu sein und versuche darauf zu achten, was sie fühlt und braucht.

Wenn ich dagegen sympathisiere, bin ich beim Zuhören mehr bei meiner eigenen gefühlsmäßigen Resonanz, stimme meinem Gegenüber vielleicht zu, drücke Mitleid aus, bedaure die Person oder gebe einem Dritten die Schuld dafür, dass derjenige, dem ich zuhöre, sich so fühlt, wie er sich fühlt. Vielleicht übernehme ich auch das Gespräch und erzähle von ähnlichen Erlebnissen, um zu zeigen, dass ich den anderen wirklich verstehe. Leider führt dies selten zu dem tieferen Verständnis für den anderen, das ich mir wünsche. Lassen Sie mich das anhand eines Beispieles illustrieren.

Bei einem Vorbereitungsgespräch für eine Mediation anlässlich einer Jugendstrafsache antwortete ein junger Mann, der von einem anderen körperlich misshandelt worden war, auf die Frage, was er sich von dem Mediationsgespräch erhoffe: *„Ich will ihn nur anschreien, dass er ein Arschloch ist und ihn zusammenschlagen."*

---

30 Anm.d.Ü.: Im Original werden hier die Begriffe „Empathie" und „Sympathie" verwendet, die beim Lernen der GFK eine wichtige Schlüsselunterscheidung darstellen und so vereinzelt auch auf Deutsch verwendet werden. „Sympathie" bezeichnet hierbei in Anlehnung an den griechischen Ursprung des Wortes (mit/zusammen + leiden) und den englischen Sprachgebrauch Formen von Nicht-Empathie (wie z.B. Mitleid), bei denen der Zuhörende mehr bei seiner eigenen gefühlsmäßigen Resonanz ist, als mit der anderen Person präsent zu sein.

Seine ebenfalls anwesende Mutter erschrak und versuchte sogleich, ihn dazu zu bringen, sich zu beruhigen. Der Mediator begegnete dem Jugendlichen stattdessen mit Empathie, weil er vermutete, dass dieser einfach, mit all der Wut und Enttäuschung, die er fühlte, gehört werden wollte: *„Das klingt, als seien Sie wirklich aufgebracht und wollten gerne deutlich machen, wie das Ganze für Sie war?"*

Er antwortete: *„Ja und er ist so ein Idiot und das einzige, was er kann, ist zuschlagen!"*

Der Mediator entschied sich, ihm weiterhin empathisch zuzuhören: *„Sie sind stocksauer und es ist Ihnen wichtig, dass ankommt, wie sehr Ihnen das Ganze wehgetan hat?"*

So ging es eine Weile weiter, bis der junge Mann ruhiger wurde und einsah, dass er überhaupt keine Gewalt anwenden wollte, weil es die Sache nicht besser machen würde. Später dankte seine Mutter dem Mediator und erzählte, dass sie schon vorher mehrmals versucht hatte, ihren Sohn zu beruhigen, was aber eher zu mehr Distanz zwischen ihnen geführt hatte. Sie begriff, dass ihr Verhalten dazu beigetragen hatte, dass er ihr nur noch selten etwas anvertraute. Natürlich hatte sie ihn immer nur davon abhalten wollen, etwas zu tun, das er später bereuen würde. Allerdings hatte er nicht das Bedürfnis, sich Ratschläge anzuhören oder gesagt zu bekommen, dass er sich beruhigen solle.

Das folgende Beispiel zeigt, wie der Dialog hätte ablaufen können, wenn der Mediator dem Jugendlichen in derselben Situation eher mitleidsvoll zugestimmt hätte, anstatt empathisch auf ihn einzugehen:

J: *„Ich will ihn nur anschreien, dass er ein Arschloch ist und ihn zusammenschlagen."*
M: *„Ich verstehe, dass Sie wütend sind. Das wäre ich auch, wenn man mich so behandeln würde."*
J: *„Ja, in dieser Familie sind sie alle gleich. Das einzige, was sie können, ist zuschlagen und ich werde ihn daran erinnern, dass er nicht der einzige ist, der das kann."*
M: *„Ich verstehe voll und ganz, dass Sie niemand sein wollen, der sich alles gefallen lässt. Das muss ja eine wirklich unangenehme Situation sein."*
J: *„Ja, aber er wird es schon noch zu sehen bekommen, was passiert, wenn man mit mir Streit sucht!"*

Ein Mensch, dem so geantwortet wird, fühlt sich natürlich verstanden, aber das Risiko ist groß, dass man dadurch nur noch „Wasser auf die Mühlen" gibt und dafür sorgt, dass das ohnehin schon vorhandene Feindbild noch größer wird. Zu sympathisieren (Mitleid auszudrücken, zuzustimmen) kann also den Kontakt mit dem Zuhörer stärken, jedoch um den Preis, dass die Verbindung zur *anderen* Seite fast immer darunter leidet.

Wir antworten jemandem also sympathisierend, indem wir andeuten, dass die *Handlung* eines anderen Menschen Ursache seiner Gefühle ist, anstatt unsere Aufmerksamkeit darauf zu richten, wonach er sich wirklich sehnt. Das kann dazu führen, dass derjenige so überzeugt davon wird, dass seine Gefühle darin begründet liegen, was ein anderer getan hat, dass es ihm noch schwerer fällt, klar zu erkennen, welche Werte ihm eigentlich am Herzen liegen, die durch diese Handlung nicht erfüllt wurden. Und anstatt Unterstützung zu bekommen, diese ihm wichtigen Werte zu leben, führt Mitleid eher zu einem Gefühl von Machtlosigkeit gegenüber dem anderen und zu der Idee, Strafe als Vergeltung anzuwenden.

Ratschläge anstelle von Empathie

Das folgende Beispiel zeigt einen anderen Versuch, sich dem Jugendlichen zu nähern. Dieses Mal bekommt er Ratschläge anstelle von Empathie.
J: „Ich will ihn nur anschreien, dass er ein Arschloch ist und ihn zusammenschlagen."
M: „Ja, aber Sie müssen doch verstehen, dass es am besten für Sie ist, wenn Sie das jetzt loslassen und weitergehen."
J: „Ja, das sagt sich leicht, wenn man das hier nie selbst erlebt hat."
M: „Nein, das habe ich nicht, aber es würde Ihnen nicht gut tun, über ihn herzufallen."
J: „Sie haben doch keine Ahnung, wie Sie reagieren würden, wenn Sie so etwas erlebt hätten!"

Ratschläge sind ein Versuch, jemanden zu unterstützen, aber wenn es nicht das ist, was die Person gerade haben will, schaffen sie eher Abstand, als dass sie zu einer Lösung beitragen würden. Oft versucht auch derjenige, der die Ratschläge erteilt, eigene Sorgen und Unsicherheiten in den Griff zu bekommen. Vielleicht weiß er selbst nicht so recht, wie er mit einer schwierigen Situation und mit den bei dem anderen ausgelösten heftigen Reaktionen umgehen soll.

Wenn Sie als Mediator auf verbindende Weise intervenieren möchten, können Sie ehrlich ausdrücken, was in Ihnen vorgeht (welche Ihrer eigenen Bedürfnisse unerfüllt sind, die Sie auf den Gedanken bringen, Ratschläge zu erteilen). In diesem Fall ist es jedoch wichtig, dass Sie sich vorher klarmachen, ob es Ihr Gegenüber unterstützen würde, wenn Sie vom empathischen Zuhören dazu übergehen, sich ehrlich auszudrücken, oder eher nicht. Anstatt Ratschläge zu erteilen, drücken Sie dann – nachdem Sie sich innerlich bereits empathisch mit Ihren Gefühlen und Bedürfnissen verbunden haben – aus, was in Ihnen vorgeht und was Sie möchten, dass derjenige macht, um Sie dabei zu unterstützen, Ihre Bedürfnisse zu erfüllen. Sie tun dies, ohne zu beurteilen, zu fordern oder zu kritisieren. Hinter Ihrer Ehrlichkeit steht die Absicht, Ihre Verbindung zum Medianten zu vertiefen und verschiedene eigene Bedürfnisse zu erfüllen. Sie können dies folgendermaßen in Worte fassen: *„Wenn ich Sie sagen höre, dass Sie ihn am liebsten schlagen würden, bekomme ich Angst, weil ich wenig Vertrauen habe, dass diese Art, mit der Situation umzugehen, Ihnen das geben wird, was Sie haben wollen. Deshalb frage ich mich, ob Sie gemeinsam mit mir nach einem anderen Weg suchen wollen, mit der Situation umzugehen?"*

Exakt wiedergeben, was jemand gesagt hat

Für die Medianten kann es in bestimmten Situationen angenehm sein, den Mediator das zuvor Gesagte in ihren eigenen Worten wiedergeben zu hören, denn so werden sie Ihnen als Mediator möglicherweise eher vertrauen, dass Sie wirklich versuchen, das Geschehene zu verstehen.

Es gibt bestimmte Dinge, auf die Sie achten sollten, wenn Sie wiedergeben, was jemand gesagt hat. Stellen Sie sich vor, Person A sagt: *„Ich soll also einfach darüber hinwegsehen, dass du alle meine bisherigen Kooperationsversuche ignoriert hast und einfach darauf vertrauen, dass es jetzt funktionieren wird?!!"*

Wenn Sie das beispielsweise wie folgt wiedergeben: „Sie wollen also Verständnis für all die Male, die sie Sie ignoriert hat", besteht das Risiko, dass die andere Seite den Eindruck gewinnt, Sie ergriffen Partei oder stimmten Interpretationen des Geschehens zu. Dann ist es auch nicht verwunderlich, wenn Person B ausruft: *„Aber ich habe ihre Versuche nie ignoriert! Mir war nur nie klar, was sie wollte. Sie hat ja niemals ..."*

Durch Ihre Entscheidung, die Interpretation „ignoriert" wiederzugeben, kommt womöglich noch mehr Spannung in die Beziehung hinein und Sie haben nun ein weiteres Thema zu klären.

Geben Sie stattdessen, was Sie gehört haben, mit einem Hinweis auf das, was geschehen ist, wieder, jedoch ohne die genannten Interpretationen. Ohne die Interpretation „ignoriert" könnten Sie sagen: *„Wenn Sie an Ihre bisherigen Kooperationsversuche denken, wird Ihnen dann bewusst, wie sehr Sie sich danach sehnen, vertrauen zu können, dass Dinge erledigt werden? Wünschen Sie sich Verständnis dafür, wie groß Ihre Zweifel sind?"*

Oder: *„Sie möchten gerne Verständnis dafür, wie stark frühere Erlebnisse immer noch bei Ihnen nachwirken, besonders wenn Sie daran denken, was das letzte Mal geschah, als Sie angerufen haben. Meinen Sie das so?"*

Gefühlsgedanken[31]

Bestimmte Wörter können es besonders schwer machen, einen Konflikt zu lösen. Eine Vermischung starker Gefühle mit der Vorstellung, jemand anderes habe sie verursacht, erschwert es unserem Gegenüber, uns zu hören. „Manipuliert", „angegriffen" oder „gekränkt" sind Beispiele für solche Wörter. Wenn jemand sagt, dass er sich manipuliert fühlt, kann der andere sehr leicht „Du manipulierst mich" verstehen. Sagt derjenige stattdessen, dass er „sich fürchtet, weil er ein Bedürfnis nach Vertrauen hat" oder „wütend ist, weil er ein Bedürfnis nach Respekt hat", wird das Zuhören in der Regel leichter.

Wenn ich in der Rolle der Mediatorin bin, spitze ich meine Ohren ganz besonders, um zu hören, welche Bedürfnisse hinter diesen Worten stehen. Ich höre solche Worte als Ausdruck des Bedürfnisses, verstanden zu werden und versuche demjenigen, der sie sagt, zu helfen, *genau das* zu verdeutlichen. Meistens ist es für den anderen eine Herausforderung, eine solche Ausdrucksweise anzuhören und so muss ich als Mediatorin oft Menschen dabei unterstützen, Gefühle und Bedürfnisse hinter „Gefühlsgedanken" zu hören. Worte wie die folgenden verdienen in einem Mediationsgespräch besondere Beachtung:

abgelehnt	erniedrigt	irregeführt
abgewertet	fallen gelassen	korrumpiert
abgewiesen	festgenagelt	lächerlich gemacht
angegriffen	für selbstverständlich genommen	links liegen gelassen
angeklagt		manipuliert
ausgenutzt	gemobbt	missachtet
bedrängt	genötigt	missbraucht
bedroht	gering geschätzt	missverstanden
beherrscht	gestört	mit Füßen getreten
beleidigt	getäuscht	(nicht) akzeptiert
bemuttert	gezwungen	(nicht) beachtet
benutzt	herabgesetzt	(nicht) ernst genommen
beschuldigt	ignoriert	(nicht) erwünscht
betrogen	im Stich gelassen	(nicht) gebraucht
bevormundet	in die Enge getrieben	(nicht) gehört
dominiert	in die Falle gelockt	(nicht) geliebt
eingeengt	inkompetent	(nicht) gesehen
eingeschüchtert	ins Abseits gestellt	(nicht) gewollt

---

31 Anm.d.Ü.: Auch „Interpretationsgefühle" genannt.

(nicht) respektiert	schuldig	verleugnet
(nicht) verstanden	überarbeitet	vernachlässigt
(nicht) wertgeschätzt	überfahren	vernichtet
(nicht) willkommen	übergangen	verscheucht
niedergemacht	übers Ohr gehauen	verschmäht
provoziert	unter Druck gesetzt	verstoßen
reingelegt	unterdrückt	verraten
respektiert	unterstützt	vertrieben
sabotiert	unwichtig	verurteilt
schikaniert	vergessen	zurückgewiesen
schlechtgemacht	vergewaltigt	
schmutzig	verletzt	

Ein weiteres Kennzeichen von Gefühlsgedanken sind Aussagen, in denen das Wort „Gefühl" verwendet wird, um eine Interpretation der Situation auszudrücken, z.B.: „Ich habe das Gefühl, *dass du* ..."

Beim Zuhören vorsortieren

Sie können sich das Zuhören erleichtern, indem Sie sich vorstellen, dass Sie jede Aussage in zwei Kategorien vorsortieren können: „Danke!" oder „Bitte hilf mir!". Wir bitten um Unterstützung („Bitte hilf mir!"), wenn unsere Bedürfnisse nicht erfüllt sind. Wenn unsere Bedürfnisse erfüllt sind, drücken wir Freude über etwas aus, das wir schätzen („Danke!").

Übung:

Zu hören, welche dieser beiden Dinge jemand ausdrückt, ist ein einfacher erster Schritt, um unser Einfühlungsvermögen zu trainieren. Wählen Sie sich hierfür beispielsweise jeden Tag eine Person aus, der Sie auf diese Weise zuhören möchten. Sie können dies auch zu bestimmten Tageszeiten tun, indem Sie z.B. während des Mittagessens „Danke" und „Bitte" in dem zu hören versuchen, was Ihre Mitmenschen sagen.

Die perfekte Konfliktlösung

Haben wir einmal die Vorstellung, dass es so etwas wie eine perfekte Lösung eines Konfliktes gibt, laufen wir Gefahr, etwas Wesentliches zu übersehen. Als Mediator arbeiten Sie jedoch in erster Linie darauf hin, die Distanz zwischen den Parteien zu verringern, anstatt nach der „richtigen" oder „besten" Lösung zu suchen. Nach und nach werden Sie eine Lösung finden, nicht die „richtige Lösung", sondern eine, die Bedürfnisse erfüllt. Lassen Sie mich das mithilfe einer Episode aus meinem eigenen Leben illustrieren:

Ich wollte Tapeten für das obere Stockwerk meines Hauses auswählen. Das war zunächst ganz unterhaltsam und inspirierend. Ich blätterte unzählige Musterbücher durch, verglich Farben, Formen und Preise. Nach einer Weile fühlte es sich immer anstrengender und stressiger an, und mit jedem weiteren Musterbuch, das ich mir ansah, ließ die Freude nach. Jedes Mal wenn ich meinte, gefunden zu haben, was ich suchte, tauchten neue Ideen oder Farbkombinationen auf. Als es anfing, sich wie eine Bürde anzufühlen, sah ich ein, dass die Ursache meiner verloren gegangenen Freude nicht die Musterkataloge waren, sondern die Art und Weise, wie ich suchte. Ich beleuchtete also meine Einstellung etwas näher und entdeckte, dass ich mit dem Gedanken suchte, ich müsse die besten, ganz und gar richtigen Tapeten finden. Erleichtert wählte ich schließlich eine andere Herangehensweise. Anstatt mich zu fragen, welche Tapeten „optimal und perfekt" seien, konzentrierte ich mich auf die Frage, was für eine Stimmung ich in dem Raum haben wolle, was ich dort machen wolle und welche Farben und Formen das unterstützen würden (nicht „optimal unterstützen", denn dadurch wäre ich wieder in derselben Spur gelandet). Als ich meine Aufmerksamkeit stattdessen darauf richtete, was ich wollte, was ich brauchte und wovon ich träumte, wurde es viel leichter, eine Entscheidung zu treffen und mit ihr zufrieden zu sein.

Als Mediatorin hat es mir oft geholfen, über diese Geschichte nachzudenken, wenn ich mich in dem Gedanken festgefahren hatte, dass ein Konflikt auf eine bestimmte Weise gelöst werden müsse. Es fiel mir dann leichter, meine Einstellung zu ändern und dem einen Schritt näher zu kommen, was in einem Konflikt wesentlich ist.

Der Preis dafür, auf einer Position zu beharren

Wenn Sie denjenigen, zwischen denen Sie vermitteln, helfen können, in einem Konflikt nicht auf einer bestimmten Position zu beharren und wenn Sie sie dabei unterstützen, ihre bevorzugte Lösung loszulassen, kann das sehr bereichernd und ein großer Schritt vorwärts sein, um den Konflikt zu lösen.

Verteidigt hingegen jemand seinen Standpunkt so lange wie nur möglich, kann es zu einem Abbruch der Verhandlungen kommen, wie einst zwischen den USA und der Sowjetunion, als es um das Verbot atomarer Tests ging.[32] Damals scheiterten die Verhandlungen an der Frage, wie viele Inspektionen die USA und die Sowjetunion jährlich auf dem Territorium des anderen Staates durchführen sollten. Um vermutete seismische Schwankungen zu untersuchen, forderten die USA mindestens zehn Inspektionen von atomaren Raketen, die Sowjetunion wollte sich nicht auf mehr als drei einlassen. Die Verhandlungen wurden abgebrochen, bevor überhaupt geklärt war, was „Inspektion" in diesem Kontext überhaupt bedeutete. (Waren zehn Inspektionen, die von einer Person durchgeführt wurden, gemeint? Oder drei Inspektionen durch 50 Personen? Sollten sie einen oder 30 Tage dauern? Etc.) Hätten beide Seiten ihre Interessen und Bitten näher beschrieben, wäre die Chance größer gewesen, eine für alle stimmige Lösung zu finden.

Wenn beide Parteien zugehört hätten, warum jede Seite gerade ihren Vorschlag durchbringen wollte, welche Interessen und Bedürfnisse sie versuchten zu erfüllen, hätte man herausgefunden, dass die Sowjetunion in Frieden arbeiten wollte, ohne gestört zu werden. Die USA wollten Einblick nehmen und dadurch die Gewähr haben, dass es sicher zuging. Gemeinsam hätten sie dann eine Lösung erarbeiten können, die *sowohl* Sicherheit *als auch* den Wunsch, in Frieden arbeiten zu können, berücksichtigt hätte.

Je mehr Sie den Parteien als Vermittler dabei helfen können, hinter die Positionen zu schauen, in denen sie sich festgefahren haben, desto größer ist die Wahrscheinlichkeit, dass sie eine für alle Seiten zufriedenstellende Lösung finden werden. Damit jemand bereit ist, seine Position zu verlassen, braucht er das Vertrauen, dass er Verständnis für das bekommen wird, was ihm wichtig ist und dass diese Punkte in die Lösung des Konfliktes mit einbezogen werden.

---

32 Fisher, Roger; Ury, William; Patton, Bruce (2004), Das Harvard-Konzept, Campus.

Wie groß ist der Kuchen eigentlich?

Häufig gehen die Beteiligten in eine Mediationssituation mit der Einstellung hinein, es sei schon klar, welche Möglichkeiten es gebe, um den Konflikt zu lösen. Sie meinen, verstanden zu haben, wo die Grenzen liegen, was das Problem ist usw. Dann sind sie nicht mehr offen dafür, auf ganz neue Weise mit der Situation umzugehen. Eine solche Einstellung hemmt die Kreativität, die dazu beitragen kann, neue Lösungen zu finden, auf die bisher niemand gekommen ist.

Als Mediator ist es wichtig, dass Sie offen dafür sind, dass es Lösungen geben kann, an die bisher niemand gedacht hat. So versteifen Sie sich nicht zu sehr auf eine bestimmte Lösung oder gar auf den Gedanken, dass der Konflikt überhaupt nicht zu lösen sei. Wenn die Bedeutung dieser Offenheit Ihnen nicht klar ist, tragen Sie möglicherweise mit dazu bei, dass die Konfliktparteien zu noch stärkeren Gegenpolen werden.

Wenn jemand in einer Mediation steif und fest an der Einstellung festhält „Entweder bekommst du, was du willst, oder ich!", kann das zu einer echten Herausforderung werden. Mir hat dann immer geholfen, mich mit dem Gedanken „sowohl als auch" anstelle von „entweder oder" für nicht vorhersehbare Ereignisse und Lösungen offenzuhalten. Und genau das kann eintreten, wenn beide Seiten auf die besondere Art und Weise miteinander in Kontakt kommen, die ich zuvor beschrieben habe. Hierzu eine Geschichte:

Zwei Schwestern streiten um eine Orange. Beide argumentieren, warum sie diese bekommen sollten: Jede sagt, sie sei an der Reihe, die andere bekomme immer ihren Willen, und so weiter. Endlich kommen sie überein und einigen sich auf einen Kompromiss. Sie teilen die Orange und jede bekommt eine Hälfte. Die eine Schwester nimmt ihre Hälfte, wirft die Schale weg und isst die Frucht auf. Die andere Schwester schält sie, wirft die Frucht weg und verwendet die Schale, um einen Kuchen zu backen.[33]

Gehen wir einen Konflikt aus einem „Mangeldenken" heraus an und mit festen Vorstellungen darüber, was geschehen wird, sind wir zumeist nicht offen für neue kreative Lösungswege. Wenn wir jedoch daran glauben, dass es immer Ressourcen gibt, um die Bedürfnisse von Menschen zu erfüllen, wenn auch nicht immer auf die Weise, die sie sich ursprünglich gewünscht oder vorgestellt haben, hilft uns das beim Mediieren.

In einem Team vermittelte ich einst zwischen einem Mann und einer Frau. Ihr lang andauernder Konflikt zeigte bereits spürbare Auswirkungen auf die ganze Gruppe. Vor der Mediation erzählten mehrere Teammitglieder von früheren Begebenheiten, welche dazu geführt hatten, dass – sobald diese beiden Personen an einem Gespräch

---

33 Nach Fisher, Roger; Ury, William; Patton, Bruce (2004), Das Harvard-Konzept, Campus.

teilnahmen – alle anderen angespannt dasaßen und sich fragten, wann wohl der Streit losgehen würde.

Die Teammitglieder meinten, bereits alles versucht zu haben, als sie mich einluden zu vermitteln. Bei den Vorbereitungsgesprächen wurde deutlich, dass sie wirklich viel versucht hatten, damit diese beiden Kollegen einander besser verstehen würden. Ihr Leitgedanke war immer der gewesen, dass man, um den Konflikt zu lösen, beide dazu bewegen müsse, mehr miteinander zu kommunizieren. Man hatte jedoch nicht versucht herauszufinden, welche Bedürfnisse und Interessen dieser beiden ihrem Kontakt im Weg standen. Stattdessen hatte das Team sich auf die Strategie versteift, dass man die beiden dabei unterstützen *müsse*, miteinander zu sprechen.

Als ich meine Aufmerksamkeit während der Mediation auf die Bedürfnisse der beiden richtete, wurde deutlich, dass die Frau ein Bedürfnis nach Ruhe hatte. Ihre Arbeitsaufgaben erforderten Konzentration, darum wollte sie meistens schweigend arbeiten, ohne gestört zu werden. Der Mann hatte ein Bedürfnis nach Unterstützung und Gemeinschaft, da seine Arbeitsaufgaben im regen Austausch mit verschiedenen Menschen am besten gelöst werden konnten. Die Mediation selbst dauerte nicht lange. Wir fanden heraus, dass keiner direkt davon abhängig war, für seine Arbeit mit dem anderen zu kommunizieren. Die Unterstützung, die der Mann für seine Arbeit brauchte, konnte er von einem anderen Kollegen bekommen und das trug dazu bei, dass die Frau die Konzentration und das störungsfreie Umfeld bekam, das sie für ihre Arbeit brauchte. Nach Abschluss der Mediation scherzten die beiden „Gegner" zur Verwunderung aller sogar miteinander. Als sie keinen Zwang mehr spürten zu kommunizieren, war ihr Kontakt entspannter und offener geworden.

Zwei Monate später traf ich das Team zu einem Nachgespräch. Mehrere Teammitglieder berichteten, wie sie zu ihrer Verwunderung den Arbeitsalltag plötzlich als viel entspannter und angenehmer erlebten. Wie viel Energie durch den Konflikt gebunden wurde, war ihnen vorher nicht bewusst gewesen.

Kompromiss oder innere Wandlung?

Als mein Vater alt und krank wurde, entwickelte sich die Kommunikation für ihn und meine Mutter zu einer echten Herausforderung. So wollte er beispielsweise nach einer längeren Pause Auto fahren, obwohl er mehrere Herzinfarkte gehabt hatte und ziemlich verwirrt war.

Nach einem Besuch bei uns – meine Eltern waren gerade gegangen –, kam meine Mutter wieder hinein und bat mich, ihr zu helfen. Mein Vater hatte sich ans Steuer gesetzt und war fest entschlossen zu fahren und meine Mutter weigerte sich, einzusteigen. Sie diskutierten lautstark darüber, wer von beiden nachgeben solle.

Ich musste nicht lange zuhören, um zu erraten, was die Bedürfnisse meiner Mutter sein könnten, deshalb fragte ich: *„Mama, bist du aufgebracht und unruhig, weil du sicher sein willst, dass weder du noch sonst irgendjemand verletzt wird?"* Nachdem sie dies bestätigt hatte, bat ich meinen Vater, wiederzugeben, was er gehört hatte, dass es die Bedürfnisse meiner Mutter seien. Er sagte: *„Sie will mich nur kontrollieren, sie glaubt, dass sie über mich bestimmen kann und ..."* Ich unterbrach ihn und sagte: *„Ich habe, was sie gesagt hat, ein bisschen anders gehört. Ich habe sie so verstanden, dass sie sicher sein will, dass niemand verletzt wird. Sie will in Sicherheit sein. Möchtest du es noch einmal versuchen?"* Zunächst kam von seiner Seite etwas Widerstand und er analysierte, was meine Mutter für ein Mensch sei und wie sie ihn unterstützen *sollte*. Zum Schluss konnte er auf eine für sie zufriedenstellende Weise wiedergeben, was sie brauchte.

Anschließend versuchte ich zu verstehen, welche Bedürfnisse mein Vater hatte. Ich vermutete, dass es ihm sowohl um Respekt ging als auch um Verständnis dafür, wie viel es ihm bedeutete, immer noch Auto fahren zu können. Er bestätigte meine Vermutungen. Dann wandte ich mich meiner Mutter zu und bat sie, zu sagen, was sie gehört hatte, was mein Vater für Bedürfnisse habe. Sie antwortete: *„Aber er ist immer so bockig und stur und hört nie darauf, was ..."* Nun unterbrach ich auch sie und erzählte ihr, welche Bedürfnisse ich meinen Vater hatte ausdrücken hören. Nach ähnlichen Widerständen wie zuvor, als ich meinen Vater um die Wiedergabe ihrer Bedürfnisse gebeten hatte, wiederholte auch sie seine Bedürfnisse auf eine für ihn zufriedenstellende Weise.

Auch mir selbst musste ich zwischendurch empathisch zuhören, als Gedanken wie „Wie schwierig kann das denn sein?!" und: „Jetzt gebe ich auf, es hat keinen Zweck" auftauchten. Manchmal merkte ich, wie ich Partei für den einen ergriff und dann, wie ich plötzlich auf der Seite des anderen stand. Da es mir am Herzen lag, beide zu unterstützen, schwand mir die Hoffnung, als ich hörte, wie sie aneinander vorbeiredeten. Ich sehnte mich danach, mehr echtes gegenseitiges Interesse wahrnehmen zu können und spürte Sorge und Verzweiflung, als ich hörte, wie sie sich abplagten, einander zu erreichen – wegen etwas, das ich leicht als „Lappalie" ansehen könnte. Es war offensichtlich, dass die Art, wie sie miteinander kommunizierten, es ihnen erschwerte, zusammenzukommen.

Der ganze Prozess, einander zuzuhören und die Bedürfnisse des anderen wiederzugeben, war für beide hilfreich und nahm das Tempo aus dem Gespräch und senkte die Lautstärke. Auch konnten beide daran festhalten, was ihnen am wichtigsten war, ohne dass es auf Kosten des anderen geschah. Gemeinsam kamen wir schließlich zu etwas, das wie ein Kompromiss aussehen könnte. Tatsächlich aber war es ein entscheidender Wendepunkt im Dialog, an dem beide auch zur Erfüllung der Bedürfnisse des anderen beitragen wollten. Mein Vater fuhr das Auto auf der langen Zufahrtsstraße zu unserem Haus, wo niemand verletzt werden konnte. Da meine Mutter nicht mit ihm fahren wollte, ging sie dieses Stück stattdessen zu Fuß. Auf diese Weise konnte mein Vater einen Teil seiner Selbstachtung wiedergewinnen und gleichzeitig zum Sicherheitsbedürfnis meiner Mutter beitragen.

Hätten wir nicht die gemeinsame „Vorarbeit" geleistet, bei der beide versuchten, einander zu verstehen und nur nach einer Kompromisslösung gesucht, hätte das Risiko bestanden, dass einer oder beide es so erlebt hätten, als hätten sie „etwas aufgegeben". Meiner Erfahrung nach ist es bei Kompromissen sehr häufig der Fall, dass das Problem fürs Erste, vielleicht sogar schnell, gelöst zu sein scheint. Später kann es jedoch immer wieder zu Unzufriedenheiten in der Beziehung kommen. In dieser Situation wurde das Bedürfnis meines Vaters nach Respekt und das meiner Mutter nach Sicherheit erfüllt, *ohne* dass einer von beiden etwas hätte aufgeben müssen.

Wie sie die Lösung fanden, war mindestens genauso wichtig, wie das, *worauf* sie sich einigten. Meine Mutter erzählte mir später, dass sie sich auf dem Heimweg im Auto weiter darüber unterhalten hatten, wie sie mit dem Wunsch meines Vaters, Auto zu fahren und ihrer damit verbundenen Sorge umgehen könnten. Es war ihnen gelungen, einander auf eine Weise zu hören, die ihnen vorher nicht möglich gewesen war und so waren sie sich näher gekommen.

Die Bedürfnisse des anderen zu hören und wirklich aufzunehmen, was er will, bewirkt den entscheidenden Unterschied, weil es uns hilft, zu vertrauen, dass der andere es gut mit uns meint. Dieses Vertrauen macht uns wiederum empfänglicher, auch den anderen zu hören und Wege zu suchen, die die Bedürfnisse aller erfüllen.

Wenn wir wirklich die Bedürfnisse beider Seiten im Blick behalten, stärkt dies unsere Zuversicht, dass die Parteien sich werden einigen können. Letztendlich ist dies befriedigender, als einen Kompromiss zu finden, da ein Kompromiss immer das Risiko in sich birgt, langfristig die Bedürfnisse von einer Seite nicht ganz zu erfüllen.

> *Wenn wir zu schnell dazu übergehen, nach Lösungsstrategien zu suchen, finden wir meiner Erfahrung nach vielleicht einige Kompromisse. Die Lösungen werden jedoch nicht dieselbe Qualität haben, wie wenn wir uns erst die Zeit genommen hätten, in Kontakt mit dem Bedürfnis des anderen zu kommen.*
> – Marshall Rosenberg[34]

---

34 Rosenberg, Marshall (2007), Das können wir klären! Junfermann.

Körpersprache, die zu den Worten passt

Wenn ich Kurse in Gewaltfreier Kommunikation gebe und wir alles drehen und wenden, um zu üben, wie man Dinge so ausdrücken kann, dass sie mehr Verbindung schaffen, höre ich oft: *„Aber unsere Kommunikation erfolgt doch sowieso hauptsächlich über unsere Körpersprache. Wieso ist das dann so wichtig?"*

Ich stimme voll zu, dass wir größtenteils über Tonfall, Mimik, Gestik und Körperbewegungen kommunizieren. Und da wir das tun, wird es umso wichtiger, Worte zu finden, die zu dem passen, was wir durch unsere Körpersprache ausdrücken. Wenn ich die Gefühle, die andere schon anhand meiner Mimik, Gestik und meines Tonfalls erraten haben, mit stimmigen Worten beschreiben kann, verhindert das Doppelbotschaften und Menschen, mit denen ich kommuniziere, verstehen so leichter, was ich meine. Dann muss ich jedoch auch bereit sein, ehrlich zu sagen, was in mir vorgeht – was manchmal eine Herausforderung ist.

Was Sie als Mediator über Ihre Stimme und Ihren Tonfall vermitteln, kann in gewissen Situationen entscheidend sein. So könnte ein bestimmter Tonfall z.B. als ironisch, zurechtweisend oder überlegen verstanden werden, was wiederum starke Gefühle wecken und dazu beitragen kann, dass jemand das Mediationsgespräch nicht fortsetzen will. Wenn einer der Medianten Zweifel an der Art äußert, wie Sie sich ausdrücken, hilft es Ihnen, wenn Sie Verbindung mit Ihrer Absicht aufnehmen, mit der Sie in die Mediation hineingegangen sind.

Wenn ich in Mediationen erlebe, dass eine der Parteien Mimik, Gestik oder andere Formen von Körpersprache in für mich herausfordernder Weise einsetzt, besinne ich mich auf eines der Grundprinzipien der GFK: „Alles, was Menschen tun, ist ein Versuch, Bedürfnisse zu erfüllen." Wenn ich Kontakt mit den Bedürfnissen aufnehme, die hinter der Körpersprache stehen, nimmt mein Unbehagen in der Regel ab.

Sie können Elemente der Körpersprache, wie Gesten, Mimik, Blickrichtung u.ä. als Mediator bewusst einsetzen. Wenn es heiß hergeht, verstehen die Parteien eine aufgerichtete Hand in Kombination mit einem gesprochenen STOPP leichter, als wenn sie nur das Wort hören. Sie können sie an Ihre Anwesenheit erinnern, indem Sie zum Beispiel einen Fuß zwischen beide setzen oder indem Sie sich nach vorne beugen, um die Aufmerksamkeit nötigenfalls auf sich zu lenken.

Berührung

Wenn der Mediator während eines Mediationsgespräches jemanden berührt, sollte er sich im Klaren darüber sein, was er möglicherweise dadurch auslöst. Abgesehen davon, dass Berührungen von Mensch zu Mensch ganz anders aufgefasst werden können, werden sie auch in verschiedenen Kulturen unterschiedlich interpretiert. Wenn Sie zum Beispiel den Arm der Person, von der Sie möchten, dass sie ihr Erleben ausdrückt, leicht berühren, kann dies Sicherheit schaffen und so verstanden werden, dass Sie sich wirklich engagieren. Manchmal kann dieselbe Berührung aber auch so erlebt werden, als versuchten Sie, jemanden zu beruhigen, zum Schweigen zu bringen oder zu kontrollieren. In anderen Situationen kann einen Medianten mit der Hand zu berühren als Signal gedeutet werden, dass Sie Partei ergriffen haben.

Berührung kann auch einen sehr angenehmen und beruhigenden Effekt haben. Sie kann dazu beitragen, Vertrauen zu schaffen und die Sehnsucht nach Mitmenschlichkeit und Verbindung anzusprechen. Wie immer in der Mediation gilt auch hier: Der Fokus liegt darauf, beiden Parteien zu helfen, ihre Verbindung zu vertiefen, dass sie gemeinsam zu besseren Beschlüssen kommen. Setzen Sie Berührung also dann ein, wenn Sie sehen, dass sie diesem Ziel dient.

Kapitel 6

Die „Werkzeugkiste"

Werkzeuge, die in der Mediation eingesetzt werden

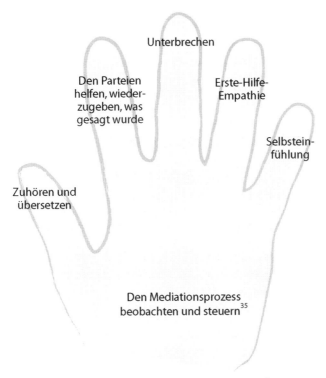

1. Das Vermögen, empathisch zuzuhören: Das Gesagte so übersetzen und wiedergeben, dass es geeignet ist, Verbindung zu schaffen.
2. Das Vermögen, Menschen zu helfen, einander zu hören – sie „am Ohr zu ziehen".
3. Das Vermögen, auf eine Weise zu unterbrechen, die dem Dialog dient.
4. Die Kenntnis, wie man „Erste-Hilfe-Empathie" gibt, wenn sie gebraucht wird.
5. Das Vermögen, sich Selbsteinfühlung zu geben.
6. Das Vermögen, mitzuverfolgen was geschieht und das Mediationsgespräch zu steuern.

---

35 Anm.d.Ü.: Das im Original verwendete Wort *Tracking* ist dem Englischen entlehnt und hat dort die Doppelbedeutung „Spuren lesen" und „in der Spur halten". Bezogen auf Mediation ist damit gemeint, dass ein Mediator den Prozess einerseits aufmerksam verfolgt, um zu verstehen, was gerade geschieht, ihn andererseits aber auch hält und steuert und die Aufmerksamkeit immer wieder auf den Kern (die Bedürfnisse der Medianten) zurückführt.

Je mehr ein Mensch die Prinzipien der GFK in sein Leben integriert hat, desto leichter wird es ihm fallen, sie in einer angespannten Situation oder einem Konflikt anzuwenden. Das gilt natürlich sowohl für die am Konflikt Beteiligten als auch für den Mediator.

In diesem Kapitel geht es um die konkreten Werkzeuge aus der GFK, die Sie in eine Mediationssituation einbringen können. In Kapitel 7 folgen Übungen, um jedes einzelne dieser Werkzeuge einzuüben und zu integrieren – zunächst jede einzelne Kompetenz für sich und schließlich den Prozess im Ganzen. Lesen Sie vor dem Üben den Text zu jedem Werkzeug in diesem Kapitel noch einmal sorgfältig durch. Beherrschen Sie alle vorgestellten Werkzeuge, können Sie später beim Vermitteln das für jede Situation jeweils am besten passende auswählen.

1. Hören, übersetzen und wiedergeben, was gesagt wird

Wenn wir Bedürfnisse wirklich verstehen, bevor wir nach Lösungsvorschlägen suchen, erhöhen wir die Wahrscheinlichkeit, dass sich beide Parteien an die Vereinbarung halten werden. – Marshall Rosenberg[36]

Als Mediator ist es wichtig, die Beobachtungen, Gefühle, Bedürfnisse und Bitten herauszuhören, die jede Person ausdrückt, *selbst wenn dies in Form von Beleidigungen, Forderungen und Bewertungen geschieht*. Wenn Sie sich so auf das Zuhören fokussieren, können Sie leichter Kontakt mit dem Menschen hinter den Worten aufnehmen.

Versuchen wir, die Bedürfnisse, Interessen, Träume und Bitten eines anderen Menschen zu hören, zu verstehen, was jemanden antreibt, heißt das jedoch nicht automatisch, dass wir ihm zustimmen. Diese Einsicht macht es in der Regel auch den Medianten leichter, einander zuzuhören, können sie doch darauf vertrauen, dass Zuhören und Verständnis nicht als Zugeständnis gewertet werden.

Wenn Sie – wie es in der GFK üblicherweise genannt wird – „empathisch zuhören", *übersetzen* Sie die Äußerungen von Menschen in deren Gefühle und Bedürfnisse. Als Mediator nützt es Ihnen immens, während des Zuhörens bei diesem Fokus zu bleiben, weil Sie so direkt zum Kern des Konfliktes vorstoßen, denn die meisten an einem Konflikt Beteiligten sehnen sich danach, einfühlend gehört und in der Tiefe verstanden zu werden.

---

36 Rosenberg, Marshall (2007), Das können wir klären! Junfermann.

Während alle Parteien sich äußern, geben Sie das Gesagte wieder – jedoch in Form von Beobachtungen (anstelle von Interpretationen), in Gefühlsäußerungen (anstelle von Gedanken), in Bedürfnissen (anstelle von Handlungsstrategien) und als Bitten (anstelle von Forderungen). Diese paraphrasierten Aussagen der Medianten äußern Sie als Vermutung, da Sie ja nie mit absoluter Sicherheit wissen können, was in einem anderen Menschen vorgeht. Sie äußern Ihre Vermutung, weil Sie wirklich sicherstellen wollen, dass Sie verstanden haben, worin dieser Mensch gehört werden will. Außerdem bekommt die andere Person auf diese Weise eine Bestätigung, dass Sie begriffen haben, was sie gesagt hat. Sonst so häufige Missverständnisse werden auf ein Minimum reduziert, wenn wir wiedergeben, was Sie jemand anderen haben sagen hören. Dieser kann Sie anschließend korrigieren, falls Sie etwas anderes verstanden haben, als das, was er gemeint hat.

Sie können beispielsweise folgende Vermutung äußern: *„Habe ich Sie richtig verstanden, dass Sie sich am meisten danach sehnen, dass ..."* Oder: *„Sie meinen also, dass es Ihnen wirklich ein Anliegen ist, dass ...?"* Oder: *„Ist es so, dass Sie ... brauchen?"*

Eine wichtige Voraussetzung für den Umgang mit Konflikten besteht darin, zwischen Bedürfnissen und Handlungsstrategien, die eingesetzt werden, um diese Bedürfnisse zu erfüllen, unterscheiden zu können. Wenn beide Seiten sich im Klaren über ihre eigenen Bedürfnisse und Bitten sowie die des anderen sind, ist es leichter, befriedigendere Lösungen zu finden. Die feste Überzeugung, ein Konflikt müsse auf eine bestimmte Weise gelöst werden, erschwert es meistens, sich auf die Wirklichkeit des anderen einzulassen und es kann sehr schwierig werden, einen Lösungsweg zu finden, der die Bedürfnisse aller Beteiligten erfüllt. Wann immer ich beim Mediieren erlebt habe, dass jemand steif und fest auf seiner Position beharrte, war diese Unwilligkeit, nach Alternativlösungen Ausschau zu halten, meistens in sehr viel Angst begründet. Der Beharrende befürchtete, dass seine Bedürfnisse und Interessen nicht als wichtig angesehen und darum nicht berücksichtigt würden, wenn er „nachgäbe".

Wenn es jemandem schwerfällt, zu spüren, was er selbst braucht, können Sie ihn unterstützen, indem Sie Vermutungen darüber anstellen, welche Gefühle und Bedürfnisse er gerade haben mag. Bin ich selbst in einer Konfliktsituation, finde ich es oftmals sehr schön, wenn Menschen wiedergeben, was sie von mir gehört haben, das ich fühle. Es bestätigt mir, dass sie verstanden haben, was in mir vorgeht. Medianten können es jedoch auch – insbesondere zu Beginn einer Mediation – als entblößend und als etwas beängstigend erleben, wenn jemand ihre Gefühle benennt. In heiklen Situationen ist deshalb eine achtsame Wortwahl wichtig. So kann z.B. das Wort „verwirrt" manchmal sehr viel deutlicher als „überrascht" beschreiben, was in einem Menschen vorgeht.

In bestimmten Zusammenhängen sind Gefühle zuweilen stark tabuisiert. Dann können Sie als Mediator zu Entspannung und Sicherheit beitragen, indem Sie Gefühle überhaupt nicht benennen und sich stattdessen mehr darauf konzentrieren, die Bedürfnisse wiederzugeben, welche die Medianten äußern. Denken Sie immer daran, dass es nicht darum geht, eine spezielle Form einzuhalten, sondern die Verbindung zwischen beiden Seiten zu fördern, damit diese einen Weg finden, miteinander in Kontakt zu kommen oder sich zu einigen. Zu verstehen, was jemand fühlt, trägt oft zu einem tieferen Kontakt bei. Achten Sie also darauf, welche Gefühle Sie für sich bei den Medianten vermuten, selbst wenn Sie diese nicht in Worte fassen. Vielleicht ändert sich nach einiger Zeit das Gesprächsklima und es gibt weniger Spannungen. Dann sind möglicherweise auch Worte, die die Gefühle der Beteiligten beschreiben, willkommen und tragen zur Klarheit bei.

Zu Beginn einer Mediation, besonders wenn sie gefühlsmäßig geladen ist, kann es hilfreich sein, die Bedürfnisse der Beteiligten nur mit ein oder zwei Worten zu beschreiben. Das kann zum Beispiel folgendermaßen klingen: *„Sie wollen wirklich verstanden werden?"* Oder: *„Geborgenheit ist das Wichtigste für Sie?"*

Wenn beide Seiten sich einander etwas mehr angenähert haben, können Sie mit mehr Worten wiedergeben, was Sie sie sagen hören. Über eines müssen Sie sich allerdings im Klaren sein: Wenn Sie ein Bedürfnis mit vielen Worten beschreiben, kann es so klingen, als wiesen Sie anstelle des Bedürfnisses auf eine Strategie hin, wie es erfüllt werden kann. Und wenn das, was Sie sagen, den Medianten nicht hilft, die Bedürfnisse des anderen zu hören, kann es, statt den Kontakt zu vertiefen, dazu beitragen, dass er auf einer bestimmten Ebene eingefroren wird.

Mit Bedürfnissen meine ich die allgemeinen Triebkräfte, die alle Menschen teilen. Mit Strategien meine ich das, was wir tun, um Bedürfnisse zu erfüllen. Bedürfnisse sind allgemein und nicht daran gekoppelt, dass ein bestimmter Mensch etwas tun muss, damit sie erfüllt werden.

Beispiel 1:
Im folgenden Beispiel geht es um die Bedürfnisse nach Unterstützung und Verständnis, wobei die Vermutung mehr auf die Strategie eingeht, die diese Bedürfnisse erfüllen könnte:
„Meinen Sie, dass Sie das Bedürfnis haben, dass B Ihre Lage versteht und möchten Sie, dass er zukünftig in solchen Situationen anders handelt?"

Beispiel 2:
Um allgemeine menschliche Bedürfnisse deutlicher auszudrücken, könnten Sie stattdessen etwa Folgendes als Vermutung äußern:
„Meinen Sie, dass Sie das Bedürfnis nach Verständnis dafür haben, welche Herausforderungen das für Ihr Leben mit sich gebracht hat?"

Im zweiten Beispiel ist das Risiko, dass das Gesagte als Kritik oder Forderung aufgefasst wird, deutlich geringer, da das Bedürfnis verstanden zu werden an keine bestimmte Strategie geknüpft ist. Das starke Bedürfnis verstanden zu werden wurde von der Strategie entkoppelt, eine bestimmte Person möge verstehen. Das erleichtert den Umgang mit dem Konflikt, weil es andere Möglichkeiten eröffnet, das Bedürfnis zu erfüllen, als dass gerade diese eine Person Verständnis zeigen soll.

> *„Wenn wir die Bedürfnisse verstehen, die hinter unserem Verhalten und dem anderer stehen, haben wir keine Feinde."*
> – Marshall Rosenberg[37]

2. Jemanden „am Ohr ziehen" – den Parteien helfen, einander zu hören

Eine Ihrer großen Aufgaben als Mediator besteht darin, die Medianten dabei zu unterstützen, dass sie die Wirklichkeit des anderen verstehen. Damit dies gelingt, ist insbesondere zu Beginn einiges an Einsatz gefragt. Konzentrieren Sie sich zunächst darauf, dass die Bedürfnisse aller Beteiligten geäußert und gehört werden. Hierfür können Sie beide Seiten bitten, wiederzugeben, was sie gehört haben, dass der andere braucht. Für die Medianten wird somit erfahrbar, dass Sie Ihre Aufmerksamkeit darauf richten, die Bedürfnisse aller Beteiligten zu berücksichtigen und es veranschaulicht, wie dies ein Beitrag zur Lösung des Konfliktes sein kann. Bei einer formellen Mediation können Sie in der Vorbereitungsphase auf diese Arbeitsweise hinweisen.

Wenn Person B die von Person A geäußerten Bedürfnisse wiedergegeben hat, richten wir die Aufmerksamkeit auf das, was Person B braucht. Die Bereitschaft, wiederzugeben, was jemand den anderen an Bedürfnissen hat äußern hören, ist oft ein wichtiger Schritt, um das Gespräch voranzubringen. Dabei ist wesentlich, dass die Parteien sich gegenseitig zuhören, auch wenn diese bereits das Gefühl haben, von Ihnen gehört worden zu sein. In der Mediation geht es *sowohl* darum, sich vom anderen gehört zu fühlen *als auch* darum, die Wirklichkeit des anderen aufzunehmen.

Nutzen Sie jede Gelegenheit, Bedürfnisworte zu wiederholen, die Sie hören, um es beiden Seiten zu erleichtern, die Bedürfnisse des anderen zu hören. Auf diese Weise helfen Sie den Medianten, zu sehen, was beide Seiten brauchen, um den Konflikt effizient lösen zu können.

Wenn Person A bestätigt hat, dass sie sich durch Sie als Mediator verstanden fühlt, bitten Sie Person B, wiederzugeben, was sie Person A hat sagen hören. Person B wieder-

---

37 www.nonviolentcommunication.se (Stand 3. Februar 2008, schwedischsprachige Quelle).

geben zu hören, was sie verstanden hat, das Person A braucht, trägt dazu bei, Vertrauen und Verständnis zwischen den Parteien aufzubauen. Als Mediator könnten Sie Person B z.B. fragen: *„Möchten Sie Person A sagen, was Sie gehört haben, dass ihr wichtig ist?"* Oder: *„Möchten Sie Person A sagen, was Sie gehört haben, das sie braucht?"* Oder: *„Möchten Sie wiedergeben, nach der Erfüllung welcher Bedürfnisse A sich in Ihrer Beziehung sehnt?"*

Für Person B kann das in einem Konflikt eine große Herausforderung darstellen, denn unter Anspannung hört man leicht Kritik, Forderungen oder Urteile in dem, was der andere sagt. B könnte mit großer Wahrscheinlichkeit also antworten: *„Aber ich habe das alles ja schon gemacht."* Oder: *„Sie ist immer so fordernd."*

Vermeiden Sie es dann, etwas drauf zu sagen, wie: *„Nein, das hat sie nicht gesagt."* Oder: *„Nein, das haben Sie falsch gehört."* Sagen Sie nichts, was die betreffende Person als Korrigiert-Werden verstehen könnte. Verdeutlichen Sie stattdessen in dieser Situation lieber das Gesagte: *„Ich habe es etwas anders gehört. Ich hörte A sagen, dass ihr ... wirklich wichtig ist. Wollen Sie versuchen, wiederzugeben, was Sie gehört haben, wonach sie sich sehnt?"*

Inmitten eines Konfliktes kann es schwer sein, die andere Partei voll und ganz zu hören. Selbst wenn das Widerspiegeln oberflächlich wirkt, ist es ein wichtiger Schritt hin zum Verständnis für den anderen. Wenn einer der Medianten einen großen Widerstand empfindet, auch nur wiederzugeben, was er den anderen hat sagen hören, könnten Sie ihn folgendermaßen unterstützen: *„Ich vermute, dass es Ihnen immer noch wehtut, an das zu denken, was geschehen ist. Dennoch will ich Sie ermutigen, dass Sie versuchen, die Wirklichkeit Ihres Partners und was ihm wirklich wichtig ist, an sich heranzulassen. Sind Sie bereit wiederzugeben, was Sie gehört haben, wonach er sich sehnt?"*

In einer angespannten Situation hört der Zuhörende oft Kritik oder Forderungen. Anstatt sich darauf zu konzentrieren, zuzuhören und dann wiederzugeben, was der andere gesagt hat, überlegt er, wie er sich verteidigen kann, wenn er die Chance bekommt, etwas zu sagen. Helfen Sie ihm deshalb zu verstehen, dass er, auch wenn er wiedergibt, was der andere gesagt hat, er ihm noch lange nicht zustimmt oder in irgendeine Veränderung einwilligt.

3. Unterbrechen

Menschen in ihrem Redefluss zu unterbrechen ist nicht immer ganz einfach. Je länger wir jedoch abwarten, desto schwieriger kann es dann werden, auf respektvolle Weise einzuhaken. Oft hemmt uns die Vorstellung, es sei unhöflich oder nicht „korrekt", jemanden zu unterbrechen. Auch die Angst, sich mit jemandem zu überwerfen oder die Sorge, dass wir anschließend nicht mehr gemocht werden, machen die Sache nicht leichter.

In vielen Kulturen gilt jemanden, der spricht, zu unterbrechen in der Tat als unhöflich und als nicht besonders respektvoll. Vergegenwärtigen Sie sich deshalb in solchen Situationen, dass Sie mit dem Ziel unterbrechen, *Verbindung und Kontakt* zwischen den Parteien zu fördern. Als Mediator ergreifen Sie das Wort nicht für sich, sondern um zu schützen und um „Kollisionen" zu vermeiden, bei denen einer oder beide zu Schaden kommen würden. Unterbrechen Sie also, wenn Sie glauben, dass,

- das Gesagte eine vielleicht ohnehin schon angespannte Situation weiter verschlimmern würde.
- das Gesagte eher Distanz schafft, als dem Dialog zu dienen.
- etwas auf eine Weise gesagt wird, die der Verbindung zwischen den Parteien eher schadet.
- ein Mediant unterbricht, während Sie gerade dem anderen zuhören und Sie weiter zuhören wollen.
- mehr gesagt wird, als Sie oder die andere Person gerade aufnehmen können.

Zu sagen, dass jemand „unterbricht", ist ohnehin eine Interpretation. Eine reine Beobachtung könnte zum Beispiel sein: „Jemand fing an zu sprechen, während ein anderer noch sprach." Wenn Ihnen das deutlich ist und Sie die Absicht verfolgen, Menschen zu helfen, einander zu verstehen und den anderen zu erreichen, fallen Ihnen Unterbrechungen sicher leichter. Sie wollen zum Gelingen des Dialoges beitragen, das ist Ihnen einfach klar. Es geht nicht darum, ob jemanden zu unterbrechen gut oder schlecht ist.

Je nach Ausmaß der gefühlsmäßigen Intensität, mit der Menschen ein Mediationsgespräch erleben, wird auch Ihre Fähigkeit wichtiger, selbst mit stürmischen Situationen umgehen zu können – und das den Parteien auch zu zeigen. Diese können sich dann sicher genug fühlen, um ganz ehrlich zu sein oder dem anderen zuzuhören.

Falls eine oder mehrere Personen so laut sind, dass weder Sie noch andere zu hören sind, können Sie unterbrechen, indem Sie selbst die Stimme anheben. Vielleicht rufen Sie: *„Ich glaube, dass es leichter wird, einander zu verstehen, wenn wir deeeeen Prooooozess veeeerlaaangsaaameeen. Würden Sie bitte alle einen Moment still sein und mit dem Kontakt aufnehmen, das gerade in Ihnen vorgeht?"*

Wenn Sie das langsam sagen, werden vielleicht auch alle Beteiligten spüren, welchen Effekt Entschleunigung haben kann. Sollte Ihr Unterbrechen starke Reaktionen auslösen, können Sie zum nächsten Werkzeug in der Werkzeugkiste greifen und Erste-Hilfe-Empathie geben.

In einem vorab geplanten Mediationsgespräch können Sie dann unterbrechen, wenn jemand von den im Vorfeld vereinbarten Absprachen abweicht. Lassen Sie die Teilnehmer mit ihrer Aufmerksamkeit zu dem zurückkehren, auf das Sie sich geeinigt hatten. Wenn Sie in einer solchen Situation *nicht* unterbrechen, kann das bei allen Beteiligten zu einem verminderten Sicherheitsgefühl und zu mangelnder Klarheit über die Absprachen führen. Durch Ihr Unterbrechen zeigen Sie, dass es Ihnen wichtig ist, sich an vereinbarte Absprachen zu halten, was oft dazu beiträgt, dass die Medianten sich sicherer fühlen. Vielleicht möchten dann auch die Parteien selbst sich stärker an das halten, zu dem sie vorher Ja gesagt haben.

4. Erste-Hilfe-Empathie

Während Sie als Mediator versuchen, Person A zu verstehen, kann es passieren, dass das, was Person A sagt, stärkere Gefühle in Person B auslöst, als sie innerlich aushalten kann. Wenn Person B diese Gefühle äußert, bevor Sie Klarheit gewonnen haben, was Person A sagen wollte, können Sie im Interesse des Dialoges Person B unterbrechen und sie bitten, zu warten. Möglicherweise ist Person B aber so besorgt, nicht gehört oder verstanden zu werden, dass Sie ihr Erste-Hilfe-Empathie geben müssen. Sobald Sie empathisch für sich erschlossen haben, was in B vorgeht, können Sie ihr versichern, dass Sie mehr hören möchten, wenn klar ist, was Person A sagen will.

Halten Sie die empathische Vermutung so kurz wie möglich, um währenddessen nicht die Verbindung mit Person A zu verlieren. Deshalb auch „Erste-Hilfe-Empathie": Es geht darum, einen provisorischen „Druckverband" anzulegen, um so Zeit zu gewinnen, die anderen Schäden anzuschauen, ohne dass jemand verblutet. Wie das im Einzelnen klingen kann, hängt natürlich von der Situation ab.

Beispiele:
„Ich vermute, dass Sie sicher sein wollen, dass Ihre Sicht der Dinge auch gehört wird?" (kurzes Schweigen) *„Ich kann nur einem von Ihnen zur gleichen Zeit zuhören und möchte deshalb gerne gleich auf Sie zurückkommen. Ich frage mich, ob Sie ein bisschen warten könnten und stattdessen weiter zuhören, was A sagen will?"*
Oder: *„Werden Sie unruhig, wenn Sie hören, was er sagt, weil Sie gerne Verständnis dafür wollen, wieso Sie getan haben, was Sie taten?"* (kurzes Schweigen) *„Ich möchte Sie wirk-*

lich auch hören; zuerst möchte ich jedoch zu Ende anhören, was A sagt, damit ich verstehe, was sie braucht."

In manchen Situationen sind Sie als Mediator vielleicht besorgt, weil derjenige, der bisher noch nicht gehört worden ist, so starke Gefühle hat, dass es ihm schwerfällt, länger stillzusitzen. Sie können dieser Person jedoch helfen, sich zu entspannen, indem Sie Ihre Bereitschaft zeigen, ihr einfühlend zu antworten. Zögern Sie nicht lange damit, sodass Sie wieder zu Person A zurückkehren können. Dies kann beispielsweise so klingen: *„Wenn ich Ihre Körpersprache und Ihren Gesichtsausdruck sehe, vermute ich, dass das hier ungeheuer schmerzhaft für Sie ist. Sobald ich verstanden habe, was A gerade gesagt hat, will ich gerne hören, was Sie sagen wollen."* Derjenige, dem so geantwortet wird, hört das meistens als die dringend benötigte Zusage, dass er bald die Gelegenheit bekommen wird, seine Sicht der Dinge darzustellen. Sie lassen ihn wissen, dass Sie hören wollen, was er zu sagen hat, dass Sie aber nur jeweils einer Person zuhören können. Wenn es hitzig zugeht, kann diese Intervention für das nötige Vertrauen und ausreichend Sicherheit sorgen, um das Gespräch fortsetzen zu können.

Äußert eine Partei Urteile über die andere, ist es für den Beurteilten natürlich ungleich schwieriger, still zu bleiben und weiterhin zuzuhören, denn Urteile haben leicht Wut zur Folge. Sie können auf diese Wut eingehen, indem Sie beispielsweise sagen: *„Ich ahne, dass es enorm schwierig für Sie sein muss, dies zu hören. Gleichzeitig hätte ich an dieser Stelle wirklich gerne Unterstützung für den Prozess, damit wir schnellstmöglich zu Ihnen zurückkommen und Sie anhören können. Sind Sie bereit, noch ein paar Minuten zu warten?"* Ist der so Angesprochene dennoch nicht bereit, im Prozess zu bleiben, müssen Sie gemeinsam entscheiden, ob Sie die Vorgehensweise ändern wollen.

5. Selbsteinfühlung – sich als Mediator selbst empathisch begegnen

Solange es Ihnen als Mediator gelingt, mit voller Aufmerksamkeit beide Seiten zu hören, schaffen Sie Voraussetzungen für Begegnung und tragen dazu bei, Begegnung zu fördern. Keine große Hilfe werden Sie hingegen sein, wenn Ihre Aufmerksamkeit abschweift und Sie beginnen,
- Urteile über sich selbst oder die Medianten zu fällen
- sich selbst oder den Medianten Schuld zu geben
- sich selbst oder die Medianten in Schubladen zu stecken
- zu moralisieren und Fehler an sich selbst oder an den Medianten zu finden
- sich selbst mit den Medianten zu vergleichen

Selbsteinfühlung funktioniert ganz ähnlich wie anderen empathisch zuzuhören. Machen Sie sich zuerst bewusst, welche Urteile Sie über sich selbst und über andere haben und was Sie von sich und anderen fordern. Anschließend richten Sie Ihre Aufmerksamkeit auf die zugrunde liegenden Bedürfnisse und auf das, was Sie fühlen. Jemanden in eine „negative Schublade" zu stecken ist generell ein Zeichen für unerfüllte Bedürfnisse. Da es in der Regel nicht funktioniert, starke Feindbilder und Selbstkritik zu verdrängen, empfiehlt es sich, solche Gedanken zügig in Gefühle und Bedürfnisse umzuformulieren. Wenn Sie so Ihre eigenen Bedürfnisse ermittelt haben, können Sie diese für eine Weile beiseite stellen und sich wieder auf die Mediation konzentrieren. Im weiteren Verlauf werden Ihnen keine Urteile über sich selbst oder über die Parteien mehr im Wege stehen. Auch ein Besinnen darauf, wieso Sie in diesem Fall vermitteln wollen, kann Ihnen helfen, Ihre Aufmerksamkeit wieder den Medianten zuzuwenden.

Natürlich können Sie – wenn Sie denken, dass es der Situation dient – jederzeit äußern, was in Ihnen vorgeht. Die Beobachtungen, Gefühls- und Bedürfnisäußerungen des Mediators können durchaus eine Bereicherung für die Mediation darstellen. Interpretationen, Urteile, Analysen, Kritik oder Forderungen hingegen sind oft verwirrend und kontraproduktiv. Sollte es Ihnen nicht gelingen, während der Mediation mit den Bedürfnissen hinter Ihren Urteilen in Kontakt zu kommen, können Sie eine Pause machen, um entweder für sich herauszufinden, was in Ihnen vorgeht oder um jemand anderen um Unterstützung zu bitten. Während einer Mediation haben Sie als Vermittler oft nur kurze Momente für Selbsteinfühlung. Umso wichtiger ist es deshalb, dass Sie diese so schnell und wirksam wie möglich praktizieren können. Die Selbsteinfühlungs-Übungen im nächsten Kapitel können Sie hier unterstützen.

> *„Wir nutzen die GFK, um uns selbst in einer Weise zu evaluieren,*
> *die zu Wachstum anstatt zu Selbsthass führt."*
> – Marshall Rosenberg[38]

---

38 Rosenberg, Marshall (2007), Gewaltfreie Kommunikation, Junfermann.

6. Den Mediationsprozess beobachten und steuern[39]

Wie ein Verkehrspolizist, der den Straßenverkehr lenkt, nehmen auch Sie Ihre Rolle als Mediator wahr. Um „Zusammenstöße" zu vermeiden, können Sie z.B. jemanden bitten, eine Zeit lang zu schweigen, um jemand anderen vorzulassen. Sie können entscheiden, wann es an der Zeit ist, jemanden zu unterbrechen oder jemandem zu helfen, wiederzugeben, was von dem, das der andere sagen will, bei ihm angekommen ist.

Als Mediator greifen Sie alle Fäden auf und sorgen dafür, dass ein Netz entsteht, das Faden für Faden die Verbindung zwischen den Parteien stärkt. Die Fäden werden zu *einem* Netz (nicht etwa zu zwei separaten) verwoben, denn nur in einer solchen Verbindung spüren die Beteiligten, welche Auswirkungen ihre Handlungen für sich selbst und für den anderen hatten und haben. Sie helfen den Parteien beim Weben, indem Sie Aussagen übersetzen, die schwer anzuhören sind. Sie zeigen ihnen, wie sie die Bedürfnisse des anderen hören können und unterbrechen, wenn ein Faden zu zerreißen droht.

Als Vermittler können Sie das Gespräch auch steuern, indem Sie entscheiden, wer zu sprechen beginnt. Das kann z.B. derjenige sein, von dem Sie vermuten, dass es ihm am schwersten fallen wird, den anderen zu hören, bevor er sich selbst gehört und verstanden fühlt (mehr dazu im Abschnitt „Wer fängt an?" in Kapitel 8, Seite 177).

Während des Mediationsprozesses achten Sie darauf, wessen Bedürfnisse „auf dem Tisch" sind und was, aus dieser Sicht heraus, als Nächstes geschehen soll. Es ist wichtig, an eine Mediation mit der Einstellung heranzugehen, dass niemand mit Sicherheit wissen kann, was der nächste Schritt sein wird, und offen für schnelle Veränderungen im Dialog zu sein.

---

[39] Anm.d.Ü.: Zum im Original verwendeten Wort *Tracking* siehe Fußnote 35.

Denken Sie in Zyklen

Sie haben nun die verschiedenen Werkzeuge kennengelernt, die Sie bei den meisten Mediationen benötigen werden. Um leichter zu verstehen, wie diese zusammenwirken und eine Ganzheit bilden, kann es hilfreich sein, in Zyklen zu denken.

1. Zyklus: Person A äußert ihre Bedürfnisse. Person B gibt mit oder ohne Unterstützung des Mediators wieder, welche Bedürfnisse sie Person A hat äußern hören.
Der Mediator fragt Person A, ob das, was Person B wiedergegeben hat, dem entspricht, was sie äußern wollte. Wenn Person A dies bejaht, wendet er sich an Person B, um zu hören, was in ihr vorgeht.

2. Zyklus: Person B äußert sich, Person A gibt mit oder ohne Unterstützung des Mediators wieder ... usw.

3. Zyklus: Person A ... (dasselbe wie im 1. Zyklus).
Wenn die Bedürfnisse beider Seiten deutlich geworden sind – wofür viele Zyklen nötig sein können –, ist es an der Zeit, ausgehend von den benannten Bedürfnissen, gemeinsam Lösungen zu finden. Denken Sie daran, dass dies Richtlinien sind, wie eine Mediation ablaufen kann und keine Regeln, wie sie ablaufen muss. Seien Sie offen, sich auf das zu konzentrieren, was den Parteien hilft, miteinander in Kontakt zu kommen – egal, in welcher Reihenfolge Dinge gesagt werden oder ob es von Ihrer gewohnten Arbeitsweise entspricht.

Klärung einer Sachfrage oder Versöhnung?

Geht es in dieser Mediation um eine Sachfrage, wie man mit einer bestimmten Problematik umgehen soll oder geht es um Versöhnung und vertieften Kontakt in einer Beziehung? Die Grenzen sind fließend, und häufig findet man in Mediationen eine Mischung aus Sach- und Beziehungsfragen vor.

Manchmal beginnt ein Mediationsgespräch mit einem Konflikt zu einem bestimmten Problem und später wird deutlich, dass eigentlich Versöhnung und die Heilung tiefer Wunden im Kontakt vonnöten sind. Gibt es hinsichtlich des ursprünglichen Problems keine Spannungen mehr, beginnt manchmal einer der Medianten (oder beide), über seine Sehnsucht nach einer anderen Qualität des gegenseitigen Kontakts zu sprechen. Für diesen Fall schlage ich vor, dass Sie die Parteien auf diesen nun teilweise verlagerten Fokus hinweisen.

Versöhnung

Wenn es in einer Mediation um Versöhnung geht, konzentrieren Sie sich darauf, **den Kontakt zwischen den Parteien wiederherzustellen und zu vertiefen**. Das kann zum Beispiel so aussehen, dass Sie jeder Person etwas länger am Stück zuhören, bevor Sie sich dem anderen zuwenden, um so tiefer zu gehen und zum Kern des Konfliktes vorzudringen.

Bei einer Versöhnungsmediation gibt es u.U. keinen konkreten Konflikt, an den Sie anknüpfen und so das Gespräch beginnen können.

Mediation bei Sachfragen

Wenn es in einer Mediation um eine konkrete Frage geht, verbinden Sie sich mit den Beteiligten auf der Ebene, auf der die Bedürfnisse aller Beteiligten deutlich werden. Sie bleiben nur lange genug bei diesen Bedürfnissen, um einen Zyklus abzuschließen und gehen dann zur anderen Person über. Anders als bei einer Versöhnungsmediation konzentrieren Sie sich hier also weniger darauf, die Beziehung an sich zu reparieren. Bei einer Mediation um eine Sachfrage stehen die Bedürfnisse und Interessen, die mit dieser Frage zu tun haben, im Mittelpunkt. Selbst wenn klar ist, dass es zwischen den Parteien noch weitere schwierige Themen gibt: Als Mediator konzentrieren Sie sich in erster Linie darauf, eine ausreichend tiefe Verbindung zu schaffen, um gemeinsam eine Lösung für das gegenwärtige Problem zu finden.

Ausbilden oder mediieren?

Für Sie als Mediator ist es wichtig, dass Sie für sich Klarheit über Ihr Ziel haben: Möchten Sie Menschen etwas über Kommunikation beibringen, von dem sie auch langfristig noch profitieren könnten? Oder wollen Sie ihnen einfach dabei helfen, sich gegenseitig zu hören, indem Sie ihnen Ihre eigenen Fähigkeiten zuzuhören „ausleihen"?

Auch wenn es in Mediationen in vielen Fällen darum geht, mit sehr konkreten Fragen oder Problemen umzugehen, kann ein Mediationsprozess gleichwohl Gelegenheit sein, eine Vorbildfunktion einzunehmen oder zu lehren. Kommunikation lernt man durch eigenes Ausprobieren und durch das Imitieren anderer. Sie als Vermittler können während eines Mediationsgespräches also durchaus ein wichtiges Vorbild für konstruktive Kommunikation sein. Ihre eigene Ausdrucksweise hat Einfluss darauf, wie die Medianten miteinander kommunizieren und wie sie mit dem Konflikt umgehen. Diese Vorbildfunktion können Sie z.B. folgendermaßen nutzen:

- Geben Sie den Medianten einen Vorgeschmack darauf, wie sie Gefühle und Bedürfnisse anstelle von Kritik, Drohungen oder Forderungen äußern können.
- Demonstrieren Sie, wie man jemandem zuhören kann, der eine andere Meinung vertritt als man selbst – wie man also anstelle von Kritik die Bedürfnisse des anderen hört.
- Zeigen Sie beispielhaft, wie man Interesse daran signalisiert, wie die eigenen Entscheidungen sich auf andere auswirken, anstatt dagegen zu argumentieren und Widerstand aufzubauen.
- Verdeutlichen Sie, welche Vorteile es hat, für andere Lösungen offen zu sein, anstatt sich auf eine bestimmte Lösung zu versteifen.
- Verdeutlichen Sie, wie man seine Bereitschaft signalisiert, die verschiedenen Wirklichkeiten von Menschen anzuerkennen, anstatt – komme, was da wolle – nur an seiner eigenen festzuhalten.

Ob die Parteien offen dafür sind, etwas Neues zu lernen, hängt oft davon ab, in welchem Stadium des Konfliktes das Mediationsgespräch stattfindet. Für Menschen, die wütend und frustriert sind, ist es in der Regel am wichtigsten, gehört und verstanden zu werden. Sie sind weniger interessiert an Ratschlägen oder Belehrungen, wie sie sich anders ausdrücken können. Wenn Sie jemandem einen Lernanreiz geben wollen, machen Sie dies deshalb ganz deutlich, etwa so: *„Ich bin besorgt, dass das, was Sie sagen, nicht so leicht für ihn zu hören sein wird. Möchten Sie gerne hören, wie es klingen könnte, wenn Sie es auf eine Weise sagen, in die ich mehr Vertrauen habe?"*

Auch wenn jemand die Bedürfnisse und Interessen, die er vom anderen gehört hat, nicht wiedergeben möchte, können Lernimpulse hilfreich sein. Den Zweck des Widerspiegelns können Sie beispielsweise folgendermaßen verdeutlichen: *„Wenn ich Sie darum bitte, wiederzugeben, was Sie ihn haben sagen hören, geht es mir darum, eine Bestätigung zu bekommen, dass deutlich geworden ist, was er braucht und woran er interessiert ist. Das heißt nicht, dass Sie diesem Punkt zustimmen oder in irgendetwas einwilligen. Wenn Sie das jetzt hören, frage ich mich, ob Sie bereit sind, wiederzugeben, welche Bedürfnisse Sie ihn haben äußern hören?"*

Wenn Sie denken, dass die Medianten *falsch* kommunizieren, dass Sie es besser wissen oder dass der Konflikt auf eine bestimmte Art gelöst werden *muss*, ist es vermutlich konstruktiver, eine Pause einzulegen, um Klarheit zu gewinnen, was in Ihnen selbst vorgeht, als zu versuchen, die Medianten zu belehren. Wenn die anderen Beteiligten merken, dass Sie die „richtige" Art, mit dem Konflikt umzugehen, nicht kennen, fällt es ihnen oft leichter, Anregungen aufzunehmen.

Zusammenfassung der Rolle des Mediators

    Zuhören – Verbindung schaffen
    Übersetzen – Klarheit schaffen
    Zusehen, dass alles kurz auf den Tisch kommt – Ganzheit schaffen

    Zur Verbindung zwischen den Parteien beitragen
    Die Parteien Lösungen finden lassen

Kapitel 7

Übung Übung Übung

Machen Sie sich fit fürs Mediieren

Wenn Sie in Konflikten vermitteln wollen, ist es für Sie von großem Wert zu wissen, warum: *„Worum geht es mir selbst, wenn ich die Bedürfnisse und Interessen der Medianten aufnehme?"* Mit dieser Klarheit wird es Ihnen erheblich leichter fallen, beiden Seiten wirklich zuzuhören. Je klarer Sie sich über Ihre eigene Motivation beim Mediieren sind, desto eher können Sie darauf hinwirken, dass das Gespräch in die Richtung geht, die beiden Seiten am meisten dient und Ihr Beitrag wird so den größtmöglichen Nutzen haben. Wenn Sie sich über Ihre Absicht nicht im Klaren sind, wird es Ihnen eher schwerfallen, bewusste Entscheidungen darüber zu treffen, wie Sie mit verschiedenen Situationen umgehen wollen.

Ihre innere Antriebskraft können Sie sich bewusst machen, indem Sie sich fragen, ob es für Sie auszuhalten wäre, dass die Parteien nicht zusammenkommen und der Konflikt am Ende der Mediation ungelöst bleibt. Wie geht es Ihnen bei dieser Vorstellung? Werden Sie unruhig, bekommen Sie Angst oder ärgern Sie sich? Fühlen Sie Hoffnungslosigkeit oder Resignation? Empfinden Sie es so, dass Sie in einer Welt leben wollen, in der es ein gewisses Maß an Harmonie und Fürsorge für andere Menschen gibt? Oder sagen Ihnen Ihre Gefühle, dass Sie sich danach sehnen, zu erleben, dass Beziehungen es aushalten, wenn Sie für das einstehen, was Ihnen wichtig ist?

Wenn hinter Ihrem Wunsch zu vermitteln beispielsweise Ihre Sehnsucht nach Harmonie steht, machen Sie sich klar, dass dieses Bedürfnis vielleicht nicht während der Mediation selbst erfüllt werden wird. Möglicherweise werden die Medianten laut oder sie bedrohen sich gegenseitig. Manchmal hilft es, wenn Sie sich bewusst machen, dass das Bedürfnis nach Harmonie hoffentlich nach der Mediation in vollerem Maße erfüllt sein wird als *währenddessen*. Wenn Sie aufmerksam beobachten, was Sie antreibt, kann Sie das dabei unterstützen, allen Beteiligten voll und ganz zuzuhören, selbst wenn das Gesagte dem, was Sie wollen, entgegenzustehen scheint.

Bedürfnisse des Mediators: Nutzen und Stolperfallen

Wenn wir uns bewusst sind, welche unterschiedlichen Bedürfnisse wir uns durch das Mediieren erfüllen wollen, werden wir wahrscheinlich eher auf eine dem Konflikt dienliche Weise handeln können. Sind wir uns nämlich dessen bewusst, das uns antreibt, können wir uns leichter vor den existierenden Fallen in Acht nehmen. Lesen Sie im Folgenden, inwieweit einige Bedürfnisse und Motivationen zum Vorteil gereichen oder aber zu Stolperfallen werden können:

Harmonie: Wenn Harmonie eine Ihrer wichtigsten Motivationen ist, dann versuchen Sie möglicherweise – in der Regel unbewusst – während einer Mediation zwischen die Parteien zu gehen und zu besänftigen, wenn sie immer lauter werden und sich vielleicht mehr und mehr beschimpfen. Durch ein solches Vorgehen riskieren Sie, dass nicht „alle Karten auf den Tisch kommen" und es am Ende schwieriger wird, eine für alle befriedigende Lösung zu finden.

Wenn Ihnen bewusst ist, wie wichtig Ihnen Harmonie ist, können Sie es leichter aushalten, wenn dieses Bedürfnis vorläufig unerfüllt bleibt. Später können Sie dann bewusst für seine Erfüllung Sorge tragen. Durch einen bewussteren Umgang mit dem Bedürfnis fällt es Ihnen auch leichter, Situationen zu handhaben, in denen starke Gefühle ausgedrückt werden und in denen Ihre Umgebung Sie nicht dabei unterstützt, Harmonie zu erleben.

Die starke Seite eines großen Harmoniebedürfnisses zeigt sich z.B. in einem größeren Verständnis für Situationen, in denen jemand besorgt ist, die Harmonie in einer Beziehung zu stören und darum zögert, sich ganz offen auszudrücken.

Gemeinschaft: Ist Ihre Antriebskraft zu vermitteln, dass Sie Gemeinschaft wertschätzen und Sie haben es mit Parteien zu tun, die damit drohen, sich zu trennen, auseinanderzuziehen oder zu kündigen, könnten Sie versucht sein, schnell nach Lösungen zu suchen, von denen Sie glauben, dass diese die Beteiligten wieder zusammenbringen. Wenn Sie den Parteien so „vorauseilen" und nach Lösungen suchen, bevor diese überhaupt dafür bereit sind, blockieren Sie sich möglicherweise selbst darin, alles zu hören, was wirklich gehört werden muss.

Wenn Sie sich bewusst sind, dass Ihnen Gemeinschaft wirklich wichtig ist, werden Sie jedoch auch eher in der Lage sein, in einer Mediation die Bedürfnisse aller Beteiligten zu berücksichtigen.

Effizienz: Manchmal ziehen sich Mediationen hin, weit über die ursprünglich geplante Zeit hinaus und Sie finden es vielleicht ineffektiv, so viel Zeit dafür aufzuwenden, dass alle sich ausdrücken können und einander zuhören, anstatt sich darauf zu konzentrieren, eine Lösung zu finden. Dann können Sie sich vergegenwärtigen, dass es in einer Mediation oft vor allem darum geht, zwischen den Parteien wieder Vertrauen und Respekt herzustellen. Sind erst Vertrauen und gegenseitiger Respekt gegeben, kommt die Lösung in der Regel mehr oder weniger von ganz allein. Geht es Ihnen als dritter Partei vor allem um Effizienz, sehen Sie leicht in Gefühlsäußerungen der Medianten ein Hindernis und nicht einen Beitrag zur Vertiefung der Verbindung, die den Umgang mit dem Konflikt vereinfacht.

Allerdings kann Ihnen dieses Bedürfnis – wenn Sie es sich bewusst machen und es von Handlungsstrategien unterscheiden – dabei helfen, sich auf langfristig wirksame Veränderungen zu konzentrieren. Sie werden sich nicht auf kurzfristige schnelle Lösungen fokussieren, die auf lange Sicht möglicherweise nicht tragen werden.

Etwas beitragen: Wenn Sie Ihr Bedürfnis, sich einzubringen und einen Beitrag zu leisten, befriedigen wollen, kann das ein wertvoller Ausgangspunkt für eine Mediation sein. Sie werden sich dann nämlich auf das konzentrieren, was wirklich vonseiten der Parteien zu einer Lösung beiträgt, anstatt zu versuchen, den Konflikt *für* die Beteiligten zu lösen oder nach Ihren festen Vorstellungen, dass Versöhnung nach einem bestimmten Schema oder in einer bestimmten Form geschehen müsse.

Schwierig kann es jedoch werden, wenn Sie nicht zwischen dem Bedürfnis, etwas beizutragen und der Strategie, etwas beizutragen, unterscheiden können. Wenn Ihnen dieser Unterschied klar ist, können Sie mit Ihrem Beitrag zufrieden sein, auch wenn die Mediation nicht so verlaufen ist, wie Sie es sich gewünscht hätten.

Gesehen werden: Die Fallen beim Bedürfnis, gesehen zu werden, gleichen teilweise den bereits unter „etwas beitragen" beschriebenen. Wenn Ihnen nicht bewusst ist, wie wichtig es Ihnen ist, gesehen zu werden, kann es passieren, dass Sie versuchen, „Liebe zu erkaufen". Das kann sich u.a. darin zeigen, dass Sie beiden Seiten unterschiedlich viel Aufmerksamkeit widmen, wenn eine Sie mehr als die andere zu sehen scheint. Oder Sie machen Lösungsvorschläge, bevor es an der Zeit ist, sich auf Lösungen zu konzentrieren, nehmen selbst mehr Platz ein als konstruktiv wäre oder geben beeindruckende Erklärungen für das, was gerade geschieht.

Wenn Sie dieses Bedürfnis im Blick haben, kann es aber auch eine Stärke sein, erinnert es Sie doch daran, wie wichtig es uns Menschen ist, gesehen zu werden. So können Sie dafür sorgen, dass in einem Mediationsgespräch alle Seiten gehört und gesehen werden.

Freiheit und Autonomie: Drohungen oder eine Sprache, die die Wahlfreiheit einschränkt, behindern häufig eine effiziente Konfliktklärung. Werden in einer Mediation beide Seiten gebeten, ihre Bedürfnisse auszudrücken, tun sie dies häufig, indem sie sagen, was der andere machen *sollte* oder tun *muss*.

Wenn sich nun in der Mediatorenrolle Ihr Bedürfnis nach Freiheit meldet, könnten Sie möglicherweise versucht sein, demjenigen zu widersprechen, den Sie Forderungen an den anderen stellen hören. Vielleicht wollen Sie dann „beweisen", dass wir alle frei sind zu tun, was wir wollen. Ihre Argumente können jedoch die Verbindung zu den Medianten erschweren und dazu führen, dass es für eine Seite oder auch für beide schwieriger wird, sich gehört und verstanden zu fühlen.

Der Vorteil – wenn Sie sich dieses Bedürfnisses bewusst sind – liegt darin, dass es Sie daran erinnern kann, was Freiheit für uns Menschen bedeutet. Ihr Bedürfnis nach Freiheit und Autonomie kann Ihnen helfen, alle Forderungen wahrzunehmen, die sich manchmal in das Gespräch zwischen den Parteien einschleichen. Außerdem erleichtert es Ihnen zu entscheiden, ob Sie eine Mediation fortsetzen möchten (und es aus freiem Willen zu tun und nicht, weil Sie denken, es sei Ihre Pflicht, oder dass Sie helfen *sollten*).

Übung:
„Sich der eigenen Absicht beim Mediieren bewusst werden"

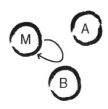

Schreiben Sie zu Beginn auf, welche Ihrer Bedürfnisse nach (oder während) der Mediation erfüllt werden sollen (für mehr Klarheit hinsichtlich der Bedürfnisse, s. vorige Seiten 132ff). Das können zum Beispiel folgende Bedürfnisse sein:

Harmonie	Interdependenz/Bewusstsein der wechselseitigen Abhängigkeit[40]
Effizienz	
Gemeinschaft	Fürsorge
etwas beitragen	Hoffnung
Respekt	Sinn
gesehen werden	Liebe
Freiheit und Autonomie	evtl. weitere Bedürfnisse

Falls es Ihnen schwerfällt, Ihre Absicht nur mithilfe von Bedürfnisse beschreibenden Wörtern zu erkennen, lade ich Sie ein, die Sätze auf der nächsten Seite zu vervollständigen. Dies kann Ihnen Hinweise liefern, welche Bedürfnisse Sie sich durch das Mediieren zu erfüllen erhoffen. Erlauben Sie Ihren Gedanken, frei zu fließen – so besteht die größte Chance, dass Sie auf Gedanken stoßen, die Ihnen wichtige Informationen vermitteln.

Als Mediator könnte ich es nicht aushalten, wenn ...
Wenn ich vermittle, verabscheue ich es, wenn ...
Das Schlimmste, das passieren könnte, wenn ich mediiere, ist, dass ...
Sollte es uns nicht gelingen, diesen Konflikt zu lösen, dann ...
Ein Zeichen dafür, dass ich nicht zum Mediator tauge, ist, dass ...
Wenn ich vermittle, träume ich davon, dass ...
Für mich ist es wirklich wichtig, dass ...
Wenn ich die Wahl hätte, würden Menschen immer ...
Der perfekte Mediator ...
Die perfekte Mediationssituation ....

Sie können sich auch Gedanken darüber machen, wie Sie sich nach einer Mediation gerne fühlen möchten. Lesen Sie sich durch, was Sie geschrieben haben. Welche Bedürfnisse entdecken Sie in Ihren Sätzen? Die Bedürfnisliste am Ende des Buches kann Ihnen dabei helfen, mehr Wörter für Bedürfnisse zu finden, die Ihre Motivation zu mediieren vielleicht noch besser beschreiben.

Überlegen Sie sich (am besten schriftlich) mindestens drei andere Möglichkeiten, wie Sie sich diese Bedürfnisse erfüllen können, ohne in Konflikten zu vermitteln. So können Sie sich mit Ihrer Wahlfreiheit verbinden und dadurch mehr Klarheit darüber gewinnen, was Sie daran schätzen, als Mediator tätig zu sein.

---

40 Anm.d.Ü.: Gemeint sind Bedürfnisse, die hinter der Verbindung mit der Überzeugung stehen, dass die Menschheit auf vielfältige Weise miteinander verwoben ist und dass jede Handlung eines Menschen Auswirkungen auf das Gefüge hat, in dem er handelt. Dies können unter anderem Bedürfnisse sein wie Beitragen, Unterstützung, Sinngemeinschaft und Vertrauen (in dieses Netz eingebunden zu sein, andere zu unterstützen und selbst unterstützt zu werden).

Aussagen übersetzen, die die Verbindung gefährden

Für Ihren Erfolg als Mediator ist es ganz wesentlich, dass Sie hinter allem, was gesagt wird, die menschlichen Bedürfnisse hören können. Diese Fähigkeit hilft Ihnen, denjenigen, zwischen denen Sie vermitteln, mit Empathie zu begegnen – und das ist einer der wertvollsten Zugänge, die Sie als Dritte Partei haben können. Wenn Sie es schaffen, Gefühle und Bedürfnisse hinter allen Äußerungen zu hören, wird auf natürliche Weise Ihr Mitgefühl geweckt und genährt.

Das kann natürlich eine Herausforderung sein, da die meisten in einen Konflikt Involvierten ihre Bedürfnisse nicht direkt ausdrücken. Vielfach haben Menschen bereits versucht, ihre Missverständnisse oder Uneinigkeiten zu klären, bevor dann doch ein Dritter hinzugezogen wird. Das meiste ist also schon gesagt worden, aber so, dass es eher Distanz als Verbindung geschaffen hat. Oft werden besonders aufgewühlte Gefühle in einer Weise ausgedrückt, die es für den jeweils anderen schwer macht, die dahinterstehende Absicht zu hören. Hier kann die Fähigkeit des Mediators, das Gesagte umzuformulieren, von großem Nutzen sein – wenn er es auf eine vereinende und zu Mitgefühl beitragende Weise tut.

Um z.B. Interpretationen, Etikettierungen/gedankliche Schubladen, Forderungen und Urteile in Bedürfnisse zu „übersetzen", brauchen die meisten von uns jedoch einiges an Übung. Die in einen Konflikt verwickelten Menschen können in der Regel nicht direkt ausdrücken, was sie brauchen und so wird gerade diese „Übersetzungs-Fähigkeit" des Mediators häufig benötigt.

Einige Beispiele, was und wie der Mediator übersetzt

Etikettierungen/gedankliche Schubladen und Urteile

„Er ist so faul und hilft nie im Haushalt mit."
kann man übersetzen in: *„Sehnen Sie sich nach mehr Entspannung und Ruhe?"*

Forderungen

„Sie muss lernen, dass es gewisse Dinge gibt, die man einfach akzeptieren muss!"
kann zum Beispiel übersetzt werden in: *„Sind Sie besorgt und möchten Sie sie schützen, damit sie es im Leben leichter hat?"*

Drohungen

„Wenn er nicht bald zahlt, werde ich ihm zeigen, was mit denjenigen passiert, die ihre Versprechen mir gegenüber nicht halten!"

Auch Drohungen lassen sich in Bedürfnisse, Interessen und Träume übersetzen: *„Das klingt, als seien Sie sehr besorgt, weil Sie ein Bedürfnis nach Unterstützung haben und sicher sein möchten, dass Sie diese auch bekommen. Ist das so?"*

Sprache, die Verantwortung oder Wahlfreiheit leugnet

„Ich hatte keine Wahl. Ich war gezwungen, das zu machen, weil der Chef mich dazu angewiesen hatte!"
kann man so übersetzen, dass deutlich wird, wo die Verantwortung liegt und auf eine Weise, die es der anderen Partei leichter macht, es zu hören:
„Sind Sie nervös und möchten gerne Verständnis dafür, welcher Druck auf Ihnen lastete?"

Sprache, die auf ein „Richtig-oder-Falsch"-Denken zurückgeht

Der Mediator bemerkt Aussagen, die implizieren, dass der eine recht hat und der andere unrecht. Diese Ausdrücke übersetzt er in die Bedürfnisse, welche derjenige, der sagt, etwas sei falsch, durch seine Aussage zu erfüllen versucht.

„Es ist falsch, nicht an andere zu denken."
kann man in etwas übersetzen, das für den anderen leichter zu hören ist, z.B.: *„Sind Sie traurig über das, was geschehen ist, weil es Ihnen deutlich macht, wie wichtig gegenseitige Rücksichtnahme für Sie ist?"*

Schuldzuweisung

„Er hat mich so enttäuscht, als er unsere Vereinbarung brach."

Indem alle Gefühle, die jemand äußert, an dessen eigenen Bedürfnissen festgemacht werden (anstatt am anderen), wird das Risiko vermindert, dass jemand das Gesagte als Forderung, Drohung oder Schuldzuweisung auffasst. Wenn Menschen Forderungen hören, rebellieren sie entweder oder unterwerfen sich. Deshalb könnte die obige Aussage übersetzt werden in: *„Sind Sie enttäuscht, weil es Ihnen wichtig ist, dass Sie sich auf einmal getroffene Vereinbarungen verlassen können?"*

Denken Sie daran, dass es nicht darum geht, die Aufmerksamkeit auf eine bestimmte formelle Struktur oder Sprache zu richten, sondern um die Absicht, sich empathisch mit den Bedürfnissen der Parteien zu verbinden. Auch wenn der Mediator ein anderes Bedürfnis vermutet und ausdrückt, als das, worum es den Medianten geht, wird der Rateversuch und die Absicht des „Verstehen-Wollens" den Konfliktparteien helfen, einander auf Bedürfnisebene zu begegnen.

Übung: „Das Gesagte so übersetzen, dass es zur Verbindung beiträgt"

Die nachfolgenden Übungen sollen Ihnen dazu dienen, Ihre Fähigkeit zu trainieren, herausfordernde Botschaften schnell zu übersetzen.

Im **ersten Schritt** geht es darum, dass Sie als Mediator überhaupt bemerken, dass die Konfliktparteien etwas übereinander oder zueinander sagen, von dem Sie denken, dass es zum Nicht-Lösen-Können des Konfliktes mit beiträgt.

Im **nächsten Schritt** geht es darum, diese Äußerungen in Aussagen zu übersetzen, die eher dazu geeignet sind, zur Verbindung beizutragen. Die Übungen können schriftlich bearbeitet oder auch als Rollenspiele in Kleingruppen durchgeführt werden.

Teil 1: Übersetzen Sie, was für Sie als Mediator eine Herausforderung darstellen würde, wenn Sie es die Parteien einander sagen hörten

Schreiben Sie auf, was für Aussagen Sie in einer Mediation, in der Sie die dritte Partei sind, als herausfordernd erleben würden.

Einige Beispiele:

1. „Das kann sie uns einfach nicht antun!"
2. „Jetzt tust du, was ich sage!"
3. „Er muss lernen, nicht so ein Egoist zu sein!"

Füllen Sie die Leerstellen aus und finden Sie so Ihre eigenen Beispiele:

4. „Er/sie ist _____ (z.B. nicht normal, faul, nicht rücksichtsvoll genug)."
5. „Er/sie sollte _____ (Forderungen oder Erwartungen)."
6. „Wenn du/er/sie nicht _____, dann _____ (Drohung)."
7. „Es ist nicht richtig/es ist falsch, zu_____."
8. Ein anderer Beispielsatz: _____

Stellen Sie Vermutungen an, welche Gefühle und Bedürfnisse hinter jeder einzelnen Aussage stehen. Übersetzen Sie sowohl die vorgegebenen Beispiele als auch Ihre eigenen Sätze, indem Sie sich fragen:

„Was könnte jemand, der das sagt, fühlen?" *Vielleicht _____?*

„Welche Bedürfnisse könnte derjenige haben?" *Vielleicht _____?*

Beispiel:

Den ersten Satz: *„Das kann sie uns einfach nicht antun!"*
könnte man folgendermaßen übersetzen:
Gefühl: Vielleicht ist derjenige, der das sagt, unruhig oder hat Angst?
Bedürfnis: Vielleicht sehnt sich derjenige nach Mitgefühl und Verbindung?

Formulieren Sie anschließend für jeden der Sätze, was Ihrer Vermutung nach auf der Gefühls- und Bedürfnisebene in dem Menschen, der sie sagt, vorgeht.
Für: *„Das kann sie uns einfach nicht antun!"* könnte das so klingen:
„Ist es so, dass Sie mehr Verständnis dafür haben wollen, wie unruhig Sie sind und wie sehr Sie sich nach Mitgefühl dafür sehnen, wie es Ihnen selbst und den anderen in der Familie geht?"

Teil 2: Übersetzen Sie Äußerungen, die an Sie als Mediator gerichtet werden und die eine Herausforderung für Sie darstellen könnten

Schreiben Sie auf, was einer der Medianten während der Mediation direkt zu Ihnen als Mediator sagen könnte, das zu hören für Sie eine Herausforderung wäre.

Beispiel:

1. *„Ich werde ja wohl noch ausreden dürfen!"*
2. *„Das klingt, als wüssten Sie nicht, was Sie tun. Haben Sie so etwas schon einmal gemacht?"*
3. *„Das klingt, als hätten Sie sich schon entschieden, wer hierfür bestraft werden soll. Sie stehen auf ihrer Seite!"*

Schreiben Sie eigene Beispiele auf, mit denen umzugehen für Sie eine Herausforderung wäre:

4. „Sie sind _____ (Schubladendenken, Bewertungen, Analysen)."
5. „Sie müssen _____ (Forderungen oder Erwartungen)."
6. „Wenn Sie nicht _____, dann werde ich _____ (Drohung)."
7. „Es ist nicht richtig/es ist falsch, zu _____."
8. Ein anderer Beispielsatz: _____

Stellen Sie Vermutungen an, welche Gefühle und Bedürfnisse hinter jeder einzelnen der obigen Aussagen stehen. Übersetzen Sie sowohl die vorgegebenen Beispiele als auch Ihre eigenen Sätze, indem Sie sich fragen, was der Sprecher fühlen könnte:

Vielleicht fühlt er/sie sich _____?

Was meinen Sie, welche Bedürfnisse hinter dieser Aussage stehen?

Vielleicht braucht derjenige _____?

Beispiel:
1. *„Ich werde ja wohl noch ausreden dürfen!"*
Gefühl: Vielleicht ist derjenige, der das sagt, verärgert?
Bedürfnis: Vielleicht hat dieser Mensch ein Bedürfnis nach Respekt und Gehört werden?

Formulieren Sie anschließend für jeden der Sätze, wie Sie Ihre Vermutung dem Sprecher gegenüber ausdrücken würden. Welche Gefühle und Bedürfnisse vermuten Sie?
Den ersten beiden Beispielsätzen könnten Sie folgendermaßen empathisch begegnen:

1. „Verstehe ich Sie richtig, dass Sie sicher sein wollen, wirklich damit gehört zu werden, welch gravierende Auswirkungen diese Sache auf Ihr Leben hatte?"
2. „Sind Sie unsicher darüber, wie das hier laufen wird und wollen Sie wissen, ob ausreichend Unterstützung und Kenntnisse vorhanden sind, bevor Sie sich darauf einlassen?"
3. _____
4. _____
5. _____
6. _____
7. _____
8. _____

Reflexion – Was habe ich aus diesen Übungen gelernt?

Nehmen Sie sich etwas Zeit, darüber nachzudenken, was Sie über das Thema „schwierige Botschaften hören, übersetzen und wiedergeben" gelernt haben. Möglicherweise wollen Sie an dieser Stelle die dazugehörige Theorie wiederholen, um Ihre Kenntnisse noch besser zu verankern.

Was haben Sie aus Teil 1 gelernt?

Und aus Teil 2?

Was wollen Sie noch lernen? Was wollen Sie noch intensiver üben?

Übung: „Jemanden am Ohr ziehen" (1)[41]

Gruppenübung/Rollenspiel

Diese Übung eignet sich besonders, um gemeinsam mit anderen, idealerweise in Gruppen von mindestens drei Personen, zu üben. So haben Sie Gelegenheit, sich mit den Worten auszudrücken, die sich für Sie passend anfühlen. Zusätzlich erhalten Sie ein Feedback, wie derjenige, den Sie „am Ohr ziehen", es erlebt. (Sollten Sie keine Gruppe zum Üben haben, können Sie die schriftliche Übung auf S. 143 bearbeiten.)

Die Rollen

Person A – berichtet, wie der Konflikt sich auf ihn/sie auswirkt.
Person B – der andere, der bisher noch nichts gesagt hat.
Mediator – derjenige, der Person B „am Ohr zieht". Der Mediator hilft Person B zu hören, was Person A sagt, indem er B bittet wiederzugeben, welche Bedürfnisse sie A hat ausdrücken hören. Wenn das nicht auf Anhieb klappt, versucht es der Mediator noch einmal, mit einer etwas anderen Herangehensweise.

Wenn Sie zu zweit sind, stellen Sie sich einfach vor, dass es eine Person A gibt. Einer von Ihnen übernimmt dann die Rolle der Person B und der andere die des Mediators. Wenn Sie mehr als drei Personen sind, kann es hilfreich sein, einen oder zwei Beobachter zu haben, die wertvolles Feedback geben können.

Um in Gang zu kommen und um einen Vorgeschmack darauf zu bekommen, in welchen Situationen diese Intervention hilfreich sein kann, können Sie mit einem Dialog aus der schriftlichen Übung „Jemanden am Ohr zu ziehen" (Seite 143) beginnen.

Beginnen Sie damit, dass Person A etwas sagt und der Mediator versucht, die zugrunde liegenden Bedürfnisse zu hören. Anschließend bittet er Person B, wiederzugeben, welche Bedürfnisse sie bei A gehört hat.

Denken Sie daran: Selbst wenn eine Seite den Eindruck hat, von Ihnen gehört zu werden, ist es unabdingbar, dass A und B sich auch gegenseitig hören. Schließlich geht es darum, dass beide sich vom jeweils anderen gehört fühlen und die Wirklichkeit des anderen wahrnehmen.

Sie können z.B. fragen: *„Sind Sie bereit, mit eigenen Worten wiederzugeben, was Sie gehört haben, das die andere Person braucht?"*

Was können Sie sagen, wenn Person B ...

1. keine Bedürfnisse wiedergibt, sondern die Kritik ausdrückt, die bei ihr angekommen ist?
2. andere Bedürfnisse wiedergibt als die, welche Person A ausgedrückt hat?
3. anfängt, über sich selbst und ihre eigenen Bedürfnisse zu sprechen?
4. etwas sagt oder tut, was Ihnen Angst macht (z.B. einfach zu schweigen oder zu drohen), sei es, weil Sie so etwas schon einmal erlebt haben, oder weil Sie befürchten, es einmal zu erleben?

---

41 Anm.d.Ü.: Ein von Marshall Rosenberg geprägtes Bild dafür, wenn z.B. ein Mediator jemanden eindrücklich bittet, die von seinem Gegenüber ausgedrückten Bedürfnisse wiederzugeben (s. auch Kapitel 6.2).

Übung: „Jemanden am Ohr ziehen" (2)

Schriftliche Übung

Wenn Sie alleine sind und üben wollen, jemanden zu bitten, Gehörtes wiederzugeben, können Sie ein entsprechendes Gespräch aufschreiben. Sie können von den nachfolgenden Beispielen ausgehen oder auch eigene Dialoge verfassen, in denen der Mediator soeben die Bedürfnisse wiedergegeben hat, die bei Person A nicht erfüllt waren und B gebeten hat, sie mit eigenen Worten, an A gerichtet, wiederzugeben.

Situation 1

Mediator (an Person A gerichtet): *„Ich habe verstanden, dass Sie mehr Gemeinschaft wollen, als Sie das bisher hatten. Haben Sie das so gemeint?"*
Person A: *„Ja, genau"*
Mediator (an Person B gerichtet): *„Ich habe gehört, dass Person A sich sehr nach Gemeinschaft sehnt. Nun hätte ich gerne, dass Sie sagen, was bei Ihnen angekommen ist, was sie braucht, damit sie die Bestätigung bekommt, dass ihre Bedürfnisse wirklich, voll und ganz gehört worden sind. In Ordnung?"*
Person B (bemüht sich, gibt jedoch mehr die Kritik wieder, die bei ihr angekommen ist, als die Bedürfnisse, die Person A ausgedrückt hat): *„Du findest, dass ich mehr Zeit zu Hause verbringen und nicht alleine weggehen sollte."*

Schreiben Sie nun auf, was der **Mediator** sagen könnte, um Person B weiterhin zu motivieren, die von Person A genannten Gefühle und Bedürfnisse wiederzugeben.

_____
_____
_____

Situation 2

Mediator (an Person A gerichtet): *„Ich habe es so verstanden, dass Sie mehr Gemeinschaft in Ihrer Beziehung wollen. Ist es das, was Ihnen jetzt gerade am wichtigsten ist?"*
Person A: *„Ja, genau."*
Mediator (an Person B gerichtet): *„Ich habe gehört, dass Person A sich sehr nach Gemeinschaft sehnt. Nun hätte ich gerne, dass Sie A mit eigenen Worten sagen, welche Bedürfnisse Sie gehört haben, die sie in Ihrer Beziehung stärker erfüllt haben will. Okay?"*
Person B gibt Bedürfnisse wieder, aber andere Bedürfnisse als die, welche Person A ausgedrückt hatte: *„Du bist frustriert, weil dir der Sinn in deinem Leben fehlt."*

Schreiben Sie nun auf, was der **Mediator** sagen könnte, um Person B weiterhin zu motivieren, die von Person A genannten Gefühle und Bedürfnisse wiederzugeben.

_____
_____
_____

Situation 3

Beginnen Sie wie in den vorhergehenden Beispielen. Dieses Mal üben Sie jedoch, Person B „am Ohr zu ziehen", wenn sie über sich selbst und ihre Bedürfnisse spricht, anstatt die von A genannten Bedürfnisse wiederzugeben. Setzen Sie den Dialog so lange fort, bis Person B die Bedürfnisse wiederholt hat.

Person B könnte beispielsweise sagen: *„Ja, aber das fühlt sich ja wie ein Gefängnis im eigenen Zuhause an. Ich will mich frei fühlen!"*

Situation 4

Machen Sie dasselbe wie in den vorausgegangenen Übungen. Sie ziehen Person B am Ohr, wenn sie etwas anders macht, als die von A genannten Bedürfnisse wiederzugeben. Setzen Sie den Dialog so lange fort, bis Person B die Bedürfnisse wiederholt hat.

Übung: „Unterbrechen" (1)

Gruppenübung/Rollenspiel

Falls Sie bei den vorausgegangenen Übungen gemerkt haben, dass jemanden zu unterbrechen für Sie eine Herausforderung darstellt, mögen Sie vielleicht einmal näher erforschen, was es Ihnen erleichtern würde, Medianten zu unterbrechen.

Diese Übung eignet sich besonders, um gemeinsam mit anderen, idealerweise in Gruppen von mindestens drei Personen, zu üben. Jeder Übende bekommt Gelegenheit, das Unterbrechen als Mediator mit den Worten auszuprobieren, die für ihn passen. Außerdem erhält er eine Rückmeldung darüber, wie der Unterbrochene die Unterbrechung erlebt.

Sie können diese Übung auch alleine durchführen, indem Sie den Dialog aufschreiben (s. schriftliche Übung auf S. 147).

Die Rollen

Person A – berichtet, wie der Konflikt sich auf sie auswirkt.
Person B – der andere, der bisher noch nichts gesagt hat.
Mediator – unterbricht, um den Dialog aufrechtzuerhalten.

Falls Sie nur zu zweit sind, stellen Sie sich einfach vor, da wäre eine Person A. Einer von Ihnen übernimmt die Rolle von Person B und der andere die des Mediators. Sollten Sie mehr als drei Personen sein, haben Sie den Vorteil, dass ein oder zwei Beobachter rückmelden können, wie das Ganze von anderen erlebt wird. Nehmen Sie sich ruhig etwas Zeit. Überlegen Sie sich im Vorfeld unterschiedliche Möglichkeiten zu unterbrechen und probieren Sie sie anschließend im Rollenspiel aus.

Beispiele für Übungssituationen:

Person A spricht und der Mediator hört zu. Währenddessen beginnt plötzlich Person B zu reden.

Wählen Sie für jeden Durchgang ein neues Übungsbeispiel. Sie können eigene Beispiele entwickeln oder die nachfolgenden Anregungen aufnehmen. Zum Beispiel kann es passieren, dass Person B ...
⇢ empört und wütend ist, vielleicht droht oder etwas fordert.
⇢ argumentiert und beweisen will, dass sie recht hat.
⇢ die Schuld auf sich nimmt oder sich schämt und um Vergebung bittet.

Beginnt Person B zu reden, unterbricht sie der Mediator und richtet seine Aufmerksamkeit erneut auf Person A. Experimentieren Sie mit verschiedenen Ablaufvarianten und wechseln Sie die Rollen, damit alle Gelegenheit bekommen, auszuprobieren, wie es sich jeweils anfühlt. Je nach Intensität des Gespräches kann der Mediator sehr nachdrücklich unterbrechen und seine Worte noch durch Körpersprache unterstreichen.

Wenn Sie in der Rolle des Mediators sind, muss Ihnen klar sein, dass Sie mit der Unterbrechung den Dialog *schützen* wollen und dass es Ihnen nicht darum geht, jemanden zu bestrafen oder zu beschuldigen. Wenn Ihnen das selbst bewusst ist, wird derjenige, den Sie unterbrechen, in der Regel auch verstehen, dass es Ihnen darum geht, zur Verbindung zwischen beiden Seiten beizutragen.

Sie können das z.B. folgendermaßen ausdrücken: *„Ich kann nur einem von Ihnen beiden gleichzeitig zuhören und möchte zu Ende anhören, was Person A zu sagen hat, bevor ich zu Ihnen komme. Ist das in Ordnung für Sie?"*

Oder: *„STOPP! Ich will erst alles anhören, was Person A zu sagen hat, bevor wir zu Ihnen kommen! Okay?"*

Wenn Sie jemanden unterbrechen, dann tun Sie es nicht, um ihn zum Schweigen zu bringen, sondern um den Informationsfluss zwischen den Beteiligten zu sichern. Diesen wesentlichen Unterschied wird auch der Unterbrochene oft selbst bemerken (am Tonfall, an der Mimik, Gestik etc.).

Hier haben Sie es mit einer Übungssituation zu tun, nicht mit dem Ernstfall einer richtigen Mediation. Nutzen Sie deshalb die Gunst der Stunde und probieren Sie verschiedene Varianten dieser Intervention aus.

Übung: „Unterbrechen" (2)

Schriftliche Übung

Wenn Sie alleine üben wollen, können Sie dies schriftlich tun. Schreiben Sie jeweils auf, was der Mediator sagen könnte. Hierfür können Sie auf die nachfolgenden Beispieldialoge zurückgreifen oder auch eigene Dialoge verfassen, bei denen Person A und Person B etwas zueinander sagen, bevor der Mediator unterbricht.

Situation 1

Person A: *„Dir kann man einfach nicht vertrauen. Menschen wie du sollten ..."*
Person B (beginnt mit Sarkasmus in der Stimme zu sprechen, während Person A immer noch spricht): *„Du bist ja auch immer so zuverlässig! Wie war das denn letztes Jahr mit ...?"*

Schreiben Sie auf, was der Mediator sagen könnte, um Person B zu unterbrechen und die Aufmerksamkeit wieder auf Person A zurückzulenken, auf das was sie auszudrücken versucht.

Situation 2

Person A: *„Er wird dennoch nie verstehen, wie das für mich gewesen ist. Er ist ein Egoist und interessiert sich bloß für ..."*
Person B (beginnt sprechen, während Person A immer noch spricht): *„Ich habe es so satt, deine Analysen darüber zu hören, wie ich bin. Du klingst wie ein Opfer und glaubst wohl, du bist die einzige, die ..."*

Schreiben Sie auf, was der Mediator sagt, um Person B respektvoll zu unterbrechen und die Aufmerksamkeit wieder auf das zurückzulenken, was Person A auszudrücken versucht.

Situation 3 (eigenes Beispiel)

Person A: _____
Person B (beginnt zu sprechen,
während Person A immer noch spricht): _____

Schreiben Sie auf, was der Mediator sagen kann, um Person B respektvoll zu unterbrechen und die Aufmerksamkeit wieder dahin zurückzulenken, was Person A auszudrücken versuchte.

Übung: „Unterbrechen und Erste-Hilfe-Empathie geben" (1)

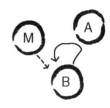

„Menschen sind oft so sehr mit ihrem eigenen Schmerz beschäftigt, dass dieser im Weg steht, wenn man hören will, was andere sagen."
— Marshall Rosenberg[42]

Gruppenübung/Rollenspiel

Wenn Person B innerhalb kurzer Zeit mehrmals zu sprechen beginnt, während Person A noch spricht, kann es notwendig sein, Person B (die man als Mediator unterbrochen hat) empathisch zuzuhören.

Diese Übung eignet sich besonders für Dreiergruppen. Sie haben Gelegenheit, Worte und Ausdrucksweisen zu finden, die sich passend anfühlen und bekommen eine Rückmeldung, wie das Gesagte vom Unterbrochenen erlebt wird.

Die Rollen

Person A – berichtet, wie der Konflikt sich auf sie auswirkt.
Person B – der andere, der bisher noch nichts gesagt hat.
Mediator – derjenige, der unterbricht und Erste-Hilfe-Empathie gibt.

Wenn Sie zu zweit sind, stellen Sie sich einfach vor, dass es eine Person A gibt. Einer von Ihnen übernimmt die Rolle von Person B und der andere die des Mediators. Sollten Sie mehr als drei Personen sein, können die anderen Personen zusätzlich beobachten und Feedback geben.

Bevor Sie mit dem Rollenspiel beginnen, nehmen Sie sich etwas Zeit und überlegen Sie sich verschiedene Formen des Unterbrechens, die Sie ausprobieren möchten. Sie können sich auch von den Beispielen der schriftlichen Übung (s. Seite 150) inspirieren lassen.

Die Situation

Person A äußert sich. Der Mediator hört ihr aufmerksam zu, als Person B plötzlich etwas sagt.

Legen Sie vorher fest, was Sie üben wollen. Person B könnte z.B.
- empört und wütend sein.
- beweisen und bekräftigen, dass sie die richtigen Argumente hat.
- die Schuld auf sich nehmen und den anderen um Vergebung bitten.

Für Ihre Übung notieren Sie einige eigene Beispiele für das, was Person B macht oder sagt.

Wenn Person B zu sprechen beginnt, unterbricht sie der Mediator, gibt Erste-Hilfe-Empathie und geht mit der Aufmerksamkeit zu Person A zurück.

Nutzen Sie die Chance, möglichst viel zu lernen, indem Sie viele unterschiedliche Arten des Unterbrechens ausprobieren.

Machen Sie sich klar, dass eine solche Situation sehr angespannt sein und dass es sehr laut zugehen kann. Entsprechend nachdrücklich kann auch der Mediator unterbrechen. Wie schon in den vorherigen Übungen ist es auch hier wichtig, sich bewusst zu sein, dass der Mediator zum Wohle

---

42 Rosenberg, Marshall (2007), Das können wir klären! Junfermann.

des Dialoges unterbricht und nicht, um jemanden zu bestrafen oder zum Schweigen zu bringen. Diese Einstellung macht es auch leichter, eine Vermutung darüber anzustellen, was in Person B vorgehen könnte.

Achten Sie bei dieser Übung auf einen angemessenen Schwierigkeitsgrad, sodass alle Beteiligten das Maximum für sich lernen können. Machen Sie es einander weder zu schwer noch zu leicht.

Übung: „Unterbrechen und Erste-Hilfe-Empathie geben" (2)

Schriftliche Übung

Wenn Sie für sich üben wollen, schreiben Sie in verschiedenen Dialogvarianten auf. Überlegen Sie sich, wie es klingen mag, wenn Sie als Mediator einerseits unterbrechen und andererseits Erste-Hilfe-Empathie geben. Üben Sie anhand der nachfolgenden Dialoge oder finden Sie eigene Beispiele für Situationen, in denen es beiden Medianten gelingt, etwas zu sagen, bevor Sie unterbrechen.

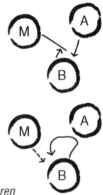

Situation 1

Person A: *„Es könnte ganz anders sein, wenn du nur einmal an jemand anderen als dich selbst denken würdest. Aber du siehst ja nicht weiter als deine eigene Nase reicht. Immer geht es nur um dich und deine ..."*

Person B (beginnt plötzlich zu widersprechen, während Person A noch redet): *„Ich denke überhaupt nur an dich, aber du bist ja nie zufrieden. Es spielt also keine ..."*

Schreiben Sie nun auf, was der Mediator sagt. Er unterbricht sowohl Person A als auch B und lenkt die Aufmerksamkeit wieder auf das zurück, was Person A auszudrücken versucht. Er könnte z.B. sagen:

Mediator: *„Ich vermute, dass Sie gerade richtig verärgert sind und sicher sein wollen, gehört zu werden* (kurze Pause). *Ich will A noch eine Zeit lang zuhören, um zu verstehen, welche Bedürfnisse sie auszudrücken versucht. Danach höre ich gerne Ihnen zu. In Ordnung?"*

Situation 2

Person A: *„Du musst einfach verstehen, dass du so nicht weitermachen kannst! Das ist ja völlig ..."*

Person B (während Person A noch redet, fällt sie völlig aufgebracht und ärgerlich ein): *„Ich habe deine idiotischen Ratschläge so satt. Du kannst **vergessen**, dass ich ..."*

Schreiben Sie auf, was der Mediator sagt. Er unterbricht und lenkt die Aufmerksamkeit wieder auf das zurück, was Person A auszudrücken versucht.

Situation 3 (eigenes Beispiel)

Entscheiden Sie, womit Sie Person A und Person B antworten:
Person B fängt plötzlich zu reden an, während Person A noch spricht.

Schreiben Sie auf, was der Mediator sagt. Er unterbricht und lenkt die Aufmerksamkeit wieder auf das zurück, was Person A auszudrücken versucht.

Reflexion zur Übung

„Was habe ich gelernt?" Nehmen Sie sich etwas Zeit, um darüber nachzudenken, was Sie aus den vorigen Übungen gelernt haben. Vielleicht möchten Sie den Textabschnitt zum Thema „Unterbrechen" in Kapitel 6 noch einmal lesen, um Ihre Kenntnisse weiter zu vertiefen. Überlegen Sie auch, was Ihnen beim Unterbrechen am schwersten fällt und was Sie noch weiter üben wollen. Was können Sie tun, um dazuzulernen, welche Übungssituationen können Sie schaffen und nutzen? (Sollten Sie feststellen, dass das Unterbrechen nach wie vor eine Herausforderung für Sie ist, kann die nun folgende, Vertiefungsübung „Unterbrechen" nützlich sein.)

Vertiefungsübung: „Unterbrechen"

Schriftliche Übung

Dies ist eine schriftliche Selbstreflexionsübung, die in erster Linie dazu dient, herauszufinden, was Sie hindert, jemanden zu unterbrechen, selbst wenn es konstruktiv wäre, das zu tun. Nehmen Sie sich Zeit für Ihre Antworten, damit Sie langsam aber sicher erkennen, welche Ihrer Bedürfnisse in solchen Situationen angesprochen sein könnten.

Sie brauchen keine konkrete Situationen aus einer Mediation auszuwählen. Wichtig ist, dass Sie Verbindung mit dem aufnehmen, was in Ihnen vorgeht, wenn Sie jemanden unterbrechen oder wenn jemand Sie unterbricht. Das betrifft alle nun folgenden Fragen, außer der letzten, bei der es darum geht, welche Auswirkungen ein Unterbrechen auf das Mediationsgespräch haben kann.

Wenn Sie sich inspirieren lassen wollen, finden Sie am Ende des Buches Antwortbeispiele (s. Seite 265) von jemandem, der diese Übung gemacht hat.

1a. Denken Sie an eine Situation, in der Sie gerne unterbrechen möchten, es jedoch als schwirig und als Herausforderung erleben. Wie ist es für Sie, jemanden zu unterbrechen? Wie fühlen Sie sich bei dem Gedanken daran, das zu tun?

_____

_____

b. Was meinen Sie: Welche Ihrer Bedürfnisse würde das nicht erfüllen?

_____

_____

c. Welche Ihrer Bedürfnisse könnten dadurch erfüllt werden?

_____

_____

d. Wenn Sie sich in die Lage des anderen versetzen, wie glauben Sie, würde dieser Mensch sich fühlen, wenn Sie ihn unterbrächen? Und welche Bedürfnisse, meinen Sie, würden durch das Unterbrochen-Werden für diesen Menschen erfüllt bzw. nicht erfüllt?

_____

_____

e. Gibt es etwas an Ihrer Art zu unterbrechen, das Sie ändern könnten? Etwas, das in der vorigen Situation einen Unterschied machen würde? Was könnten Sie anders machen, damit das Unterbrechen für beide Seiten angenehmer wird?

_____

_____

2a. Erinnern Sie sich an eine Situation, in der jemand zu reden anfing, während Sie selbst noch sprachen – eine Situation, in der Ihnen das unangenehm war. Wie fühlten Sie sich?

_____

_____

b. Welche Ihrer Bedürfnisse wurden nicht erfüllt?

_____

_____

c. Welche Ihrer Bedürfnisse wurden erfüllt?

_____

_____

d. Wenn Sie versuchen, sich in die Lage des anderen zu versetzen: Welche seiner Bedürfnisse, meinen Sie, wurden durch Ihr Unterbrechen (nicht) erfüllt?

_____

_____

3. Stellen Sie sich eine Situation im Rahmen einer Mediation vor, in der Sie jemanden unterbrechen, weil Sie sicher sein wollen, dass die andere Seite gehört wird, bevor Sie sich mit Ihrer Aufmerksamkeit der anderen Person zuwenden. Der Unterbrochene reagiert auf eine für Sie herausfordernde Weise. Was könnte Ihnen helfen, die Verbindung zu jemandem, der so reagiert, zu halten oder wiederherzustellen?

_____

_____

4. Um weitere unbewusste Urteile herauszufinden, die sich auf Ihre Fähigkeit auswirken zu unterbrechen, selbst wenn es konstruktiv wäre, können Sie folgende Fragen beantworten:

a. Vervollständigen Sie ganz spontan die folgenden Sätze:
⇢ Jemand, der unterbricht, ist ...
⇢ Wenn ich unterbreche, bin ich genauso ... wie ...
⇢ Unterbrechen ist ...
⇢ Menschen, die andere unterbrechen, sollten ...
⇢ Wenn sie mich noch einmal unterbricht, dann ...
⇢ Wenn ich unterbreche, muss ich ...

b. Welche Gefühle und Bedürfnisse stehen hinter jeder einzelnen dieser Aussagen?

_____

_____

5. Was haben Sie ganz allgemein aus dieser Übung gelernt? Was können Sie sonst noch tun, um besser und effektiver zu unterbrechen?

_____

_____

Übung: „Selbsteinfühlung während einer Mediation"

Teil 1: Wenn Sie sich selbst und Ihre Fähigkeit zu mediieren bewerten

Der Umgang mit eigenen Gedanken während einer Mediation kann eine Herausforderung darstellen. Sicher möchten Sie gerne Selbstkritik, Forderungen, Erwartungen und Interpretationen schnell loslassen können, um sich wieder auf die Parteien und die Mediation zu konzentrieren.

Beispiele für Selbstkritik:
1. *Das kriege ich nie hin!*
2. *Das wird nicht funktionieren, ich müsste die Fähigkeit haben, wortgewandter, erfahrener, geschickter, einfallsreicher zu sein (Analysieren meiner eigenen Fähigkeiten).*
3. *Das wird total schief gehen! Ich muss versuchen, mir eine schlaue Lösung auszudenken, bevor es zu spät ist.*

Schreiben Sie eigene Beurteilungen, Interpretationen, Vergleiche etc. auf:

4. *Ich bin* _____ (Beurteilungen, Interpretationen, Vergleiche, Analysen).
5. *Ich muss* _____ (Erwartungen und Forderungen).
6. *Wenn ich nicht* _____ (Drohungen)!
7. Sonstige: _____

Übersetzen Sie jede einzelne der obigen Aussagen in Gefühle und Bedürfnisse.

1. *Das kriege ich nie hin!*

    Welche Gefühle stehen hinter dieser Aussage? _____

    Welche Bedürfnisse? _____

    Gefühle: Vielleicht Nervosität oder Besorgnis?
    Bedürfnisse: Vielleicht Zuversicht, Zutrauen oder der Wunsch, etwas beizutragen?

2. *Das wird nicht funktionieren, ich müsste die Fähigkeit haben, ... zu sein (Analyse meiner Fähigkeiten).*

    Gefühle? _____

    Bedürfnisse? _____

3. *Das wird total schief gehen! Ich muss versuchen, mir eine schlaue Lösung auszudenken, bevor es zu spät ist.*

    Gefühle? _____

    Bedürfnisse? _____

4. *Ich bin* _____.
   Gefühle? _____
   Bedürfnisse? _____

5. *Ich muss* _____.
   Gefühle? _____
   Bedürfnisse? _____

6. *Wenn ich nicht* _____.
   Gefühle? _____
   Bedürfnisse? _____

7. *Sonstige:* _____
   Gefühle? _____
   Bedürfnisse? _____

Formulieren Sie nun für sich aus, wie Sie mithilfe dieser Gefühle und Bedürfnisse einfühlsam mit sich selbst reden würden. Nehmen Sie sich etwas Zeit, um Ihre empathischen Vermutungen auf sich wirken zu lassen. Es geht Ihnen um Verbindung, was nicht zwangsläufig heißen muss, dass Sie vollkommen richtig raten. Wenn es Ihnen während einer Mediation gelingt, mit sich selbst in Kontakt zu sein, können Sie auch dann weitermachen, wenn es herausfordernd oder schwierig wird.

Beispiel 1:

„Das kriege ich nie hin!"
Meine eigene empathische Vermutung/Selbsteinfühlung: *„Fühle ich mich nervös und besorgt? Sind es meine Bedürfnisse, einen echten Beitrag leisten zu können und Vertrauen in meine Fähigkeiten zu haben, die hier auf sich aufmerksam machen?"*

Teil 2: Wenn Sie die Medianten auf eine Weise beurteilen, die Ihnen das Vermitteln erschwert

In Situationen, in denen Sie starke Urteile über eine oder beide Parteien bei sich bemerken, kann es von großem Wert sein, wenn Sie sich selbst empathisch zuhören können. Wenn Sie nämlich Ihren eigenen Urteilen mit Empathie begegnen können, ist es in der Regel leichter, sie anzunehmen und nicht weiter von ihnen gestört zu werden. Es wird Sie wesentlich weniger Energie kosten, wenn Sie Ihre Urteile und eventuell auftauchende Selbstkritik, dass Sie Urteile haben, schnell in unerfüllte Bedürfnisse übersetzen. Dann können Sie mit Ihrer Aufmerksamkeit leichter bei dem bleiben, von dem Sie annehmen, dass es zu einer befriedigenden Mediation beiträgt.

Beispiele für Urteile, Interpretationen etc. über die beteiligten Parteien:
1. „So wie die sich benehmen ist es ja kein Wunder, dass sie sich nicht einigen können."
2. „Jetzt muss aber mal Schluss sein. Hören die eigentlich selbst nicht, wie sie klingen?"
3. „Diese Menschen sind doch hoffnungslose Fälle."
4. „Jetzt wird sie gleich wütend auf mich werden, wenn ich sie wieder unterbreche."

Notieren Sie eigene Urteile, Interpretationen, Vergleiche etc.:
5. *Sie ist/er ist/sie sind* _____ *(Etikettierungen, gedankliche Schubladen, Urteile, Analysen).*
6. *Sie sollte/er sollte/sie sollten* _____ *(Erwartungen und Forderungen).*
7. *Wenn er/sie/sie nicht* _____, *dann* _____*(Drohung)!*
8. *Sonstige*_____

Übersetzen Sie jede einzelne der obigen Aussagen in Gefühle und Bedürfnisse.
Beispiel:

1. „So, wie die sich benehmen, ist es ja kein Wunder, dass sie sich nicht einigen können."
   Welche Gefühle stehen hinter dieser Aussage? _____
   Welche Bedürfnisse? _____
   Gefühle: „Fühle ich mich verärgert und ohnmächtig?
   Bedürfnisse: „Vielleicht brauche ich die Hoffnung, dass Menschen Wege finden können, einander zu begegnen?"

   Atmen Sie tief durch und lassen Sie jede Ihrer empathischen Vermutungen auf sich wirken. Selbst wenn diese nicht vollkommen stimmen, kann die Entscheidung zur Selbstempathie sich entscheidend auf Ihre Fähigkeit auswirken, präsent zu sein. Wenn Sie Kontakt mit dem aufnehmen, was Ihnen wichtig ist, wird es Ihnen auch leichter fallen, Ihre Urteile über die Medianten loszulassen. Das wiederum wird Ihnen helfen, mit der Mediation weiterzumachen.

2. „Jetzt muss aber mal Schluss sein. Hören die eigentlich selbst nicht, wie sie klingen?"
   Gefühle?_____
   Bedürfnisse?_____

3. „Diese Menschen sind doch hoffnungslose Fälle."
   Gefühle?_____
   Bedürfnisse? _____

4. „Jetzt wird sie gleich wütend auf mich werden, wenn ich sie wieder unterbreche."
   Gefühle?_____
   Bedürfnisse? _____

5. S*ie ist/er ist/sie sind* _____ *(Etikettierungen, gedankliche Schubladen, Urteile, Analysen).*
   Gefühle?_____
   Bedürfnisse? _____

6. *Sie sollte/er sollte/sie sollten* _____ *(Erwartungen und Forderungen).*
   Gefühle?_____
   Bedürfnisse? _____

7. *Wenn er/sie/sie nicht* _____, *dann* _____ *(Drohung)!*
   Gefühle?_____
   Bedürfnisse? _____

8. Sonstige_____
   Gefühle?_____
   Bedürfnisse? _____

Formulieren Sie nun aus, wie Sie mithilfe dieser Gefühle und Bedürfnisse einfühlsam mit sich selbst reden würden. Nehmen Sie sich etwas Zeit, um Ihre empathischen Vermutungen auf sich wirken zu lassen, sodass sie Ihnen helfen können, die Verbindung mit sich selbst zu vertiefen. Sollte Ihnen auffallen, dass bestimmte Urteile in Mediationen immer wieder auftauchen, beobachten Sie, in welchen Situationen das geschieht, damit Sie diese schneller bemerken und umwandeln können. Was sagen oder tun die Medianten oder Sie selbst in dem Moment, wenn diese Gedanken ausgelöst werden?

Reflexion zur Übung

Nehmen Sie sich etwas Zeit, darüber nachzudenken, was Sie aus diesen Übungen über Selbsteinfühlung gelernt haben.

Was haben Sie aus Teil 1 gelernt? Und was aus Teil 2? Möglicherweise wollen Sie an dieser Stelle die zugehörige Theorie wiederholen, um Ihre Kenntnisse noch besser zu verankern.

Übung: „Aufspüren, wessen Bedürfnisse ‚auf dem Tisch' sind"

Während einer Mediation kann der Dialog manchmal „an Fahrt gewinnen", durch Einwürfe von verschiedenen Seiten, durch den Ausdruck starker Gefühle und durch neue Hinweise oder Themen, die auftauchen, ehe man sich um die alten gekümmert hat. Deshalb ist es wichtig, herausfinden zu können, wessen Bedürfnisse gerade „auf dem Tisch sind", um sich dann möglichst auch mit diesen zu befassen. Für das Einüben dieses „Spürsinns" kann jede beliebige Gruppensituation dienen, z.B. eine Gruppe, in der Sie selbst Mitglied sind. Es kann aber auch ein Gespräch bei der Arbeit oder in der Familie sein oder sogar eine Situation aus einer Fernsehserie, einem Film oder Ähnlichem. Da in einer Mediation oft mehrere Dinge gleichzeitig geschehen, müssen Sie als Mediator sehr aufmerksam sein. Nehmen Sie deshalb jede Chance zu üben wahr, denn in der Praxis wird Ihnen diese Fähigkeit sehr zugute kommen.

Wählen Sie eine Übungs-Situation aus und legen Sie eventuell fest, wie viel Zeit Sie für diese Übung verwenden wollen. Schreiben Sie Ihre Antworten ruhig auf, denn so werden die Ergebnisse dieser Übung noch deutlicher.

Fragen Sie sich immer wieder:

1a. Wessen Bedürfnisse sind gerade auf dem Tisch? Welche Bedürfnisse?

1b. Wessen Bedürfnisse sind gerade auf dem Tisch? Welche Bedürfnisse?

1c. Wessen Bedürfnisse sind gerade auf dem Tisch? Welche Bedürfnisse?

2a. Welche Bedürfnisse haben bereits Beachtung gefunden?
Aus welcher Beobachtung schließen Sie das?

2b. Welche Bedürfnisse haben bereits Beachtung gefunden?
Aus welcher Beobachtung schließen Sie das?

2c. Welche Bedürfnisse haben bereits Beachtung gefunden?
Aus welcher Beobachtung schließen Sie das?

Reflexion zur Übung

Sie haben nun versucht nachzuvollziehen, wie mit Bedürfnissen umgegangen wird. Und Sie haben gelernt, diese „Fülle" an Bedürfnissen wahrzunehmen. Nehmen Sie sich zum Schluss etwas Zeit, um darüber nachzudenken und auch um aufzuschreiben, was genau Sie daraus gelernt haben. Überlegen Sie z.B., was zu den Gefühlen geführt hat, die Sie währenddessen hatten. Vielleicht fühlten Sie sich verwirrt, ärgerlich, froh, gelangweilt oder ruhig. Es kann für Sie wichtig sein, mit den Bedürfnissen, auf die diese Gefühle hinweisen, Kontakt aufzunehmen, denn diese Bedürfnisse können auch in zukünftigen Mediationen zum Tragen kommen.

Übung:
„Informelle Mediation – Mediation in Zeitlupe"

In den bisherigen Übungen konnten Sie bereits verschiedene Werkzeuge ausprobieren, die beim Mediieren zum Einsatz kommen können. Vielleicht ist Ihnen jedoch noch nicht ganz klar, wie eine Mediation abläuft oder Ihnen fehlt noch der Mut, das Vermitteln in einer Echtsituation auszuprobieren. In diesem Fall kann die folgende Übung der nächste Schritt sein.

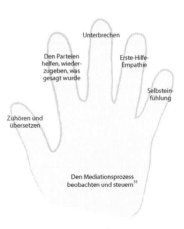

Sie können die Übung entweder alleine oder in einer Gruppe durchführen. Möglicherweise wird sie keine vollständige Mediation widerspiegeln, da eine solche mehr Zeit in Anspruch nehmen kann, als Sie oder die Gruppe gerade zur Verfügung haben.

Wenn Sie die Übung in einer Gruppe ausprobieren, haben Sie die Gelegenheit, sich Äußerungen, die von den Parteien im Verlauf einer Mediation kommen könnten, *in ruhigem Tempo* anzuhören und sich darin zu üben, mit diesen umzugehen. Außerdem können Sie erforschen, wie ein Gesprächsverlauf sich ändern kann, je nachdem, wie auf Menschen eingegangen wird.

Jemand aus der Gruppe kann Person A spielen, jemand anderes Person B, die übrigen Personen übernehmen die Rolle des Mediators. Sich wirklich auf diese Rollen einzulassen, kann es leichter machen, sich in das hineinzuversetzen, was die verschiedenen Parteien sagen könnten.

Wählen Sie eine Situation, in der der Mediator nicht gebeten wird zu vermitteln, sondern es von sich aus tut, weil er denkt, dass er so einen Beitrag leisten kann. Es kann ein Konflikt in der Familie sein oder am Arbeitsplatz oder auch zwischen Menschen, die unterschiedliche Ansichten zum Thema Zusammenarbeit, Kindererziehung, Religion, Politik oder Umwelt etc. haben. Die Situation kann frei erfunden sein oder einen realen Hintergrund haben.

Machen Sie klar, wer die beiden Parteien sind. Wenn Sie zu mehreren üben, kann es vorteilhaft sein, ein Flipchart oder ein großes Blatt Papier zur Hand zu haben, um den Dialog aufzuschreiben. Nutzen Sie ruhig die Tabelle „Mediation in fünf Schritten" sowie „Merkzettel für den Mediator" aus Kapitel 8.

1. Schreiben Sie auf, was Person A sagt.

_____

_____

2. Schreiben Sie auf, was der Mediator darauf antworten könnte.

_____

_____

3. Schreiben Sie auf, was anschließend geschieht; sowohl A oder B könnten etwas sagen.

_____

_____

4. Schreiben Sie auf, wie der Mediator auf das, was gesagt wird, eingeht.

_____

_____

Setzen Sie den Dialog so lange fort, wie es Ihnen sinnvoll erscheint. Wenn Sie den Schwierigkeitsgrad erhöhen wollen, können Sie z.B. Person B zeitgleich mit Person A zu reden anfangen lassen. Auf diese Weise haben Sie Gelegenheit, das Unterbrechen zu üben und Erste-Hilfe-Empathie zu geben.

Kapitel 8

Formelle Mediation

Auf Anfrage vermitteln

Ich spreche von „formeller Mediation", wenn Sie von Parteien, die sich in einem Konflikt befinden, als Dritte Partei *eingeladen* werden. Auf eine solch formelle Einladung hin zu vermitteln, ist oftmals leichter, da beide Seiten darauf eingestellt sind und eventuell auch bereitwilliger Unterstützung annehmen. Darüber hinaus schaffen Sie bereits zu Beginn eine deutliche Struktur für das Gespräch, was es den Parteien erleichtern kann, einander zuzuhören und sich gegenseitig zu verstehen. In einer formellen Mediation ist es so gut wie immer möglich, zu Beginn einige einleitende Worte über Rolle und Funktion des Mediators zu sagen.

Was im Rahmen einer formellen Mediation als dritte Partei zu vermitteln durchaus zu einer Herausforderung werden lässt, ist die Tatsache, dass viele Menschen in einem Konflikt lange abwarten und erst dann um Unterstützung bitten, wenn sie emotional bereits sehr angespannt sind. Und wenn beide Seiten schon seit langem unzufrieden sind, hat man es möglicherweise mit einem bereits stark eskalierten Konflikt zu tun, in dem aufgestaute Gefühle während des Mediationsgespräches vulkanartig herausbrechen. Handelt es sich um eine sehr brisante Angelegenheit oder ist gar das Ansehen der Medianten berührt, werden sich die Parteien eher schwer damit tun, sich zu öffnen und sich von einem Mediator in der Kommunikation unterstützen zu lassen.

In diesem Kapitel wird noch in einigen Beispielen dargestellt, was ein Mediator zu Beginn einer formellen Mediation sagen kann (s. Seite 176). Denken Sie jedoch daran, dass es Menschen, die sehr aufgebracht sind, oft sehr schwerfällt, Informationen aufzunehmen. Halten Sie deshalb die Einleitung so kurz wie möglich. Entscheiden Sie situationsabhängig, wie viele und welche Vorabinformationen notwendig sind.

Die Art und Weise, wie Sie sich selbst vorstellen, prägt die Atmosphäre des Gespräches. Wenn Sie etwas Persönliches über sich erzählen, wieso Sie sich mit Mediation befassen oder wie Sie sich gerade fühlen, trägt dies zum Sicherheitsempfinden der Medianten bei.

Manchmal kann es auch von Nutzen sein, einige konkrete Hintergrundinformationen zum Mediationsgespräch zu geben: Wie wurden Sie kontaktiert? Mit welchen Personen haben Sie vorab gesprochen und was für Informationen haben Sie bekommen? Sie können dann den Konfliktparteien auch Gelegenheit geben, Informationen, die Sie bereits erhalten haben, zu korrigieren oder zu vervollständigen. Mithilfe dieser Beschreibung des Hintergrundes können Sie auch überprüfen, ob die Sachinformationen richtig sind und gleichzeitig sorgen Sie dafür, dass alle Beteiligten wissen, auf wessen Initiative die Mediation zurückgeht.

Bei Konflikten am Arbeitsplatz kommt es nicht selten vor, dass die Medianten unsicher sind, ob Sie als Mediator nicht ein heimliches Abkommen mit jemandem haben, der in diesem Konflikt eine Rolle spielt, beispielsweise mit einem Vorgesetzten. Manchmal besteht auch die Sorge, dass Sie nach Vorgesprächen mit einem Beteiligten ein verzerrtes Bild des Geschehens haben könnten.

Wenn Sie den Teilnehmern einer Mediation vorab schriftliche Informationen darüber zukommen lassen, wie eine Mediation ablaufen könnte, kann das zu Sicherheit und Klarheit beitragen und auch zu mehr Verständnis über Ihre Rolle im Kontext des Konflikts. Viele Menschen können sich den Ablauf einer Mediation besser vorstellen, wenn sie schriftliche Informationen erhalten, die sie sich im Vorfeld in Ruhe durchlesen können. So können sie sich eventuell auch Fragen überlegen oder darüber nachdenken, welche Bitten sie haben.

Im Folgenden finden Sie einen Vorschlag dafür, wie eine solche schriftliche Vorinformation an die Medianten aussehen kann.

Wie eine Mediation ablaufen kann

1. Die Rolle des Mediators in einem Konflikt besteht darin, die Parteien zu unterstützen, mit einer für sie schwierigen Angelegenheit umgehen zu können. Seine Hauptaufgabe ist es, Ihnen zu helfen, miteinander in Verbindung zu kommen, und deshalb wird er manchmal etwas, das Sie oder Ihr Gegenüber sagen, umformulieren. Dies dient dem Ziel, es dem anderen zu erleichtern, das Gesagte hören zu können. Selbstverständlich bleibt der Inhalt der Aussage dabei erhalten.
2. Der Mediator wird Sie bitten, die Bedürfnisse zu äußern, die Sie in Ihrem Kontakt erfüllt sehen wollen, wonach Sie sich sehnen und was Sie sich für die Zeit nach der Mediation wünschen. Was soll für Sie dann anders sein?
3. Der Mediator wird sich *nicht* direkt auf die Lösungsfindung konzentrieren, sondern Sie erst darum bitten, Ihre Bedürfnisse zu äußern und die der anderen Seite zu hören. Wenn Sie Kontakt mit den Bedürfnissen des anderen aufgenommen haben, wird es leichter sein, Lösungen zu finden, mit denen alle zufrieden sind.
4. Der Mediator wird Sie bitten, die Bedürfnisse, welche die jeweils andere Seite äußert, wiederzugeben. So soll sichergestellt werden, dass der Inhalt übermittelt wurde und gleichzeitig hilft dies, die Verbindung zwischen Ihnen zu festigen. Hinter all dem steht die Absicht, Ihnen zu helfen, einander zu verstehen.
5. Natürlich kann der Mediator nur einer Person gleichzeitig zuhören. Das bedeutet jedoch nicht, dass er die Absicht hat, Partei zu ergreifen. Wenn eine Seite gehört worden ist, wird der Mediator sich der anderen zuwenden, damit beide gleichermaßen gehört werden können.
6. Der Mediator kann Ihnen helfen, unklare oder vage Bitten in durchführbare Vereinbarungen umzuformulieren.
7. Manchmal wird der Mediator Sie unterbrechen, wenn er glaubt, dass etwas, das gesagt wird, eine Gefährdung für Ihre Verbindung darstellt.

© Liv Larsson, Begegnung fördern. Mit Gewaltfreier Kommunikation vermitteln. Mediation in Theorie und Praxis, Junfermann 2009, www.friareliv.se.

Vorgespräche mit den Konfliktparteien

Versuchen Sie, wenn möglich, die teilnehmenden Parteien vor dem Mediationsgespräch einzeln zu treffen. Vorgespräche geben den Parteien Gelegenheit, darüber nachzudenken, was wieso geschehen ist und eine gewisse Distanz zu der Situation zu gewinnen. Auch Ihnen als Mediator kann das Gespräch Anregungen dafür liefern, wie Sie die Mediation beginnen und ob es etwas gibt, auf das Sie besonders achten möchten.

In einem Vorgespräch können Sie auch klären, ob Sie eine Vereinbarung treffen wollen, wie das Mediationsgespräch ablaufen soll. Derartige Abmachungen schaffen Sicherheit und erleichtern es Ihnen als Mediator, später das Gespräch zu führen. Besonders für eine Mediation zwischen Menschen, die einander körperlich verletzt oder bedroht haben, kann eine solche Vereinbarung wertvoll sein. Lesen Sie dazu in diesem Kapitel auch den Abschnitt „Freiwilligkeit – Voraussetzung für eine gelungene Mediation" (s. Seite 171).

Wenn eine der Konfliktparteien den Kontakt mit Ihnen initiiert hat, können Sie im Rahmen eines Vorgespräches die andere Partei fragen, ob sie die Teilnahme als freiwillig erlebt. Selbst wenn Sie hierauf keine direkte Antwort erhalten: Im Verlauf des Gesprächs offenbaren vielleicht Reaktionen auf andere Fragen, ob eine Seite den Eindruck hat, zur Teilnahme genötigt worden zu sein. Wenn Sie beispielsweise darüber sprechen, wie es jemandem damit geht, an der Mediation teilzunehmen oder wie es für ihn war, von Ihnen kontaktiert worden zu sein, wird sich zeigen, ob er seine Teilnahme als eine an ihn gerichtete Forderung erlebt. Weitere wichtige Themen können z.B. sein, wieso gerade Sie gebeten worden sind zu mediieren sowie ein eventuell zu vereinbarendes Honorar. Wenn jemand der beruflichen Schweigepflicht unterliegt, ist es wichtig, darüber zu sprechen, wie Sie während der Mediation damit umgehen werden. Sie können auch darüber informieren, wie Sie mediieren oder andere Dinge ansprechen, die die Vorgehensweise während der Mediation betreffen. Dies kann schriftlich geschehen oder mündlich (in letzterem Fall besteht die Möglichkeit, im Dialog mit Ihnen Fragen zu stellen). Denken Sie daran, dass es ebenso wichtig ist, empathisch auf die Aufgeregtheit, Sorgen oder Bedenken eines Medianten einzugehen wie ihm nähere Informationen zu geben.

Sollten Sie merken, dass eine Partei Zweifel hat, ob sie teilnehmen soll, kann das eine der folgenden Ursachen haben:
- ⇢ Sie hat Angst und ist unsicher, wohin das Mediationsgespräch führen wird.
- ⇢ Sie empfindet es als schmerzhaft, dass der Konflikt bereits so lange besteht.
- ⇢ Sie schämt sich dafür, Unterstützung annehmen zu müssen.

Worüber Sie in einem Vorbereitungsgespräch sprechen können:
- ⇢ Was jemand aus der Mediation mitnehmen möchte; für welche Bedürfnisse er neue Erfüllungsstrategien finden möchte.
- ⇢ Warum Sie jemanden manchmal bitten werden, mit dem Weitersprechen zu warten, bis der andere gehört worden ist, und umgekehrt.
- ⇢ Warum Sie jemanden manchmal darum bitten werden, zu wiederholen, welche Bedürfnisse er gehört hat, die der andere im gemeinsamen Kontakt erfüllt haben möchte, und umgekehrt.
- ⇢ Ob jemand denkt, er müsse an der Mediation teilnehmen, obwohl er es eigentlich nicht will, oder diesbezüglich unsicher ist

Einmal wurde ich gebeten, eine Teammediation in einer Kommunalverwaltung durchzuführen. Die auf der mittleren Führungsebene angesiedelte Gruppe hatte schon seit längerem große Schwierigkeiten gehabt, Formen der Zusammenarbeit mit ihren jeweiligen Mitarbeitern zu finden. Daraus war ein Konflikt entstanden, der sich auch auf das Führungsteam auswirkte. Als ich hinzugezogen wurde, war der Konflikt bereits soweit eskaliert, dass einzelne Teammitglieder nicht mehr miteinander sprachen.

Bei einem ersten Vorbereitungstreffen, an dem einige von ihnen und ihre direkten Vorgesetzten teilnahmen, stellte sich heraus, dass zwei der Teammitglieder geäußert hatten, an keiner Mediation teilnehmen zu wollen. Daher waren auch andere aus der Gruppe stark entmutigt. Es kam zu Äußerungen wie: *„Wenn die beiden nicht teilnehmen, kippt ja die ganze Idee. Dann macht es für mich auch keinen Sinn, Zeit dafür zu investieren."*

Es zeigte sich also, dass die Entscheidung, eine Mediation durchzuführen, zu schnell getroffen worden war und dass nicht alle hinter der Idee standen. Deshalb entschieden wir, dass ich – bevor es zu einer Entscheidung für oder gegen den Versuch einer Mediation kam – mit allen Einzelgespräche führen würde.

Zuerst traf ich mich mit jedem, der angekündigt hatte, nicht teilnehmen zu wollen. In einem dieser Gespräche stellte sich heraus, dass die Mediation von einer Person vorgeschlagen worden war, die derjenige, mit dem ich das Einzelgespräch führte, für seine größte „Rivalin" hielt. Er hatte gedacht, ihr Vorschlag ziele darauf ab, ihn vorzuführen und ihm das Leben schwer zu machen. Als er verstand, dass ich nicht im Auftrag dieser Person gekommen war, sondern um allen Seiten zuzuhören, erklärte er sich bereit, an der Mediation teilzunehmen. Ein anderer wichtiger Beweggrund für sein „Ja" zur

Teilnahme war, dass ihm klar wurde, dass er die Freiheit hatte, das Mediationsgespräch gegebenenfalls vorzeitig zu verlassen.

Im Gespräch mit der anderen Person stellte sich heraus, dass ihr bislang nicht klar gewesen war, dass es für die anderen wichtig war, ob sie dabei war oder nicht. Sie arbeitete erst seit kurzer Zeit in dieser Verwaltung und dachte, sie hätte nichts zu einer Konfliktlösung beizutragen. Als ich ihr von den Reaktionen der anderen auf ihre Absage berichtete, fiel es ihr leicht, ihre Entscheidung zu revidieren.

Ohne diese Gespräche hätten wir vielleicht aufgegeben und ein weiteres Eskalieren des Konfliktes riskiert. Oder wir hätten versucht, die Mediation mit denen durchzuführen, die sich im ersten Anlauf dafür entschieden hatten. Bei dieser zweiten Variante wären wir wahrscheinlich ein gewisses Stück vorangekommen. Gleichzeitig hätte aber das Risiko bestanden, dass die Enttäuschung darüber, dass nicht alle teilnehmen wollten, einiges an Raum in der Mediation eingenommen hätte – Zeit, Kraft und Energie, die für den Konflikt selbst gefehlt hätte.

Die Vorbereitung des Mediators

Für eine formelle Mediation können Sie verschiedene vorbereitende Maßnahmen treffen. In einem ersten Schritt können Sie sich mit dem Hintergrund des Konfliktes befassen, doch in einem zweiten Schritt macht es Sinn, dass Sie sich mit Ihrem eigenen inneren Prozess beschäftigen, um hier Klarheit zu gewinnen. Allzu leicht kann es passieren, dass Sie Ihre gesamte Zeit und Energie darauf verwenden, sich inhaltlich oder auf die äußere Form der Mediation vorbereiten. Wenn Sie allerdings zu einem optimalen Ergebnis beitragen wollen, ist es ebenso wichtig, dass Sie sich Zeit für Ihren eigenen gefühlsmäßigen Prozess nehmen.

Hintergrundinformationen

Bestimmte Hintergrundinformationen zu haben, kann vor manchen Mediationsgesprächen nützlich sein. Wenn ich in einem Betrieb vermittle, will der Vorgesetzte (oder ein anderer Auftraggeber) mir manchmal seine Sicht der beteiligten Personen mitteilen, bevor ich diese selbst kennengelernt habe. Früher habe ich mir diese Informationen manchmal präsentieren lassen, mittlerweile lehne ich dies so gut wie immer ab. Ich habe gelernt: Je weniger Zuschreibungen und feste Vorstellungen ich über die Beteiligten im Kopf habe, desto wirksamer werden meine Mediationen.

Wenn man zwischen Menschen aus verschiedenen Kulturen vermittelt, kann es hilfreich sein, kulturell bedingte Unterschiede zu beachten und zu verstehen. Doch auch *innerhalb* einer Kultur kann es große individuelle Unterschiede geben. Wenn Sie feste Vorstellungen darüber haben, wie jemand aus einem bestimmten Kulturkreis denkt, handelt und kommuniziert *wird,* hindert das Sie möglicherweise daran, gerade diesem Menschen wirklich offen und unvoreingenommen zu begegnen. Je mehr Sie sich darauf konzentrieren, Kontakt mit den Bedürfnissen aufzunehmen, die alle Menschen – unabhängig von Kultur, Religion, Beruf, Alter oder Geschlecht – gemeinsam haben, desto größer ist die Chance, dass Sie zur Kooperation beitragen können. Im Buch „Das Harvard-Konzept" wird ein Ereignis beschrieben, das einen unglücklichen Verlauf verdeutlicht:

„Als Beispiel mag das Wort ‚Kompromiss' dienen, das im Persischen z. B. keine so positive Bedeutung hat wie im Englischen, wo man darunter ‚eine Lösung auf dem Mittelweg, mit der beide Seiten leben können', versteht. Im Persischen dagegen bedeutet ‚Kompromiss' eine ‚Herabsetzung des eigenen Wertes oder ‚Kompromittieren unseres Ansehens'. In diesem Zusammenhang wird ein ‚Vermittler' als jemand angesehen, der sich ungebeten in etwas einmischt.

Anfang 1980 flog UN Generalsekretär Waldheim in den Iran zu Verhandlungen über die Geiselfrage. Das gesamte Anliegen wurde alsbald durch eine Meldung des iranischen Rundfunks und Fernsehens behindert, die einen Ausspruch Waldheims als Nachricht verbreitete, er habe bei seiner Ankunft gesagt, dass er als Vermittler auf der Suche nach einem Kompromiss komme. Bereits wenige Stunden nach der Sendung warfen verärgerte Iraner mit Steinen auf das Auto Waldheims."[43]

Innere Klarheit als Vorbereitung

Ein wichtiger und häufig unterschätzter Teil der Vorbereitung ist es, sich selbst darüber klar zu werden, ob man irgendwelche festen Vorstellungen über beide oder eine der Parteien im Kopf hat. Ich entdecke vor einer Mediation bei mir oft Urteile oder Vergleiche. Manchmal urteile ich über mich selbst, dass ich nicht gut genug sein werde, und manchmal werden mir Interpretationen und Urteile bewusst, die ich über die Parteien habe.

Herauszufinden, wofür diese Gedanken stehen, ist mit das Wichtigste, was Sie an Vorbereitung machen können. Wenn Sie in der Lage sind, Kontakt mit den Bedürfnissen hinter diesen Gedanken aufzunehmen, werden Sie wertvolle Informationen erhalten, die zu Ihrer Präsenz bei der Mediation selbst entscheidend beitragen können. Neben den Fragen auf Seite 170 können Sie auch folgende Teile dieses Buches zur Vorbereitung nutzen:

- Lesen Sie den Abschnitt über Selbsteinfühlung in Kapitel 6.
- Machen Sie die Übung „Selbsteinfühlung während einer Mediation" in Kapitel 7.
- Lesen Sie den Abschnitt „Machen Sie sich fit fürs Mediieren".
- Machen Sie die Übung „Sich der eigenen Absicht beim Mediieren klar werden" in Kapitel 7.

---

43 Fisher, Roger; Ury, William; Patton, Bruce (2004), Das Harvard-Konzept, Campus.

Konkrete Vorbereitung auf eine Mediation

Wenn Sie Anspannung spüren, versuchen Sie, sich vor der Mediation Zeit zu nehmen, um sich zu entspannen. Die nachfolgenden Fragen können Sie dabei unterstützen, tieferen Kontakt mit sich selbst aufzunehmen. Anschließend wird es Ihnen leichter fallen, für sich zu klären, wie Sie zum Prozess beitragen können.

Innere Vorbereitung

1. Was denke ich über die Teilnehmer? Welche Eigenschaften schreibe ich ihnen zu? Stecke ich sie in eine wertende Schublade?
2. Was denke ich über mich selbst? Welche Eigenschaften schreibe ich mir zu? Stecke ich mich selbst in eine wertende Schublade?
3. Habe ich irgendwelche unbewussten Erwartungen oder Forderungen an einen der Teilnehmer?
4. Habe ich irgendwelche unbewussten Erwartungen oder Forderungen an mich selbst?
5. Habe ich Zweifel, ob alle ihre Teilnahme an der Mediation als freiwillig erleben?
6. Erlebe ich selbst es als freie Entscheidung, in diesem Konflikt die dritte Partei zu sein?
7. Was ist meine Absicht beim Mediieren?
8. Bin ich auf eine bestimmte Lösung festgelegt oder bin ich offen dafür, dass die Lösung ganz anders aussehen kann, als ich mir das vorstelle?

Äußere Vorbereitung

1. Brauche ich zusätzliche Informationen über die Teilnehmer?
2. Brauche ich zusätzliche Informationen über den Hintergrund des Konflikts?
3. Brauche ich zusätzliche Informationen darüber, wer die Entscheidung getroffen hat, diese Mediation stattfinden zu lassen, oder irgendeine andere Information?
4. Haben alle Parteien ausreichend Informationen darüber, wie eine Mediation abläuft? Haben notwendige Vorbereitungstreffen stattgefunden?

Freiwilligkeit – Voraussetzung für eine gelungene Mediation

Gewaltlosigkeit ist kein Gesetz, sondern eine Gabe[44]. *Selbst wenn es möglich wäre, sie jemandem aufzuzwingen, würde dieser Zwang in sich selbst ihre Essenz verleugnen."*
– Walter Wink[45]

Wenn bereits zu Beginn der Mediation klar ist, dass alle freiwillig teilnehmen, sind gute Voraussetzungen für ein Gelingen gegeben. Je mehr Entscheidungsfreiheit die Parteien in der Frage erleben, an der Mediation teilzunehmen oder nicht, desto mehr profitieren alle vom Mediationsgespräch. Falls es während des Gesprächs schwierig sein sollte, Kontakt mit oder zwischen den Parteien aufzubauen, ist möglicherweise die Wahrnehmung einer Forderung oder Verpflichtung im Weg. Auch Ihre Überzeugung als Mediator, zu denken, Mediation sei die einzige konstruktive Art und Weise, mit diesem Konflikt umzugehen, kann sich auf den Prozess auswirken.

Wer Sie eingeladen hat und in wessen Auftrag Sie vermitteln, hat ebenfalls Einfluss darauf, ob Teilnahme oder Nicht-Teilnahme als freiwillig erlebt werden. Wenn Sie z.B. von einem Arbeitgeber eingeladen worden sind, ohne dass der Beschluss im Team verankert wurde, werden die Angestellten vermutlich denken, dass sie keine Möglichkeit haben, „Nein" zu sagen. Möglicherweise willigen sie dann aus Angst vor möglichen Konsequenzen in die Mediation ein und nicht, weil es ihnen ein echtes Anliegen wäre, bessere Beziehungen untereinander zu haben oder den Konflikt zu lösen.

Es ist von Vorteil, wenn sowohl Sie als auch die beteiligten Parteien offen dafür sind, dass es neben einer Mediation noch andere Möglichkeiten gibt, einen Konflikt zu bewältigen. Alternativen zu haben trägt zu einem größeren Erleben von Freiwilligkeit bei. Wenn jemand teilnimmt, weil er es für seine Pflicht hält oder um Schuldgefühle oder Scham zu vermeiden, wird möglicherweise im Verlauf der Mediation Zeit dafür benötigt, mit seinen Widerwillen umzugehen. Außerdem besteht das Risiko, dass nicht alle Karten auf den Tisch gelegt werden, da es in der Regel nicht so leicht ist, offen und ehrlich zu sein, wenn man etwas als Verpflichtung oder Forderung erlebt.

---

44 Anm.d.Ü.: Je nachdem, was betont werden soll, wäre auch die Übersetzung „Geschenk" denkbar.
45 Wink, Walter (2002) , Engaging the Powers, Augsburg, Fortress Publishers.

Freiwilligkeit ist also wichtig, aber mindestens genauso wichtig ist es, jemanden, der nicht an einer Mediation teilnehmen will, wissen zu lassen, wie diese Entscheidung sich auf die anderen Beteiligten auswirkt. Viele Menschen verstehen nicht, dass ihr Mitwirken ein Geschenk für andere sein kann und dass eine Entscheidung, nicht dabei zu sein, größere Auswirkungen haben kann, als sie selbst glauben. Es macht einen großen Unterschied, ob Menschen an einer Mediation teilnehmen, weil sie zum Wohlergehen anderer beitragen wollen oder weil sie denken, dass es ihre Pflicht sei „anzutreten".

Falls Sie als Vermittler aus irgendeinem Grund der Vorstellung verhaftet sind, dass Mediation die einzige und beste Art sei, Konflikte zu bewältigen, lohnt es sich, genauer hinzuschauen, was Sie zu dieser Überzeugung bringt. Ist es eine starke Sehnsucht, zu Veränderungen beizutragen oder Sorge darüber, was geschehen könnte, wenn die Parteien sich nicht annähern würden?

Wenn jemand Forderungen hört und sich dagegen auflehnt

Als Mediator ist es hilfreich, besonders aufmerksam darauf zu sein, ob jemand die Worte eines anderen als Forderung hört, weil Freiheit und Selbstbestimmung für viele Menschen so wichtige Bedürfnisse sind. Da diese Bedürfnisse so zentral sind, werden Vereinbarungen, die Forderungen beinhalten, in der Regel nicht dauerhaft eingehalten.

Wenn Menschen Forderungen hören, sehen sie häufig nur zwei Handlungsoptionen: Entweder lehnen sie sich auf oder sie geben nach und „unterwerfen" sich der Forderung. Beide Handlungsmöglichkeiten erschweren es den Konfliktparteien, eine für beide Seiten passende Lösung zu finden, da daraus ein „Entweder (ich)-oder (du)-"Spiel wird.

Wer etwas denkt oder sagt wie: *„Da mache ich niemals mit!",* hat vermutlich eine Forderung gehört. Gleiches gilt auch für: *„Das ist ja wohl verrückt! Wie kannst du bloß so etwas verlangen?"* Oder etwas diffuser: *„Das ist doch nicht normal!"*

Hier sind zwei Grundannahmen der GFK (in Kapitel 5 näher beschrieben) von großem Nutzen:
1. Alles, was Menschen tun, ist ein Versuch, ihre Bedürfnisse zu erfüllen.
2. Menschen tragen gerne zum Wohlergehen anderer bei, wenn sie dies freiwillig tun können.

Diese Prinzipien helfen Ihnen als Mediator, die Bedürfnisse zu verstehen, die sich hinter Sätzen wie den o.g. verbergen können. Sie können folgende Vermutung anstellen:

„Sind Sie unruhig, weil Sie das Bedürfnis haben, selbst zu entscheiden, wie Sie Dinge tun wollen?" Oder: *„Wollen Sie sicher sein, dass für alle Beteiligten deutlich ist, was Sie in dieser Situation wollen?"*

Da wir jederzeit wählen können, wie wir etwas hören wollen, können Sie demjenigen, der eine Forderung hört, helfen, sich stattdessen auf die Bedürfnisse zu konzentrieren – seine eigenen und die desjenigen, der „die Forderung stellt". Vermeiden Sie Diskussionen über die Frage, ob etwas eine Forderung war oder nicht, da dies selten dem Kontakt zuträglich ist.

Wenn jemand Forderungen hört und nachgibt

> „Die Bedürfnisse des anderen zu verstehen heißt nicht, dass Sie Ihre eigenen Bedürfnisse aufgegeben haben. Es heißt, dem anderen zu zeigen, dass Sie sowohl an der Erfüllung Ihrer eigenen Bedürfnisse als auch derer des anderen interessiert sind."
> – Marshall Rosenberg[46]

Wenn Sie als Mediator vermuten, dass einer der Medianten denkt, er sei gezwungen, in etwas einzuwilligen, kommen Sie mit Behutsamkeit und großer Klarheit weiter. Je nach Situation können Sie ihn fragen: *„Ich fühle mich etwas unruhig, wenn ich Sie ‚Ja' zu diesem Vorschlag sagen höre, da ich vorher gehört habe, wie Sie mit Nachdruck ‚Nein' gesagt haben. Ich möchte sicher sein, dass Sie die Unterstützung haben, die Sie brauchen, um nicht in etwas einzuwilligen, das Sie nicht wollen. Deshalb frage ich mich, ob Sie etwas dazu sagen möchten, wie es kommt, dass Sie zu dem Vorschlag ‚Ja' sagen?"* So gefragt zu werden kann demjenigen helfen, offen zu zeigen, was in ihm vorgeht.

In bestimmten Situationen, zum Beispiel wenn ausgesprochene oder unausgesprochene Drohungen im Raum stehen, benötigt jemand vielleicht andere Formen von Unterstützung, um sich sicher genug zu fühlen, überhaupt an der Mediation teilzunehmen. Damit die Teilnehmenden sich eher trauen, sich offen zu äußern, können Sie den Parteien in getrennten Räumen separat zuhören. Die eigenen Ängste in Worte zu fassen und damit gehört zu werden, kann in einer solchen Situation viel ausmachen. Im Abschnitt „Shuttle-Mediation" in Kapitel 9 (Seite 200) finden Sie Ideen, wie diese Form der Unterstützung aussehen kann.

---

46 Rosenberg, Marshall (2007), Gewaltfreie Kommunikation, Junfermann.

Der neutrale Vermittler

In der Mediationsliteratur und in Mediationsausbildungen wird oft betont, wie wichtig es sei, als Mediator neutral zu sein. Einerseits stimme ich zu, dass es von großem Wert ist, sich neutral verhalten zu können, damit man als Mediator nicht „Partei ergreift". Andererseits bin ich nicht sicher, ob wir Menschen jemals ganz neutral sein können.

Wenn ich einen Mediator sagen höre, dass er während einer Mediation „völlig neutral" sein wird, werde ich deshalb oft skeptisch und frage mich, was er meint. Sagt er stattdessen, er habe die *Absicht,* beiden Seiten wirklich zuzuhören und nicht Stellung zu beziehen, bin ich wesentlich zuversichtlicher, dass er über die Achtsamkeit und Bewusstheit verfügt, die den Mediationsprozess wirklich unterstützen wird. Mich beunruhigt auch, wenn Mediatoren es für *falsch* oder *schlecht* halten, Partei zu ergreifen. Eine durch diese Einstellung begünstigte Tabuisierung birgt nämlich das weitaus größere Risiko in sich, dass der Mediator – sollte er sich irgendwann doch parteiisch zeigen – das leugnen wird.

Wenn Sie merken, dass Sie beispielsweise dem Gedanken aufsitzen, „die eine Partei habe in der Tat Recht", haben Sie verschiedene Möglichkeiten, damit umzugehen. Wollen Sie herausfinden, ob dieser Gedanke Ihr Vermögen beeinträchtigt, beiden Seiten offen zuzuhören und sie zu verstehen, nehmen Sie Kontakt mit den Bedürfnissen auf, die hinter Ihrem „Partei-Ergreifen" stehen. Wenn Ihnen klar ist, welche Ihrer Bedürfnisse nicht erfüllt sind, reicht oft dieser Kontakt nach innen, um die Mediation fortsetzen zu können. Mehr dazu finden Sie im Abschnitt über die Stolperfallen in Kapitel 7 (Seite 132) sowie bei den Übungen zum Thema Selbsteinfühlung (Seite 154).

In manchen Situationen ist es für den Mediationsprozess wichtig, dass Sie sagen, welche Bedürfnisse Sie dazu gebracht haben, Partei zu ergreifen. In anderen Situationen ist es hilfreicher, eine Pause zu machen, um von jemandem empathisch gehört zu werden und danach entscheiden zu können, wie Sie weiter vorgehen wollen. Sie können die Mediation auch abbrechen, wenn Sie meinen, dass das, was in Ihnen vorgeht, Sie daran hindern könnte, beide Seiten zu hören.

Zwei Mediatoren oder einer?

Manchmal kann es hilfreich sein, statt mit nur einem mit zwei Mediatoren zu arbeiten. Zwei Menschen fallen unterschiedliche Sachen auf, was zusätzliche Perspektiven öffnen mag, wie man mit einem Konflikt umgehen kann. Zu zweit fällt es auch leichter, die Medianten in Situationen, in denen das als sinnvoll erscheint, räumlich voneinander zu trennen, um beiden separat zuzuhören. Wenn einer der Mediatoren „Partei ergreift", merkt der andere das hoffentlich und kann dafür sorgen, dass die Bedürfnisse beider Seiten gehört werden. In Situationen, in denen es bereits zu Drohungen oder Gewalt gekommen ist, kann es zu größerer Sicherheit beitragen, wenn die Mediatoren zu zweit sind.

Spürt einer der Mediatoren den Impuls, die Mediation abzubrechen, kann er das mit größerer Freiheit tun, weil seine Entscheidung nicht automatisch das Ende des Mediationsgesprächs bedeuten muss.

Natürlich gibt es auch Stolperfallen, wenn zwei Personen vermitteln. Als ich einmal mit einem anderen Mediator im Team mediierte, sagten drei Teammitglieder, dass sie sich unsicher damit fühlten, dass wir zu zweit waren. Wir hätten einen zu großen Einfluss auf die Situation, sodass es für sie sehr schwierig sei, sich zu äußern. Damals lösten wir das Problem, indem nur einer von uns sprach und der andere als Beobachter dabei saß. Es wurde vereinbart, dass er nur handeln dürfe, wenn er darum gebeten wurde.

Wo findet die Mediation statt?

Bei einer formellen Mediation können Sie als Mediator manchmal Einfluss darauf nehmen, wo die Gespräche stattfinden. Wählen Sie den Ort bewusst, insbesondere wenn Sie glauben, dass es als Parteilichkeit erlebt werden kann, wenn Sie einen Ort vorschlagen, an dem sich die eine Seite mehr zuhause fühlt als die andere. Den Ort sorgfältig auszuwählen kann ein wichtiger erster Schritt sein, um eine möglichst neutrale Grundlage für das Mediationsgespräch zu schaffen.

Denken Sie auch daran, dass es die Mediation erleichtert, wenn alle Teilnehmer sich gegenseitig sehen können und auf gleicher Höhe sitzen, da Höhenunterschiede als Zeichen von Überlegenheit bzw. Unterlegenheit erlebt werden können.

Die Mediation beginnt

Der Mediator kann das Gespräch folgendermaßen eröffnen: *„Danke, dass Sie hierher gekommen sind. Ich hoffe, zum Kontakt zwischen Ihnen beitragen zu können, sodass Sie gemeinsam eine Lösung finden. Ich habe Sie beide letzte Woche für jeweils 30 Minuten getroffen. Es war Ihr Vorgesetzter, der ursprünglich Kontakt mit mir aufgenommen und mich gebeten hat, als dritte Partei zu vermitteln."*

Dann kann er z.B. so fortfahren: *„Zu Beginn werde ich Sie jeweils bitten, zu äußern, welche Bedürfnisse Sie in Ihrem Kontakt zueinander erfüllt sehen möchten. Ich werde mich nicht direkt auf eine Lösung konzentrieren oder darauf, wer recht hat. Ich werde meine Aufmerksamkeit in erster Linie auf die Verbindung zwischen Ihnen richten.*

Ich werde Ihnen nacheinander zuhören, jeweils einem von Ihnen, und sicherstellen, dass alle gehört werden. Wenn ich Sie etwas sagen höre, von dem ich glaube, dass es den Kontakt zwischen Ihnen behindern wird, werde ich Sie dabei unterstützen, dasselbe noch einmal mit anderen Worten auszudrücken. Ich hoffe, dass dies es Ihnen erleichtern wird, sich wirklich gegenseitig zu hören, denn dass alle gehört und verstanden werden ist ein wichtiger Teil der Mediation.

Ich werde Sie unterbrechen, wenn ich vermute, dass etwas, das gesagt wird, Ihren Kontakt erschweren könnte. Haben Sie irgendwelche Fragen oder können wir uns darauf einigen, so zu beginnen?"

Wenn Sie diese Erläuterungen kommuniziert und die Teilnehmer ihr Einverständnis dazu gegeben haben, dass Sie schwer zu hörende Botschaften umformulieren werden, wird es für die Medianten in der Regel leichter sein damit umzugehen, wenn Sie dies später tatsächlich tun. Geben Sie *eventuell* noch kurz Ihr bisheriges Verständnis des Konfliktes wieder. Denken Sie jedoch daran: Selbst wenn es manchmal hilfreich ist, den Hintergrund zu verdeutlichen, kann es für die Parteien schwierig sein, sich auf eine gemeinsame Beschreibung des Sachverhalts zu einigen. Oft ist es hilfreicher, die Aufmerksamkeit direkt darauf zu richten, die Gefühle und Bedürfnisse der Parteien zu hören.

Wer fängt an?

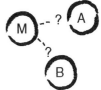

"Nun würde ich gerne hören, welche Bedürfnisse Sie in dieser Situation erfüllt sehen wollen. Wer will anfangen?"

Wenn Sie mehr Einfluss darauf nehmen möchten, wer als Erster sprechen soll, als Sie es mit der o.g. offenen Frage tun, können Sie sich z.B. direkt an die Person wenden, von der Sie vermuten, dass die Situation für sie am schmerzhaftesten ist. Sie können aber auch mit demjenigen beginnen, von dem Sie glauben, dass er die geringste Motivation hat, teilzunehmen.

Wenn Sie bereits aus den oben genannten Ursachen oder aus einem anderen Grund vermuten, dass es einem der beiden schwerfallen wird, den anderen zu hören, können Sie sich direkt an diese Person wenden und fragen: *"Ich frage mich, ob Sie derjenige sein wollen, der anfängt. Möchten Sie erzählen, welche Ihrer Bedürfnisse in dieser Situation nicht erfüllt sind?"*

Wenn Sie sich für diese Variante entscheiden, achten Sie besonders darauf, ob die andere Person das als „Partei-Ergreifen" erlebt oder besorgt ist, nicht genauso viel Raum zu bekommen, wie die erste Person. Wenn Sie Einfluss darauf nehmen wollen, wer als Erster spricht, können Sie die nachfolgenden Kriterien berücksichtigen:

1. Sie können mit dem Medianten beginnen, bei dem Sie weniger zuversichtlich sind, dass er den anderen wird hören können.
2. Um mehr Verbindung zu bekommen, können Sie mit demjenigen anfangen, mit dem Sie bisher den wenigsten Kontakt hatten.
3. Fangen Sie mit demjenigen an, von dem Sie denken, dass er am ehesten dazu bereit ist. Insbesondere in sehr angespannten Situationen, in denen sich scheinbar niemand öffnen möchte, ist dies nützlich. Wenn schließlich doch jemand zu sprechen beginnt, hilft dies manchmal den anderen, sich auch mitzuteilen.
4. Wenn Sie glauben, dass das Risiko besteht, dass jemand sehr viel Kraft aufwenden wird, sich und was er getan hat zu verteidigen, können Sie mit dieser Person beginnen. Tun Sie es nicht, könnte diese Person sich mehr auf das konzentrieren, was sie sagen will, als darauf, zuzuhören.

Beachten Sie, dass es bei bestimmten Formen von Mediation klare Strukturen gibt, wer als Erstes spricht, zum Beispiel wenn es um „wiederherstellende Gerechtigkeit" oder Mediation in Strafsachen geht.[47]

---

47 Mehr hierzu finden Sie u.a. bei www.bra.se (schwedische Quelle). Für Deutschland finden Sie Informationen zum Täter-Opfer-Ausgleich (TOA) z.B. unter http://www.toa-servicebuero.de/.

Der Zeitrahmen

Insbesondere bei formellen Mediationen muss oft ein bestimmter Zeitrahmen berücksichtigt werden. Achten Sie darauf, dass gegen Ende noch Zeit dafür ist, um gemeinsam den nächsten Schritt festzulegen bzw. um darüber zu sprechen, ob Sie sich noch einmal treffen wollen.

Sollte die im Vorfeld veranschlagte Zeit zu Ende gehen, vieles noch nicht abgeschlossen sein, können Sie natürlich mit den Teilnehmern über Möglichkeiten der Verlängerung sprechen.

Falls mehrere Treffen geplant sind, können Sie gemeinsam vereinbaren, was in der Zwischenzeit, bis Sie sich wiedersehen, geschehen soll. Dies können z.B. Absprachen darüber sein, ob die Parteien bis dahin vermeiden, sich zu sehen und ob sie miteinander über den Konflikt sprechen. Vielleicht vereinbaren Sie auch ganz bestimmte Handlungen, als ersten Schritt zur Wiederherstellung von etwas, das Schaden genommen hat. Um allen Beteiligten Sicherheit zu geben, können an dieser Stelle Sie als Mediator etwas aktiver sein als zuvor und beispielsweise Vorschläge machen.

Lösungen und Vereinbarungen

Wenn Sie den Eindruck haben, dass ein stabiler Kontakt zwischen den Parteien entstanden ist, können Sie Ihre Aufmerksamkeit darauf richten, beide darin zu unterstützen, eine Lösung zu finden.

Wenn Sie sicher sein wollen, ob es an der Zeit ist, einen neuen Fokus zu wählen, prüfen Sie zunächst, ob Sie in sich selbst eine Art emotionaler Wandlung spüren. Um herauszufinden, ob die Parteien dies ähnlich erleben, können Sie z.B. fragen: *„Nun, da Sie gehört haben, wie diese Situation sich auf Sie beide ausgewirkt hat, kann einer von Ihnen sich eine Umgangsweise vorstellen, welche die Bedürfnisse aller Beteiligten erfüllen würde?"*

Denken Sie daran, alle Vorstellungen über ein „ultimatives Ziel" oder die „beste" Lösung loszulassen. Konflikte können in völlig andere Vereinbarungen münden, als irgendjemand von Ihnen zu Gesprächsbeginn gedacht hätte.

Falls Sie glauben, dass es Ihre Aufgabe als Mediator sei, den Konflikt zu lösen, kann sich das Vermitteln wie eine Bürde anfühlen. Vielleicht werden Sie gemeinsam eine Lösung finden, vielleicht aber auch nicht.

Zumeist können die Parteien selbst eine Lösung finden, denn sie haben ein vollständigeres Bild, als Sie es jemals bekommen könnten und deshalb bessere Voraussetzungen, Vereinbarungen zu treffen, die für sie wirklich funktionieren. Darüber hinaus sind Menschen geneigter, sich an Absprachen zu halten, wenn sie diese selbst erarbeitet haben und selbst dafür verantwortlich waren, sie zu treffen.

Als Mediator können Sie dagegen einen wichtigen Beitrag leisten, wenn es darum geht, deutliche Bitten an die andere Partei zu formulieren oder wenn die Medianten gemeinsame Lösungen in Worte fassen sollen. Oft besteht Ihre Unterstützung darin, dass Sie den Parteien helfen zu formulieren was sie wollen, anstatt was sie *nicht* wollen. Vage Wünsche in klare Bitten umzuformulieren, kann von großem Nutzen sein.

Klare Bitten wirken konfliktvorbeugend

Wenn Sie befürchten, dass eine Vereinbarung so vage und unklar formuliert ist, dass sie auch zukünftig immer wieder zu Problemen führen kann, können Sie mithelfen, sie umzuformulieren. Es ist wahrscheinlicher, dass die Parteien sich an eine Vereinbarung halten werden, die konkret und wirklich machbar ist als an eine, die darauf abzielt, was jemand nicht machen soll. Ein Beispiel einer solchen Bitte hörte ich einmal, als ich zwischen einem Vater und einem Jugendlichen vermittelte. Der Vater sagte: *„Du darfst kein Geld aus meinem Geldbeutel nehmen, ohne zu fragen!"*

Um diese Aussage so klar und durchführbar zu machen, dass sie mit höherer Wahrscheinlichkeit auch befolgt würde, riet ich dem Vater, sie stattdessen in etwa so zu formulieren: *„Nächstes Mal, wenn du Geld für etwas haben willst, möchte ich, dass du mir das sagst und dass wir gemeinsam schauen, wie wir damit umgehen. Wie fühlt es sich für dich an, wenn du dir vorstellst, das so zu machen?"*

In dieser Form der Bitte wird deutlicher, was der Vater möchte und auch die Bedürfnisse und Bitten des Sohnes finden Berücksichtigung. Wenn wir also dafür Sorge tragen, dass in Vereinbarungen Punkte berücksichtigt sind, an die sich beide Seiten halten wollen, steigt auch die Wahrscheinlichkeit, dass der andere bereit sein wird, das zu tun, um das er gebeten wird.

Ist man sich nicht sicher, ob eine Partei sich wirklich frei äußern mag oder ob sie darauf vertrauen kann, dass ihr „Nein" ernst genommen würde, ist es auch möglich, mit folgender Formulierung zu schließen: *„Gibt es etwas, das du jetzt brauchst, um dazu ‚Ja' sagen zu können?"*

Mit der Antwort auf diese zusätzliche Frage können Hindernisse aus dem Weg geräumt und Vereinbarungen – die jetzt mit weitaus größerer Wahrscheinlichkeit auch eingehalten werden – den letzten Schliff erhalten. Mithilfe einer anderen Variante dieser Frage kann der Fragesteller, im Beispiel der Vater, weitere Informationen bekommen: *„Gibt es etwas, von dem du glaubst, es könnte es dir schwer machen, mich nächstes Mal um Geld zu bitten?"* Oder: *„Gibt es etwas, das ich tun kann, was es dir erleichtern würde, mich das nächste Mal, wenn du etwas brauchst, um Geld zu bitten?"*

Beachten Sie: Immer, wenn darauf fokussiert wird, etwas *„nicht zu tun"* (wie beispielsweise *„kein* Geld aus dem Geldbeutel zu nehmen"), hat der Adressat der Bitte viele Handlungsalternativen, von denen manche für denjenigen, der die Bitte äußert, *noch* unattraktiver sein mögen als die ursprüngliche Handlung, die er den anderen zu unterlassen bittet. In unserem Beispiel könnte der Sohn Geld aus dem Portemonnaie eines anderen nehmen oder einen Laden ausrauben. Mit einer klaren Bitte hingegen zeigt ein Mensch deutlich, was seine Wünsche sind und was geschehen soll. So wird es für die andere Seite leichter, eine Vereinbarung einzuhalten.

Über die obige Situation habe ich Menschen sagen hören: *„Was ist das denn für eine Kuschelpädagogik!? Man muss einfach Grenzen setzen und zeigen, was falsch ist!"*

Aus besagtem Geldbeutel war nicht das erste Mal Geld verschwunden. Dass es jedoch seither – nach Aussagen des Vaters – nicht mehr vorgekommen ist, lässt mich an der zuvor beschriebenen Arbeitsweise festhalten. Vor dem Mediationsgespräch hatten beide Eltern und andere Erwachsene in Autoritätspositionen versucht, den Jugendlichen dazu zu bringen, zu gehorchen, indem sie versuchten, ihm „Grenzen zu setzen". Sie hatten ihm gesagt, was *nicht* erlaubt sei und ihm mit Strafe gedroht – jedoch ohne Ergebnis. Der Jugendliche hatte bei vielen Gelegenheiten zugesagt, nicht mehr ungefragt Geld zu nehmen, hatte es aber trotzdem weiterhin getan. Da er wusste, dass ihm für sein Benehmen Strafe drohte, führte dies dazu, dass er oft auch vermied, die Wahrheit zu sagen, wenn ihn jemand ertappte – um der Strafe zu entgehen.

Ich habe mir einige Gedanken dazu gemacht, wie es kommen kann, dass Vereinbarungen nicht immer eingehalten werden. Jemandem zu drohen oder seinen Gehorsam einzufordern, scheint nicht zu funktionieren – allenfalls auf kurze Sicht. Mir scheint das Risiko groß zu sein, dass Vereinbarungen nicht eingehalten werden, wenn Menschen aus einem anderen Grund in etwas einwilligen als dem, dass wozu sie „Ja" sagen geeignet ist, auch ihre eigenen Bedürfnisse zu erfüllen. Vereinbarungen hingegen, die die Parteien gemeinsam entwickeln und die von Anfang an darauf abzielen, die Bedürfnisse *aller* Beteiligten zu erfüllen, scheinen in der Regel auch respektiert zu werden.

Sich auf den Kern des Konflikts konzentrieren

Wenn Sie im Mediationsprozess an den Punkt kommen, dass Sie versuchen, eine Lösung für den Konflikt zu finden und Sie merken, dass die Parteien den Kontakt zueinander wieder verlieren, kann eine kurze Zusammenfassung dessen helfen, was zuvor für beide am wichtigsten zu sein schien.

„A, ich habe gehört, dass Sie sich wirklich danach sehnen, mehr Vertrauen zu spüren. Habe ich das so verstanden, wie Sie es gemeint hatten? Und B, so wie ich Sie verstanden habe, ist es Ihnen wichtig, Freiheit zu erleben und die Möglichkeit zu haben, Sachen selbst zu bestimmen. Meinem Verständnis nach waren das zu Beginn unseres Gespräches die zentralen Punkte und ich möchte gerne von Ihnen hören, ob Sie sich vorstellen können, wie diese Bedürfnisse besser erfüllt werden könnten, als das bisher der Fall gewesen ist?"

Vielleicht entdecken Sie auch, dass es zu tieferer Verbindung führen kann, wenn Sie offen hinsichtlich Ihrer Absicht sind: *„Ich erinnere Sie daran, weil ich etwas besorgt bin, dass wir den Kontakt zum Kern des Konfliktes verlieren. Ich glaube, dass es leichter wird, auf kooperative Weise zu einer Lösung zu kommen, wenn wir uns daran erinnern, was für Sie beide wichtig ist."*

Für den weiteren Verlauf haben Sie verschiedene Möglichkeiten. So könnten Sie z.B. sagen: *„Sie haben jetzt beide gehört, was für den anderen wichtig ist. Haben Sie vielleicht Ideen, wie diese Sache gelöst werden könnte, sodass sie für Sie beide funktioniert?"* Oder: *„Jetzt, wo alle Interessen ausgesprochen wurden, frage ich mich, ob jemand für unser weiteres Vorgehen einen Vorschlag hat, von dem er glaubt, dass er für alle zufriedenstellend wäre?"*

Wenn Sie die Medianten dabei unterstützen, tiefen Kontakt mit dem Kern dessen aufzunehmen, was für beide Seiten wichtig ist, werden sie auch eher behutsam mit der neu etablierten Verbindung umgehen. Möglicherweise werden sie so auch offener für neue Strategien oder Arten, miteinander umzugehen.

Ist eine solche tiefergehende Verbindung etabliert, erweist sich manchmal das ursprüngliche Problem für einen oder auch für beide Medianten als nicht mehr besonders relevant. Der oft lang ersehnte Kontakt und die nun erlebte gegenseitige Achtsamkeit im Umgang miteinander sind viel wichtiger geworden. Wenn Menschen auf sich wirken lassen, dass sie einem anderen etwas bedeuten, kann das eine Konfliktsituation vollkommen verändern. Vermuten Sie in Ihrer konkreten Situation, dass genau dieser Effekt eingetreten ist, können Sie die Parteien dennoch an das ursprüngliche Problem erinnern: *„Gibt es zu dem Thema, dessentwegen Sie hergekommen sind, noch etwas, für das Sie nach wie vor eine Lösung finden wollen?"*

Eine solche Frage kann sehr wichtig sein, denn leicht verliert man sich in dem Gefühl, wie schön es ist, den Kontakt, der einem so viel bedeutet, wieder aufgenommen zu haben. Mithilfe dieser Frage können Sie die Parteien unterstützen, sich wieder gemeinsam der Sachfrage zuzuwenden und sich um diese zu kümmern, ohne sich wieder voneinander zu entfernen.

> *Natürlich reicht es nicht, bloß beide Seiten dabei zu unterstützen zu sehen, was die andere Seite braucht. Wir müssen bei Handlungen enden, Handlungen, die die Bedürfnisse aller erfüllen.*
> – Marshall Rosenberg[48]

Nach der Mediation

Durch Folgetreffen kann zusätzlich betont werden, dass ein Konflikt und die Art und Weise, wie mit ihm umgegangen wird, nicht nur die Parteien etwas angeht. Als Bestandteil eines größeren sozialen Gefüges verdeutlicht Mediation, wie wir wechselseitig voneinander abhängig sind und wie unser Handeln sich auf andere auswirkt.

Damit eine wichtige Funktion der Mediation – beständige Veränderung zu schaffen – auch zum Tragen kommt, ist es nötig, Vereinbarungen zu treffen, die geeignet sind, die Bedürfnisse aller Parteien zu erfüllen. Um weiterzuverfolgen, was seit dem Mediationsgespräch passiert ist, sind Folgetreffen empfehlenswert, egal ob mit jeder Partei für sich oder gemeinsam mit allen Beteiligten. Behalten Sie als Mediator dabei insbesondere die beiden folgenden Punkte im Blick:

1. Fragen Sie, ob die Bedürfnisse der Parteien seit der Mediation in vollerem Umfang erfüllt sind als zuvor. Wenn nicht, warum nicht? Sind weitere Themen aufgetaucht, bei denen eine dritte Partei als Unterstützung gebraucht wird?

2. Sind die bei der Mediation getroffenen Vereinbarungen eingehalten worden? Wenn nicht, warum nicht? Sind Teile der Vereinbarungen vage, unklar oder nicht durchführbar? Kann der Mediator helfen, die Vereinbarungen zu präzisieren?

---

48 Rosenberg, Marshall (2007), Das können wir klären! Junfermann.

Merkzettel für den Mediator

1. Als Mediator haben Sie das Ziel, die Verbindung zwischen den Konfliktparteien zu unterstützen.

2. Manchmal findet man keine Lösungen, die für alle optimal sind, aber das gegenseitige Vertrauen wächst, wenn die Medianten den jeweils anderen in seiner Menschlichkeit sehen können.

3. Beleuchten Sie die Menschlichkeit beider Parteien, anstatt sich in die Frage „Wer ist schuld?" zu verwickeln.

4. Besonders zu Beginn einer Mediation kann das Ausdrücken von Gefühlen verletzlich machen. In diesem Fall kann sich der Mediator entscheiden, lediglich die Bedürfnisse der Parteien zu benennen.

5. Einander wirklich hören, kann eine große Herausforderung für die Medianten sein. Geben Sie wieder, was Sie gehört haben, um sie dabei zu unterstützen.

6. Vermeiden Sie es, die Parteien zurechtzuweisen. Konzentrieren Sie sich stattdessen auf Bedürfnisse.

7. Ein „Nein" ist immer ein „Ja" zu etwas anderem.

8. Richten Sie den Fokus auf langfristige Ziele anstatt auf unmittelbare Handlungen.

9. Wenn Sie mit Ihren eigenen Gefühlen und Bedürfnissen Verbindung aufnehmen, hilft Ihnen das, Ihre eigenen Reaktionen zu verstehen sowie neutraler und offener zu sein.

10. Eine reale Mediation kann viel chaotischer ablaufen, als irgendein Modell es jemals beschreiben könnte.

Mediation Schritt für Schritt

Die nachfolgend aufgeführten fünf Schritte auf der folgenden Seite, ein theoretischer Ablaufplan oder ein Schema, geben Ihnen einen Überblick darüber, wie eine Mediation ablaufen kann.

Auch wenn es nach der Tabelle so aussehen mag, als sei Mediation ein linearer Prozess, bei dem man jederzeit voraussehen kann, welcher Schritt als nächster kommt, ist ein Mediationsgespräch in Wirklichkeit sehr viel unberechenbarer als ein Modell das jemals beschreiben könnte. Dennoch macht ein solches Schema als Rahmen, als unterstützende Leitlinie durchaus Sinn, wenn Sie sich immer vergegenwärtigen, dass Sie Ihre Aufmerksamkeit in allererster Linie darauf richten, den Kontakt und die Verbindung zwischen beiden Seiten zu fördern. Stellen Sie sich durchaus darauf ein, zwischen den verschiedenen Schritten hin und her zu springen, wenn etwas Unvorhergesehenes geschieht. Den Konfliktparteien kann es helfen, dieses Schema zu sehen, bevor sie sich auf eine Mediation einlassen, gewinnen sie so doch mehr Klarheit über das, was sie erwartet.

Mediation in fünf Schritten

	Vorgang	Aufgaben des Mediators
Schritt 1	Person A drückt die Bedürfnisse aus, die im Konflikt nicht erfüllt sind, und äußert, welche Gefühle das in ihm weckt.	Entscheidet eventuell, wer anfängt. Nimmt Beobachtungen, Gefühle, Bedürfnisse und Bitten, die Person A ausdrückt, auf und gibt sie wieder.
Schritt 2	Person B gibt die von Person A benannten Bedürfnisse, mit oder ohne Hilfe des Mediators, wieder.	Hilft Person B, die unerfüllten Bedürfnisse von Person A wiederzugeben (Absicht: A zu bestätigen, dass die Bedürfnisse angekommen sind)
Schritt 3	Person B drückt die Bedürfnisse aus, die im Konflikt nicht erfüllt sind und äußert, welche Gefühle das in ihm weckt.	Nimmt Beobachtungen, Gefühle, Bedürfnisse und Bitten, die Person B ausdrückt, auf und gibt sie wieder.
Schritt 4	Person A gibt die von Person B benannten Bedürfnisse, mit oder ohne Hilfe des Mediators, wieder.	Unterstützt Person A dabei, die unerfüllten Bedürfnisse von Person B wiederzugeben.
Schritt 5	Es kommt zu einer natürlichen Veränderung: vom Konflikt zu Kontakt und Verständnis. Kooperation, um ein Ergebnis zu erzielen, das für beide stimmig ist. Die Medianten beginnen, über Lösungsstrategien zu sprechen, die die Bedürfnisse beider Seiten erfüllen können.	Unterstützt bei der Suche nach machbaren, konkreten Lösungsstrategien. Falls etwas aus den vorigen Schritten unklar ist, kann der Mediator die Parteien dorthin zurückführen. Gibt Empathie, um die Verbindung zwischen den Medianten wiederherzustellen, wenn diese abreißt.

Übung:
Formelle Mediation – Mediation in Zeitlupe

Auch wenn Sie bereits Gelegenheit hatten, verschiedene Werkzeuge auszuprobieren, die in einer Mediation zur Anwendung kommen können, ist Ihnen vielleicht noch immer nicht ganz klar, wie es bei einer Mediation zugehen kann und Ihnen fehlt der Mut, das Vermitteln im wirklichen Leben auszuprobieren. In diesem Fall kann die folgende Übung der nächste Schritt für Sie sein. Sie können Sie alleine oder zusammen mit anderen durchführen.

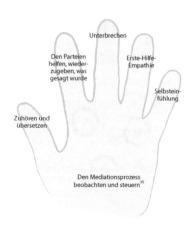

Diese Übung bietet Ihnen Gelegenheit, dem zuzuhören, was die Medianten sagen – und zwar in einem ruhigen Tempo. Dabei lernen Sie auch, mit allem umzugehen, was ausgedrückt wird und finden heraus, wie sich Situationen wandeln, je nachdem, wie Sie den Menschen antworten. Vermutlich werden Sie mithilfe dieser Übung keine vollständige Mediation durchspielen, da dies mehr Zeit in Anspruch nehmen könnte, als Sie möglicherweise zur Verfügung haben.

Die Rollen

Wenn Sie in einer Gruppe üben, übernimmt jemand die Rolle von Person A, jemand anders die von Person B; alle anderen können mediieren. Wenn Sie während der Übungsmediation wirklich in die jeweiligen Rollen schlüpfen, hilft Ihnen das durchaus, sich später in einer realen Mediation leichter in die Parteien hineinzuversetzen.

Ablauf

Beginnen Sie damit, sich für eine Situation zu entscheiden. Es kann eine echte Situation sein, eine von der Sie gehört haben oder eine frei erfundene. Wenn Sie die Übung als Gruppe machen, ist es vorteilhaft, ein Flipchart oder ein großes Blatt Papier zur Hand zu haben, um den Dialog aufzuschreiben. Sie können die Übung damit beginnen, dass Sie den fiktiven Medianten einen kurzen Überblick über Ihre Arbeitsweise als Mediator geben. Sie können sich aber auch an den weiter unten stehenden Aufgaben orientieren, diese bearbeiten und schauen, was sich aus Ihren Antworten ergibt.

Nutzen Sie ruhig das Schema „Mediation in fünf Schritten" (Seite 185) sowie den „Merkzettel für den Mediator" (Seite 183).

Situation

Stellen Sie sich folgende Situation vor: Zwei Menschen haben Sie gebeten, zwischen ihnen zu vermitteln.

Person A sagt: *„Ich halte es für eine Schnapsidee, dass wir uns einem neuen Projekt widmen sollen, wo wir das vorherige gerade erst zum Laufen gebracht haben."*
Person B antwortet: *„Das ist genau die Einstellung, die mich an dir wahnsinnig macht. Immer fürchtest du dich vor allem."*

a) Schreiben Sie auf, was Sie sagen würden, um zwischen den Parteien zu vermitteln.

_____

_____

b) Schreiben Sie auf, was Person A oder B sagen, nachdem sie Sie gehört haben.

_____

_____

c) Schreiben Sie auf, wie Sie nun auf die Reaktionen von A und B eingehen.

_____

_____

Machen Sie so lange weiter, wie es für Sie Sinn macht. Wenn Sie den Schwierigkeitsgrad erhöhen wollen, können Sie zum Beispiel beide gleichzeitig reden lassen. Auf diese Weise üben Sie das Unterbrechen und können eventuell Erste-Hilfe-Empathie geben. Wechseln Sie sich damit ab, Bemerkungen des Mediators und Bemerkungen von Person A und B vorzuschlagen.

Kapitel 9

Herausforderungen und Möglichkeiten

Mediationsvarianten

Da Mediation ein lebendiger Prozess ist, ist es von großem Wert, seiner Intuition zu vertrauen und sich nicht darauf zu versteifen, wie eine Mediation ablaufen *sollte* oder in welcher Reihenfolge Dinge *geschehen sollten*. Jedes Mediationsgespräch ist einmalig. Ihre Aufgabe besteht darin, zum reibungslosen Ablauf des Prozesses beizutragen. Wenn Sie den Eindruck haben, dass etwas, das Sie zwecks Förderung des Prozesses tun, nicht zu mehr Kontakt und Zusammenarbeit führt, können Sie dies äußern und eine andere Vorgehensweise vorschlagen. Im Folgenden werden einige Beispiele beschrieben, wie man Mediationsarbeit variieren kann.

1. Wenn keine der beiden Parteien der anderen zuhören will

Als Mediator können Sie natürlich nur einer Person auf einmal zuhören. Manchmal ist eine Mediationssituation jedoch so schwierig, dass keine der beiden Seiten der anderen zuhören will, weil sich jeder erst einmal selbst äußern möchte. In diesen Situationen können Sie z.B. sagen: *„Wie ich es verstehe, wollen Sie beide gehört werden. Gleichzeitig sagen Sie, dass Sie gerade nicht mehr vom anderen hören wollen. Ich will Sie in dieser Situation wirklich unterstützen, kann aber nur einem auf einmal zuhören. Jetzt, da Sie das gehört haben, frage ich mich, ob einer von Ihnen versuchen möchte, dem anderen ein Weilchen zuzuhören?"*

Warten Sie einen kurzen Moment und schauen Sie, ob sich etwas für einen der Medianten verändert. Falls nicht, müssen Sie gemeinsam entscheiden, ob Sie auf andere Weise weitermachen wollen (Ideen unter den Punkten 2-5).

Einen Teilnehmer, der die von Ihnen vermutete Aufmerksamkeitsspanne des anderen überzieht, könnten Sie vorbeugend folgendermaßen unterbrechen: *„Ich bin besorgt, dass das länger dauern könnte, als Person B zuhören kann. Darum möchte ich gerne etwas mehr Kontakt zu ihr bekommen, bevor Sie weitersprechen. Okay?"*

Denken Sie daran, dass Sie nur einen kurzen Kontakt mit Person B wollen und keinen neuen Zyklus oder Prozess beginnen. Dieses Risiko besteht, wenn Sie Person B eine offene Frage stellen wie: *„Wie fühlen Sie sich gerade?"*

Versuchen Sie es deshalb lieber mit einer Frage wie: *„Ich würde Person A gerne noch ein bisschen länger zuhören, um zu verstehen, was sie sagen will, bevor ich zu Ihnen komme. Ist es in Ordnung für Sie, zu warten?"*

Falls Person B antwortet: *„Nein, es ist nicht in Ordnung für mich, länger zuzuhören."* und Person A nicht bereit ist, die Aufmerksamkeit auf die Worte von Person B zu richten, können Sie einige der folgenden Alternativen ausprobieren:

2. Verschiedene Räume

Wenn sich herausstellt, dass zwei Medianten sich sehr schwer damit tun, einander zu begegnen und zuzuhören, kann mit zwei Mediatoren zu arbeiten eine beträchtliche Erleichterung sein. Sie können in diesem Fall auch die Form ändern und den beiden an zwei verschiedenen Orten zuhören. Den Medianten kann das etwas Druck nehmen, wenn sie dem anderen nicht zuhören und ihn verstehen müssen, wo sie doch selbst gerade dringend gehört und verstanden werden wollen.

Wenn Sie als Mediator in einer solchen Situation alleine sind, können Sie natürlich beiden einzeln zuhören, auch wenn das dann länger dauert. Ihr Vorschlag könnte sich folgendermaßen anhören: *„Ich möchte Sie beide unterstützen, doch im Moment bin ich ein wenig besorgt, denn ich sehe nicht so richtig, dass ich das gerade tue. Deshalb würde ich gerne eine Pause machen und mir danach [z.B.] 20 Minuten nehmen, um jedem von Ihnen einzeln zuzuhören. Erst danach möchte ich eine Entscheidung treffen, ob wir dieses Gespräch zu dritt fortführen. Haben Sie etwas dagegen?"*

Nach den Einzelgesprächen besteht der nächste Schritt darin, die Parteien wieder zusammenzubringen und darüber zu entscheiden, wie fortgefahren werden soll.

Als ich eine meiner ersten Einladungen erhielt, als dritte Partei zu vermitteln, war ich ziemlich angespannt und nervös. Es ging um einen Konflikt zwischen zwei Arbeitskollegen, die beide wütend darüber waren, wie ihre Zusammenarbeit in der letzten Zeit gelaufen war. Beide waren sehr engagiert in ihrer Arbeit, und da ihnen unterschiedliche Dinge wichtig waren, war der Konflikt ziemlich hochgekocht. Ich wollte gerne etwas zu einer Lösung beitragen (und auch in dem wahrgenommen werden, was ich konnte) und war nicht ganz so aufmerksam, wie ich es gerne gewesen wäre. Deshalb setzte ich das Mediationsgespräch mit beiden im selben Raum fort, selbst als dies nicht mehr fruchtbar war.

Erst als ich (nachdem ich meinen nicht gerade produktiven Stolz hinuntergeschluckt hatte) vorschlug, ich könnte beiden einzeln in separaten Räumen zuhören, begann das

Mediationsgespräch konstruktiv zu werden. Im Anschluss zeigten sie mehr Bereitschaft, einander zuzuhören, weil sie ihre Verschiedenheiten verstehen wollten.

Als ich später überlegte, wieso ich diese Arbeitsweise eigentlich nicht früher vorgeschlagen hatte, wurden mir mehrere Sachen klar. Ich sah ein, dass ich eine feste Vorstellung davon hatte, wie eine *gute* Mediation ablaufen müsse – und dass es besser sei, die Medianten nicht trennen zu müssen. Vor dem Hintergrund dieser Überzeugung deutete ich es als Niederlage, dies dennoch tun zu müssen. Ich war damals nicht im Kontakt mit meinem Bedürfnis, gesehen zu werden und so steuerte dieses mich unbewusst und erschwerte es mir zu erkennen, was die Parteien am meisten unterstützen würde. Ich lernte aus dieser dringend benötigten Lektion, nicht zu zögern, eine Pause zu machen, eine andere Arbeitsweise vorzuschlagen oder die Mediation in verschiedenen Räumen fortzuführen.

3. Kommunikation über den Mediator

Wenn Sie als Mediator die Konfliktparteien bitten, sich direkt einander zuzuwenden und zu sagen, was sie brauchen, kann das manchmal als Forderung erlebt werden, den anderen verstehen zu *müssen*. Medianten, die das Mediationsgespräch als fordernd erleben, gehen leicht in Verteidigungshaltung, was den Kontakt zwischen den Parteien behindern kann. Dies kann sich z.B. darin zeigen, dass, während der eine spricht, der andere in Gedanken bereits auf das vorbereitet, was er selbst sagen will, anstatt wirklich zuzuhören und den Versuch zu machen, den anderen zu verstehen.

Wenn der Sprechende sich direkt an Sie als Mediator wendet, wird das in manchen Situationen weniger als Forderung erlebt. Dann können die Parteien sich darauf konzentrieren, einander zuzuhören, ohne von der Vorstellung abgelenkt zu werden, dem anderen das Gesagte eventuell widerspiegeln zu müssen. Auf diese Weise kann unnötiger Druck von den Parteien genommen werden und sie sind nun frei zu erkennen, wie sie gegenseitig zur Erfüllung ihrer Bedürfnisse beitragen können.

Wenn die Kommunikation über den Mediator geht, gibt es zwei Nachteile. Zum einen haben die Medianten manchmal den Eindruck, der Mediator ergriffe Partei durch seinen Kontakt mit dem anderen. Zum anderen dauert es so manchmal länger, bis der direkte Kontakt zwischen den Medianten entsteht.

Welches Verfahren Sie vorschlagen, wird davon abhängen, wie leicht es den Medianten fällt, präsent zu sein und einander zuzuhören, sowie von deren Kompetenz, mit Konflikten umzugehen. Die in diesem Abschnitt dargestellte Vorgehensweise unterscheidet sich etwas von denen, die wir bislang betrachtet haben. Ich schlage vor, dass Sie als Mediator in jeder Situation von Neuem entscheiden, welches Vorgehen die meisten Bedürfnisse erfüllen kann. Wenn Sie dazu einladen wollen, auf die oben beschriebene Weise zu arbeiten, können Sie ungefähr Folgendes sagen: *„Ich möchte Sie gerne unterstützen, einander zu verstehen. Deshalb schlage ich vor, dass Sie mit mir sprechen, anstatt direkt miteinander. Mir ist wichtig, dass Sie beide voll und ganz gehört werden und ich glaube, dass das mit dieser Gesprächsform leichter sein wird. Haben Sie etwas dagegen, das eine Zeit lang so zu probieren und danach zu schauen, wie es klappt?"*

Wenn Sie sich darauf einigen und der jeweils Sprechende sich dennoch direkt an den anderen wendet, können Sie ihn unterbrechen und ihn bitten, direkt zu Ihnen zu sprechen. Bei dieser Arbeitsweise bitten Sie den anderen auch nicht darum, Gefühle und Bedürfnisse wiederzugeben, da das schwierig und als Druck erlebt werden kann. Auch wenn die Parteien nur zuhören, ohne die Bedürfnisse des anderen zu spiegeln, trägt das zu mehr Verständnis und Kontakt zwischen den Parteien bei.

4. Rollenspiele

a) Der Mediator spielt die Rolle eines Medianten

Manchmal laufen so starke innere Prozesse ab, dass Menschen große Schwierigkeiten haben, wiederzugeben, was ein anderer sagt. Wenn Sie den Parteien aus irgendeinem Grund nicht in separaten Räumen zuhören wollen, gibt es Alternativen.

Eine Möglichkeit ist, dass Sie als Mediator die Rolle des einen Medianten spielen, während der andere still daneben sitzt, zuhört und beobachtet. In dieser Rolle begegnen Sie dem Sprechenden mit Einfühlung und sagen, wie es Ihnen in der Rolle der Person, die Sie spielen, geht. Es ist von größter Wichtigkeit, dass Sie in der Rolle keinerlei Analysen, Drohungen, Forderungen oder Urteile aussprechen.

Während eines Mediationsgespräches mit einem Ehepaar beschlossen wir – nach einigen ineffektiven Versuchen, Kontakt herzustellen –, dass ich die Rolle des Mannes spielen und der Frau zuhören sollte. Bis zu diesem Punkt hatte sie sich zurückgehalten und nicht gewagt, völlig offen ihre Sorge zu äußern, dass der Mann nicht hören könne, was sie sagen wolle. Als sie sich freier fühlte, sich zu äußern und nicht mehr ständig besorgt war, nicht gehört zu werden, wurde ziemlich schnell deutlich, was sie brauchte und wollte.

Danach konnten wir dazu übergehen, dass sie sich die Gefühle und Bedürfnisse des Mannes anhörte; weiterhin mit mir in der Rolle des Mannes. Ich äußerte das, was ich zuvor von ihm gehört hatte. Anstatt es in Form von Kritik und Forderungen vorzubringen, drückte ich die Sehnsucht und die Bedürfnisse aus, die wohl hinter den Forderungen und der Kritik standen. Als es in dieser Form gesagt wurde, war es für die

Frau ziemlich leicht, zu hören, was er brauchte, sodass wir schnell auf eine Lösung kamen. Als ich aus der Rolle ging und den Mann fragte, wie es für ihn gewesen sei, zuzuhören und ob die Lösung, auf die wir gekommen waren, wirklich für ihn passte, brach es aus ihm heraus: *„Sie kennen mich ja besser, als ich mich selbst kenne!"*

Bis dahin hatte er nie verstanden, was genau er eigentlich brauchte. Überdies war er sehr zufrieden mit der Lösung, auf die wir gekommen waren, da sie auch seine Bedürfnisse erfüllte.

b) Rollenspiel durch zwei Mediatoren

Wenn Sie als Mediatoren zu zweit sind und das Mediationsgespräch sich nicht so entwickelt, wie Sie es sich wünschen, können alternativ beide Mediatoren die Rollen der Medianten übernehmen und so demonstrieren, wie man über das Thema des Konfliktes auf eine verbindungsfördernde Weise sprechen kann. Genau wie bei Punkt 4a ist es natürlich wichtig, die Medianten im Anschluss zu fragen, ob sie sich in dem Rollenspiel wiedererkannt haben und ob sie sehen, inwieweit es ihnen nützen könnte.

5. Wenn ein direktes Gespräch nicht möglich ist: mit Aufnahmen von Rollenspielen arbeiten

Um Situationen zu handhaben, in denen es schwierig ist, die Beteiligten an einen Tisch zu bekommen, kann eine Alternative darin bestehen, beide Parteien einzeln zu treffen. Sie beginnen mit Person A. Mit ihr führen Sie ein Gespräch, in dem Sie die Rolle der anderen Person (B) spielen. In dieser Rolle hören Sie A empathisch zu und äußern die Bedürfnisse von B (wie in Punkt 4). Zeichnen Sie dieses Gespräch auf und hören Sie sich die Aufnahme anschließend mit B zusammen an.

Danach machen Sie das gleiche, nur umgekehrt. Dieses Mal spielen Sie die Rolle von A im Dialog mit B. Wenn Sie dies einige Male so durchgeführt haben, ist möglicherweise genügend Verständnis entstanden, um ein Mediationsgespräch durchzuführen, bei dem beide in Person anwesend sind.

Die einzelnen Schritte dieser Vorgehensweise können folgendermaßen aussehen:

Schritt 1: Aufnahme des Dialogs zwischen Person A und dem Mediator in der Rolle von Person B. A teilt das mit, von dem sie will, dass B es hört. Der Mediator, in der Rolle von B, hört empathisch zu und äußert, was B fühlen und brauchen könnte.

Schritt 2: *Treffen mit Person B, welche die Aufnahme aus Schritt 1 anhört.* Der Mediator beantwortet eventuelle Fragen und übernimmt dann – wie oben beschrieben – die Rolle von A. Auch dieser Dialog wird aufgezeichnet.

Schritt 3: *Treffen mit Person A, die den Dialog anhört.* Der Mediator beantwortet eventuelle Fragen. Danach entscheiden beide gemeinsam, ob sie einen weiteren Dialog aufzeichnen wollen.

Schritt 4: *Sofern es ergiebig ist, werden weitere Dialoge aufgezeichnet.* Kontinuierlich wird ausgewertet, ob es Sinn macht, in dieser Form weiterzumachen oder ob die Zeit reif für eine Mediation ist, bei der beide Parteien und der Mediator gleichzeitig anwesend sind.

Auch wenn eine der Parteien sich nicht in eine Mediationssituation mit Ihnen als Mediator begeben will, kann diese Intervention zum Kontakt zwischen den Parteien beitragen. Zuerst zeichnen Sie ein Gespräch mit dem einen Medianten auf, in welchem Sie die Rolle dessen spielen, der nicht anwesend ist. Danach bekommt derjenige, der nicht teilnehmen wollte, die Möglichkeit, die Aufnahme anzuhören. Ich habe mehrfach erlebt, wie diese Methode einem Dialog den Weg geebnet hat – mit oder ohne Anwesenheit einer dritten Partei.

6. Bedrohliche Situationen

Wenn Sie besorgt sind, dass die Situation für einen der Anwesenden bedrohlich werden könnte, kann eventuell eine weitere Person zur Sicherheit aller Anwesenden beitragen. Bei extrem wütenden Konfliktparteien können Sie alternativ jede Seite einzeln anhören. Mehr dazu finden Sie im Abschnitt „Shuttle-Mediation" (Seite 200).

Falls Sie glauben, dass es die Anspannung erhöhen würde, eine weitere Person zu bitten, der Sicherheit wegen an der Mediation teilzunehmen, ist es wichtig, dass Sie Ihre Absicht offen darlegen und die Beteiligten fragen, ob sie etwas gegen die Anwesenheit dieser Person hätten.

In manchen Fällen kann es kontraproduktiv sein, wenn die Parteien vor der eigentlichen Mediation zusammentreffen. Dies gilt zum Beispiel, wenn Sie Sorge haben, dass eine Drohung es den Beteiligten erschweren könnte, offen und ehrlich zu sein.

Eines der Prinzipien der Gewaltfreien Kommunikation besteht darin, Macht zum Schutz einzusetzen. Wenn wir eingreifen wollen, weil Gesundheit oder Leben von jemandem in Gefahr sind, kann dieses Prinzip sich als sehr unterstützend erweisen. Physische Kraft, um jemanden unter Kontrolle zu halten, setzen wir nur ein, um andere Menschen zu schützen und nicht, um den Betreffenden zu bestrafen. Dasselbe gilt, wenn wir als Autoritätsperson Macht haben. Im Abschnitt „Eingreifen, um zu schützen anstatt zu strafen" in Kapitel 10 (Seite 247) finden Sie weitere Ausführungen dazu, wie in der Beziehung zu Kindern Macht zum Schutz eingesetzt werden kann.

7. Der Mediator in seiner Menschlichkeit

Wenn Sie es als der Sache dienlich ansehen, können Sie als Mediator eine aktive Rolle einnehmen, indem Sie eigene Gefühle, Bedürfnisse und Bitten äußern. Als dritte Partei zu sagen, wie es Sie berührt, den beiden zuzuhören, kann den Parteien einen neuen Blickwinkel auf das Problem, in dem sie sich festgefahren haben, eröffnen, kann neue kreative Perspektiven aufzeigen, mit dem Problem umzugehen. Wenn Sie als Mediator Ihre eigene Menschlichkeit zeigen, kann das den Parteien sogar als Vorbild dienen, ihre Verletzlichkeit zu zeigen und zu mehr Bereitschaft führen, offen und ehrlich zu sein.

Einmal vermittelte ich in Sri Lanka zwischen zwei Gruppen, die beide in einem Projekt zusammenarbeiteten, das ich als sehr bedeutsam und wichtig empfand, um zum Frieden auf dieser schönen, aber vom Krieg heimgesuchten Insel beizutragen. Ich hatte mich wirklich darauf gefreut, hier einen Beitrag leisten zu können und war deshalb zu Beginn der Mediation ungeheuer enthusiastisch. Als ich dann hörte, in wie vielen Punkten sie sich nicht einigen konnten, fühlte ich mich zunehmend machtloser. Wir versuchten und versuchten es, nach allen Regeln der Kunst, kamen aber nicht weiter.

Zum Schluss wollte ich meine Verzweiflung nicht länger zurückhalten, sondern fing zu weinen an und äußerte, wie traurig ich mich fühlte. Ich sagte, dass ich noch mehr Möglichkeiten finden wolle, dazu beizutragen, dass sie eine Einigung fänden. Darüber hinaus sagte ich auch, wie es mich schmerzte, zu sehen, wie schwer es ihnen fiel, mit ihrem Konflikt umzugehen.

Nachdem ihre Verwunderung über meine Tränen sich gelegt hatte, trat eine Wende ein. Mehrere Beteiligte, die zuvor meist darauf hingewiesen hatten, was andere falsch gemacht hätten oder anders machen sollten, teilten nun ebenfalls mit, wie sie sich fühlten und wonach sie sich sehnten. Dies wiederum erleichterte es den anderen, zuzuhören und wir konnten uns für den weiteren Prozess auf einige sehr konkrete Dinge einigen. Als wir abschließend zusammenfassten, was wir erreicht hatten, sagte eine Teilnehmerin: *„Als ich merkte, wie verzweifelt Sie waren, wurde mir bewusst, wie wichtig es mir ist, dazu beizutragen, dass es Menschen gut geht. Dadurch wuchs meine Bereitschaft, den anderen zuzuhören."*

Bevor Sie als Mediator eigene Gefühle und Bedürfnisse äußern, ist es hilfreich, sich erst im Stillen selbst empathisch zuzuhören. Durch Selbsteinfühlung kommen Sie hinter Ihre Urteile und Forderungen und finden heraus, welches Bedürfnis es ist, das sich gerade meldet. Wenn Sie dann in Kontakt sind, was Sie brauchen, ist es für andere oft ein Geschenk, dies auch auszudrücken.

Die Verantwortung des Mediators

Während einer Mediation mit einem Paar, das ich von früher kannte, fingen die beiden schnell auf ihre gewohnte Art zu sprechen an, wodurch es ihnen noch schwerer fiel, in Verbindung zu kommen. Sie benutzen einen Jargon von Zuschreibungen, unklaren Bitten und Andeutungen darüber, was man von seinem Partner erwarten können *sollte*. Ich versuchte, sie in jeder erdenklichen Weise zu unterstützen, übersetze Urteile, unterbrach sie und stellte Vermutungen an, was in ihnen vorging. Ich „zog sie am Ohr" und bat sie, wiederzugeben, was der andere gesagt hatte.

Als nichts zu funktionieren schien, wurde ich immer unruhiger, aber gleichzeitig fing ich auch an, mich zu langweilen. Ich merkte, dass das damit zu tun hatte, dass ich wirklich eine Änderung bewirken und zu ihrer Beziehung beitragen wollte. Nachdem ich Kontakt aufgenommen hatte mit dem, was in meinem Inneren vorging, sagte ich ungefähr Folgendes: *„Ich merke, dass ich mich etwas langweile, aber gleichzeitig bin ich unruhig, weil ich mir wünsche, dass wir alle unsere Energie für etwas einsetzen, das unserem Kontakt nützen kann. Ich möchte wirklich etwas beitragen, zweifele aber so langsam, ob ihr wirklich in Verbindung miteinander kommen möchtet. Um zu entscheiden, ob ich hier tatsächlich eine Hilfe für euch sein kann, möchte ich gerne von euch beiden hören, ob ihr zu eurem Kontakt beitragen wollt. Wäret ihr bereit, dazu etwas zu sagen?"*

Da sie eine vollkommen andere Vorstellung von dem hatten, was ich als Mediatorin sagen und tun würde, waren beide so baff, dass es recht lange völlig still war. Als sie wieder zu reden anfingen, geschah das in einem ganz anderen Ton und mit einer anderen Haltung als zuvor.

Zum Abschluss sprachen wir darüber, wie sie die Mediation erlebt hatten. Beide sagten, dass sie, als ich meine Unruhe und Langeweile ausgedrückt hatte, gemerkt hätten, dass sie mir die Verantwortung überlassen hatten, mich um den Konflikt zu kümmern. Ihnen wurde klar, dass – selbst wenn sie Unterstützung von außen bekommen konnten – es ihre gemeinsame Verantwortung war, wie sie miteinander umgingen und sprachen.

Wie bereits weiter oben erwähnt, lege ich Ihnen nahe, als Mediator erst auf diese Weise zu intervenieren und zu sagen, was in Ihnen vorgeht, nachdem Sie sich innerlich Selbsteinfühlung gegeben haben. Erst wenn Sie still für sich Urteile oder Forderungen, die Sie möglicherweise über/an die Medianten haben, übersetzt haben, kann Ihre offene Äußerung die maximale Wirkung haben.

Wann ist Mediation nicht die beste Wahl?

Wenn Menschen starkem äußeren oder inneren Stress ausgesetzt sind, ist ein Mediationsgespräch, bei dem sich alle Betroffenen begegnen, manchmal sogar kontraproduktiv. Auch bei manchen psychischen Krankheiten kann Mediation ungeeignet sein. Wann Mediation gut ist und wann nicht, ist nicht immer leicht zu entscheiden. Vor jedem einzelnen Mediationsgespräch liegt deshalb die Entscheidung im Ermessen des Mediators.

Mediationen zwischen Parteien, die unter dem Einfluss von Alkohol oder anderen Drogen stehen, sind nicht zu empfehlen. Wenn wir aber davon ausgehen, dass die Rolle des Mediators vor allem darin besteht, Kommunikation zu erleichtern oder überhaupt zu ermöglichen, ist selbst bei solch eher ungünstigen Voraussetzungen zumeist doch irgendeine Form von Mediationsgespräch möglich. Hier hilft es, sich auf die vielen unterschiedlichen Mediations-Varianten zu besinnen und darauf, dass das Mediationsgespräch an sich, wenn es eine maximale Wirkung haben soll, Teil eines längeren Prozesses sein muss und kein losgelöstes Ereignis darstellt.

Mediation als Teil eines Prozesses oder als losgelöstes Einzelereignis?

Vor der Mediation mit den Parteien zu sprechen, kann oft mehr Zeit und Energie kosten als das eigentliche Mediationsgespräch. Auch ist der Verlauf dieses Prozesses ebenso wichtig wie der Verlauf des Mediationsgesprächs selbst.

Leicht sieht man eine Mediation als ein punktuelles Ereignis. Bei dieser Sichtweise übersehen wir jedoch, dass das Mediationsgespräch nur ein Glied in einer langen Kette von Interaktionen und Ereignissen ist – sowohl vor als auch nach dem Mediationsgespräch. Wenn wir Mediation nicht länger als losgelöstes Ereignis, sondern als Teil eines umfassenderen Prozesses ansehen, kann sich das als sehr entlastend auf das Mediationsgespräch auswirken.

Unabhängig davon, ob eine Lösung oder Übereinkunft gefunden wird oder nicht: Das Mediationsgespräch selbst ist nur ein kleiner Schritt in einem längeren Prozess, der vor dem Mediationsgespräch beginnt und auch danach noch weitergeht.

Eine Form, die Parteien vor einem Mediationsgespräch vorzubereiten, ist die sogenannte Shuttle-Mediation. Der Mediator trifft sich zu diesem Zweck abwechselnd mit jeder der Parteien, um einen Dialog in Gang zu bringen. Auch wenn dieser Prozess viel Zeit und Energie in Anspruch nehmen kann, ist er manchmal die einzige Kommunikationsform, zu der die Parteien bereit sind. Der Prozess hat auch viele Vorteile, z.B. dass den Parteien bewusst wird, was sie sich selbst von dem Mediationsgespräch erhoffen.

Auf Seite 203 finden Sie eine strukturierte Übung, die den möglichen Verlauf eines solchen Dialoges illustriert. Bedenken Sie dabei, dass derartige Gespräche deutlich informeller sein können als aus der Übung hervorgeht. Shuttle-Mediation kann auch angewendet werden, wenn es aus irgendwelchen Gründen zwischen zwei Parteien einen starken Widerstand gibt, direkt miteinander zu kommunizieren. Der Prozess kann Vertrauen zum anderen aufbauen. Selbstverständlich ist es wichtig, dass keine Informationen an die andere Partei weitergegeben werden, ohne dass die erste Partei eingewilligt hat. Eine Shuttle-Mediation bietet den Medianten Gelegenheit, über das

Problem zu sprechen und es aus verschiedenen Perspektiven zu betrachten, ohne im selben Moment mit der Reaktion der anderen Partei umgehen zu müssen. Diese Art der Mediation kann dem Mediator auch wichtige Informationen über den Konflikt geben. Falls der Konflikt mehrere Gruppen betrifft, helfen die Vorgespräche dem Mediator auszuloten, welche Personen innerhalb der betreffenden Gruppen möglicherweise am ehesten für ein Mediationsgespräch bereit wären.

Ziele einer Shuttle-Mediation[49]

Eine Shuttle-Mediation hat zum Ziel:
1. Verbindung und Vertrauen in den Prozess und den Mediator zu schaffen.
2. Den Parteien die Möglichkeit zu bieten, in einem sicheren Rahmen ihre Ansichten frei zu äußern und auszudrücken, was ihnen Schmerz verursacht.
3. Zu verdeutlichen, dass der Mediator bereit ist, beiden Seiten zuzuhören.
4. Dem Mediator zu helfen, ausreichend Informationen und einen Überblick zu bekommen, um beizeiten zu sehen, zu welchem Zeitpunkt er das Mediationsgespräch am besten durchführt.
5. Den Parteien ausreichend Einfühlung und Informationen zu geben, damit sie sich dafür öffnen können, die andere Seite zu hören.
6. Dem Mediator die Gelegenheit zu bieten, zu erklären, wie ein Mediationsgespräch ablaufen kann.
7. Den Parteien zu ermöglichen, nachzufragen, wie ein Vermittlungsgespräch ablaufen kann.

Dialog vor dem Mediationsgespräch

Shuttle-Mediation – Vorbereitungen

1. Um ein Mediationsgespräch zustande zu bringen: Wählen Sie aus, mit wem Sie sprechen wollen.
2. Bereiten Sie sich vor. Treffen Sie insbesondere innere Vorbereitungen, zum Beispiel, indem Sie Feindbilder übersetzen, die Sie über sich selbst oder die Parteien haben.

---

49 Anm.d.Ü.: In Anlehnung an das Bild eines Busses, der zwischen zwei Haltepunkten hin- und herfährt bzw. an ein Webschiffchen, das sich hin- und herbewegt.

3. Treffen Sie eine der Parteien. Werfen Sie eine Münze oder wählen Sie die Partei, mit der Sie beginnen wollen, nach einer der folgenden Kriterien aus:
   - Beginnen Sie mit dem, von dem Sie glauben, dass er die meisten Vorbehalte hat, an einem Mediationsgespräch teilzunehmen.
   - Beginnen Sie mit dem, zu dem Sie am schwersten Kontakt finden.
   - Beginnen Sie mit dem, mit dem Sie zuvor am wenigsten gesprochen haben.
4. Ihre hauptsächliche Frage an Person A (die Partei, der Sie zuerst begegnen) ist: *„Was bräuchten Sie, um einzuwilligen, Person B zu einem Mediationsgespräch zu treffen?"* Oder: *„Hätten Sie etwas dagegen, Person B, mit mir als Vermittler, zu treffen?"* Oder: *„Ich bin zuversichtlich, dass es etwas verändern würde, wenn Sie und Person B sich mit mir als Vermittler träfen. Was brauchen Sie, um dazu Ja zu sagen?"* Sowie: *„Gibt es etwas, das ich Person B ausrichten soll, wenn ich sie treffe? Etwas, von dem Sie möchten, dass sie es weiß oder worauf Sie von ihr eine Antwort wollen?"*

Natürlich kann es auch eine Person C, D, E usw. geben, Fahren Sie einfach in derselben Weise fort.

Übung: „Shuttle-Mediation"

Ziel

Diese Übung hat zum Ziel, dass Sie eine Erfahrung machen, wie Shuttle-Mediation ablaufen kann. Dies kann Ihnen Einsichten vermitteln, welche Schwierigkeiten und Möglichkeiten diese Form der Mediation beinhalten kann. Bevor Sie beginnen, stellen Sie sicher, dass alle Übungspartner den vorhergehenden Abschnitt über Shuttle-Mediation gelesen haben.

Die Rollen

Person (Partei) A: Die Person oder Gruppe, mit der Sie zuerst sprechen wollen (siehe Vorschläge, wie Sie diese Entscheidung treffen können, unter „Shuttle-Mediation – Vorbereitungen").
Person (Partei) B: Die Person oder Gruppe, mit der Sie sprechen, nachdem Sie mit Person A gesprochen haben.
Mediator: Können eine oder mehrere Personen sein, die gemeinsam zwischen den Parteien hin- und hergehen, um einen Dialog zu ermöglichen.

Ablauf

Vorbemerkung: Vielleicht möchten sich sowohl die Mediatoren als auch die Parteien etwas Zeit nehmen, um zu besprechen, wie sie in ihren Rollen handeln wollen. Wenn es mehrere Mediatoren gibt, ist es nützlich, sich vorab etwas Zeit zu nehmen, um gemeinsam zu besprechen, wie sie zusammenarbeiten werden (insgesamt etwa zehn Minuten).

1. Der Mediator/die Mediatoren sprechen für zehn Minuten mit Person A und fragen sie, was sie bräuchte, um in eine Mediation einzuwilligen. Lässt sich die Frage schneller klären, können Sie vor Ablauf der zehn Minuten zu Person B gehen.
2. Geben Sie Person B zehn Minuten Zeit, um auf dieselbe Frage zu antworten. Überbringen Sie auch eventuelle Botschaften von Person A und fragen Sie, ob Person B Person A etwas ausrichten lassen möchte.
3. Treffen Sie sich erneut mit Person A.
4. Treffen Sie sich erneut mit Person B.
5. Dies wird fortgesetzt, bis entweder die vereinbarte Zeit für die Übung um ist oder bis beide Parteien sich auf ein gemeinsames Mediationsgespräch geeinigt haben.

Varianten

Diese Übung lässt sich vielfältig variieren. Sie können zum Beispiel die Zeitdauer für jedes Parteiengespräch verändern, jeden Übungspartner alle Rollen ausprobieren lassen, als Parteien große Gruppen nehmen oder mit einem Mediationsgespräch abschließen, bei dem sich alle Parteien treffen.

Es geht nicht darum, es „richtig" zu machen

Ich schätze sehr, was wir aus dem nachfolgenden Bericht von Terry Dobson lernen können, zeigt er doch, dass es im Umgang mit aufgebrachten Menschen nicht darum geht, es „richtig" zu machen oder einer speziellen Methode zu folgen. Die Geschichte erzählt von einem echten Wunsch, in Kontakt zu treten und selbst in jemandem, der andere bedroht oder einschüchternd auf sie wirkt, das Menschliche zu sehen. Für mich wird in dieser Geschichte auch deutlich, wie verführerisch es sein kann, zu versuchen, jemanden zu „besiegen" und wie die Vorstellung, dass der Stärkste gewinnt, in manchen Situationen lebensgefährlich sein kann.

Die Schnellbahn ratterte und klapperte an einem schläfrig machenden Nachmittag im Frühling durch die Vorstädte Tokios. Unser Waggon war vergleichsweise leer – bis auf einige Hausfrauen mit ihren Kindern und einige ältere Leute, die zum Einkaufen in das Stadtzentrum fuhren. Ich schaute verträumt auf die grauen Häuser und die verrußten Hecken.

Als wir in einer Station anhielten, gingen die Türen auf, und plötzlich wurde die nachmittägliche Stille durch laute, aggressive, unverständliche Flüche zerschmettert. Ein Mann schwankte in unseren Waggon hinein. Er trug Arbeitskleidung. Er war groß, betrunken und schmutzig. Schreiend schlug er auf eine stehende Frau ein, die ihr Baby festhielt. Der Schlag schleuderte sie gegen ein älteres Ehepaar. Es war ein Wunder, dass das Baby unverletzt blieb.

Entsetzt sprang das Paar auf und flüchtete zum anderen Ende des Waggons. Der Arbeiter versuchte noch, der alten Frau einen Tritt von hinten zu geben, verfehlte dabei aber sein Ziel, während sie sich in Sicherheit zu bringen versuchte. Dadurch wurde der Betrunkene noch wütender, und er griff nach der senkrechten Haltestange in der Mitte des Waggons und versuchte, sie aus der Halterung zu lösen. Ich konnte erkennen, dass eine seiner Hände Schnittwunden hatte und blutete. Der Zug ratterte weiter, während die Passagiere vor Angst erstarrten. Ich stand auf.

Damals, vor etwa zwanzig Jahren, war ich noch jung und in ziemlich guter Form. Ich hatte seit drei Jahren fast jeden Tag solide acht Stunden mit Aikido-Training zugebracht. Ich genoss das Ringen und Werfen bei diesen Übungen, und ich hielt mich für stark. Das Prob-

lem lag aber darin, dass diese Kampfkunst noch nie von mir in der wirklichen Konfrontation erprobt worden war. Als Aikido-Schüler war es uns untersagt, zu kämpfen.

»Aikido«, hatte mein Lehrer immer wieder und wieder betont, »ist die Kunst des Ausgleichs und der Versöhnung. Wer immer das Bedürfnis zu kämpfen haben mag, hat seine Verbindung mit dem Universum durchtrennt. Wenn du andere Menschen zu beherrschen suchst, bist du bereits besiegt. Wir studieren einen Weg, wie man die Konfrontation auflöst und nicht auslöst.«

Ich hatte auf seine Worte gehört. Ich gab mir Mühe. Ich ging sogar so weit, dass ich auf die andere Straßenseite ging, um den chimparas, den japanischen »Halbstarken« die an den Bahnhöfen herumlungerten, aus dem Wege zu gehen. Meine Voraussicht exaltierte mich. Ich fühlte mich sowohl stark als auch heilig. In meinem tiefsten Herzen jedoch suchte ich nach einer legitimen Möglichkeit, bei der ich die Unschuldigen erretten könnte, indem ich die Schuldigen vernichtete.

»Jetzt ist der Zeitpunkt«, dachte ich, als ich aufstand. »Menschen sind in Gefahr. Wenn ich jetzt nicht eingreife, wird jemand wahrscheinlich verletzt werden.« Als er mich aufstehen sah, erkannte der Betrunkene eine Chance, seine Wut endlich auf ein konkretes Ziel auszurichten. »Aha!« brüllte er. »Ein Ausländer! Ich werde dir eine Lektion japanischer Manieren beibringen!« Ich hielt mich am Haltegriff neben mir fest und vermittelte ihm einen gelangweilten Blick der Abscheu und der Abweisung. Ich hatte vor, dieses Huhn zu rupfen, aber er musste den ersten Schritt vollziehen. Ich wollte ihn noch wütender machen, und so zog ich meine Lippen zusammen und zeigte ihm einen imaginären, herausfordernden Kuss. »In Ordnung!« brüllte er. »Du wirst jetzt deine Lektion bekommen!« Er sammelte sich, um sich auf mich zu stürzen. In dem Bruchteil einer Sekunde, bevor er auf mich losstürmen konnte, rief jemand plötzlich: »Hey!« Es war ein tiefer, eindringlicher Klang. Ich kann mich noch an den merkwürdig freudigen, trällernden Klang erinnern – als ob man mit einem Freund zusammen sorgsam nach etwas gesucht und er diesen Gegenstand nun plötzlich gefunden hat: »Hey!« Ich drehte mich zu meiner linken Seite hin, während der Betrunkene vor mir sich zu seiner rechten wand.

Beide starren wir hinunter auf einen kleinen, alten japanischen Mann. Dieser Herr, der da im makellosen Kimono saß, muss wohl in den Siebzigern gewesen sein.

Mich beachtete er überhaupt nicht, aber er strahlte den Arbeiter an, als ob er ein lang gehütetes Geheimnis mit ihm zu teilen hätte. »Komm doch näher«, sagte der alte Mann in einem sehr umgänglichen Tonfall, während er den Betrunkenen mit leichter Hand zu sich heran winkte.

Der große Mann folgte, als ob er eine Marionette sei. Er pflanzte sich herausfordernd vor dem alten Mann hin und brüllte wieder: »Warum zur Hölle sollte ich mit dir reden?« Er hatte mir jetzt seinen Rücken zugewandt. Wenn er seine Ellbogen auch nur einen Millimeter zu bewegen wagte, würde ich ihn wie einen Baum fällen.

Der alte Mann starrte ihn unverändert weiter an. »Was hast du denn getrunken?« fragte er voller Interesse. »Ich hab' Saké getrunken«, donnerte der Arbeiter als Antwort zurück, »und es geht dich einen Dreck was an!« Er besprühte den alten Mann dabei mit Spritzern von Speichel.

»Oh, das ist wundervoll«, sagte der alte Mann, »absolut wundervoll! Weißt du, ich liebe auch Saké. Jeden Abend wärmen meine Frau (sie ist jetzt sechsundsiebzig, musst du wissen) und ich eine Flasche Saké auf und nehmen sie mit in unseren Garten und setzen uns dort auf eine alte Holzbank. Wir betrachten gemeinsam den Sonnenuntergang und schauen auf unseren Dattelpflaumenbaum.

Mein Urgroßvater hat den Baum gepflanzt, und wir machen uns Sorgen, ob er sich von jenen Frostnächten im letzten Winter erholen wird. Aber wenn man bedenkt, wie nährstoffarm unser Boden dort ist, hat er sich bis jetzt besser gehalten als ich erwartet hätte. Es ist so ein erfüllendes Gefühl, dort mit unserem Saké zu sitzen und den Abend zu genießen – manchmal sogar unter der Überdachung im Regen!«

Er schaute zum Arbeiter hinauf, und seine Augen funkelten. Während er sich bemühte, den Worten des alten Mannes zu folgen, begann sich das Gesicht des Betrunkenen zu entspannen. Seine geballten Fäuste begannen sich zu lösen. »Ja, ja«, sagte er, »ich liebe auch Dattelpflaumenbäume ...« Seine Stimme verebbte langsam. »Ja«, sagte der alte Mann lächelnd, »und ich bin mir sicher, dass du eine wundervolle Ehefrau hast.« »Nein«, sagte der Arbeiter. »Meine Frau ist gestorben.« Sehr sanft, fast synchron mit dem Rhythmus des ratternden Waggons begann der große Mann zu weinen und zu seufzen. »Ich hab' keine Frau. Ich hab' kein Zuhause. Ich hab' keine Arbeit. Ich schäme mich so vor mir selbst.« Tränen rollten an seinen Wangen nieder, ein Zucken von Verzweiflung durchlief seinen ganzen Körper.

Jetzt kam ein Moment. Da stand ich mit meiner gestriegelten Gutartigkeit von unschuldiger Jugend, mit meiner »Wir-machen-die-Welt-sicher-für-die-Demokratie«-Haltung der Selbstgerechtigkeit. Plötzlich fühlte ich mich schmutziger als der Betrunkene.

Dann erreichte der Zug meine Haltestelle. Während sich die automatischen Türen öffneten, hörte ich im Gehen noch, wie der alte Mann verständnisvoll mit seufzte: »Oh weh, oh weh! Das ist wirklich sehr traurig. Setz' dich doch hier zu mir her und erzähle mir davon.«

Ich wandte den Kopf, um einen letzten Blick zu werfen. Der Arbeiter lag auf der Sitzbank, mit seinem Kopf im Schoß des alten Mannes, der mit seiner Hand sanft über das verfilzte Haar des Betrunkenen strich. Während der Zug den Bahnhof wieder verließ, setzte ich mich am Bahnsteig auf die Wartebank.

Das, was ich mit Muskelkraft hatte erreichen wollen, war durch gütige Worte vollbracht worden. Ich war gerade Zeuge dessen geworden, was Aikido im Kampf ist – und die Essenz davon ist Liebe. Ich würde, so wurde mir klar, diese Kunst noch lange mit einer anderen geistigen Haltung ausüben müssen, bevor ich auch nur über die Schlichtung eines Konfliktes sprechen könnte.

Terry Dobson[50]

Die von Morihei Ueshiba zusammengefassten Grundprinzipien des Aikido können auch in der Mediation verwendet werden:

„*Das Geheimnis des Aikido besteht darin, uns mit den Bewegungen des Universums in Übereinstimmung zu bringen. Wer das Geheimnis des Aikido verstanden hat, trägt das Universum in sich und kann sagen: ‚Ich bin das Universum.'*
[...] Wenn ein Feind versucht, mit mir, dem Universum selbst, zu kämpfen, muss er die Harmonie des Universums brechen. Deshalb ist er bereits in dem Augenblick besiegt, in dem er sich vornimmt, mit mir zu kämpfen. [...]

Wie kannst du deine unklaren Gedanken ordnen, dein Herz reinigen und in Harmonie mit der Bewegung aller Dinge in der Natur leben? Zuerst solltest du dir das Herz Gottes zu eigen machen. Es ist eine große Liebe, die überall und zu allen Zeiten im Universum wirksam ist. In der Liebe gibt es keine Zwietracht. Die Liebe hat keinen Feind." – Morihei Ueshiba (Begründer des Aikido) [51]

---

50 Dobson, Terry in: Dass, Ram & Gorman, Paul (Hrsg.) (1994), Wie kann ich helfen, Sadhana Verlag, S. 160-165.
51 Ueshiba, Kisshomaru (unter der Anleitung von Meister Morihei Ueshiba) (1974), AIKIDO, S. 177f., Hozansha Publishing.

Unsere Entscheidungen beeinflussen andere

Einem Jugendlichen, der gefasst worden war, nachdem er einer älteren Frau die Handtasche entrissen hatte, wurde angeboten, an einer Mediation teilzunehmen. Zuerst verstand er nicht im Geringsten, was der Sinn der Sache sein sollte.

In seinem Inneren war einiges los. Einerseits war er wütend auf alle Erwachsenen, weil er fand, dass sie nervten und ihn sowieso nur dazu bringen wollten, einzusehen, dass er das, was er getan hatte, nicht hätte tun sollen. Andererseits schämte er sich und hatte Schuldgefühle. Er selbst dachte nämlich, dass er falsch gehandelt habe, fand seine Tat ziemlich niederträchtig und meinte, dass er keine solche Chance verdient habe. All diese Gefühle und die ihnen zugrunde liegenden Gedanken machten es schwierig für ihn, in eine Mediation einzuwilligen. Die Vorstellung, noch öfter zu hören, dass er ein Dieb sei und es hätte besser wissen sollen, ließ für ihn ein Mediationsgespräch nicht gerade verlockend erscheinen. Die Tatsache, dass es der Frau, der er die Tasche entrissen hatte, helfen könnte, brachte ihn letztendlich dazu, trotzdem in die Teilnahme einzuwilligen.

An der Mediation nahmen die Frau, ihre engste Freundin, der Junge, seine Eltern sowie der Mediator teil. Als dem Jungen im Verlauf der Mediation allmählich klar wurde, wozu seine Handlung geführt hatte, sank er immer mehr in sich zusammen. Mit Tränen in den Augen hörte er sich an, wie die Frau und ihre Freundin erzählten, wie viel Angst sie seit der Tat hätten, auf die Straße zu gehen. Die Tränen rannen ihm die Wangen herab, als er erfuhr, dass sie inzwischen kaum noch wagten, einander zu besuchen.

Ich glaube, dass er letztendlich bereit war, sich an einer Wiedergutmachung zu beteiligen, weil er die Tatsache an sich heranließ, welchen Einfluss er auf die Wirklichkeit eines anderen Menschen gehabt hatte. Ich bin sogar davon überzeugt, dass gerade diese Einsicht über die Auswirkung seiner Handlungen einen ganz anderen Einfluss auf ihn hatte, als wenn er eine „gewöhnliche" Strafe bekommen hätte. Ebenso hätte es sich anders auf ihn ausgewirkt, wenn er (vielleicht unter Androhung einer Strafe, wenn er das nicht mache) bloß um Entschuldigung gebeten hätte. Nun hatte er auch Gelegenheit, sich an der Wiedergutmachung der Folgen seiner Handlungen zu beteiligen. Man einigte sich, dass er die Frau und ihre Freundin während eines bestimmten Zeitraums zwei bis drei Mal pro Woche begleiten würde, wenn sie einander besuchen wollten. So konnte er nicht nur dazu beizutragen, dass die Frauen ihr Sicherheitsgefühl zurückgewinnen konnten; auch er bekam eine Chance, seine Selbstachtung wiederzuerlangen.

Einer der wertvollsten Aspekte von Mediationen in Strafsachen besteht tatsächlich darin, dass derjenige, der eine Straftat begangen hat, seine Selbstachtung wieder herstellen kann. Menschen mit niedriger Selbstachtung schätzen ihr eigenes Leben nicht sonderlich hoch, weshalb das Risiko, dass sie weitere Straftaten begehen werden, sehr groß ist. Nur wer sich selbst als wichtig erachtet, macht sich auch Gedanken darüber, was er tut und welche Folgen die eigenen Handlungen für andere haben könnten.

Moralische Entwicklung

Ob wir motiviert sind, Dinge zu tun oder nicht zu tun, hängt davon ab, an welchem Punkt wir in unserer moralischen Entwicklung stehen. Hierzu gibt es sehr viel zu sagen. Ich möchte es jedoch in einigen kurzen Punkten zusammenfassen und es Ihnen als Leser überlassen, sich an anderer Stelle näher damit zu befassen.[52] Ich glaube, dass wir nur dann eine dauerhaft friedliche Gesellschaft aufbauen können, wenn die Motivation, achtsam mit anderen umzugehen, von innen heraus kommt.

„Ich tue es nicht, weil es verboten ist."
Motivation: bestehende Gesetze befolgen.

„Ich tue es nicht, weil ich bestraft werden kann, wenn jemand mich ertappt."
Motivation: einer Strafe entgehen.

„Ich tue es nicht, weil andere mich dann nicht mehr mögen."
Motivation: dafür sorgen, gemocht zu werden; „Liebe erkaufen", Zugehörigkeit.

„Ich tue es nicht, weil ich sehe, dass es anderen schaden kann."
Motivation: gegenseitiger Respekt, Rücksichtnahme und Fürsorge für das Wohlergehen anderer.

Mediation in Strafsachen

Mediation in Strafsachen geht von dem Gedanken aus, dass sowohl Täter als auch Geschädigte davon profitieren, an der Wiedergutmachung des Schadens beteiligt zu sein. Im Gegensatz zum bestehenden Rechtssystem, das darauf basiert, jemanden zu bestra-

---

52 Siehe hierzu auch das Stufenmodell von Kohlberg (http://de.wikipedia.org/wiki/Lawrence_Kohlberg).

fen, der das Gesetz übertreten hat, liegt der Fokus hierbei auf den Bedürfnissen, die bei den Betroffenen nicht erfüllt wurden. Die Beteiligten können so Heilung und Versöhnung erleben: Diejenigen, welche die Straftat begangen haben, werden dabei unterstützt, Verantwortung für ihr Handeln zu übernehmen, anstatt nur eine Strafe abzusitzen.

Ich habe großes Vertrauen in die Möglichkeit tiefgehender Veränderung, wenn ein Mensch, der eine Straftat begangen hat, an einer Mediation teilnimmt und zu hören bekommt, wie seine Taten sich auf das Leben anderer ausgewirkt haben sowie Fragen wie die folgenden wirklich aufnimmt und über sie nachdenkt:

„Wie fühlen Sie sich, nachdem Sie gehört haben, wie das Leben anderer Menschen durch das, was Sie getan haben, beeinflusst wurde?"

„Was können Sie tun, um das Geschehene ganz oder teilweise wiedergutzumachen[53]?"

In bestimmten Fällen kann eine Art Vertrag zwischen den Parteien geschlossen werden. Dieser kann zum Beispiel die Einhaltung bestimmter Regeln während des Mediationsgespräches behandeln und darlegen, was Medianten und Mediator tun sollen, falls diese nicht eingehalten werden. Wenn Sie als Mediator merken, dass Vereinbarungen nicht eingehalten werden, können Sie darauf hinweisen. Sie können zum Beispiel fragen, ob jemand nicht länger teilnehmen möchte oder ob ihm nicht länger daran gelegen ist, eine Verbindung aufzunehmen und das, was geschehen ist, wiedergutzumachen. Verändert sich aus irgendeinem Grund die Absicht bei den Teilnehmenden, empfiehlt es sich, die Mediation entweder abzubrechen oder mithilfe empathischen Zuhörens zu versuchen, Verständnis zu schaffen.

In Schweden wird seit 2008 Jugendlichen bis 21 Jahren, die Straftaten begangen haben, die Möglichkeit zur Mediation angeboten. In bestimmten Fällen wird dieses Angebot auch über 21-Jährigen gemacht. Nutzt man Mediation als Ergänzung zum regulären Prozess, ist damit die Hoffnung verbunden, dass dies den Beteiligten deutlich erfahrbar macht, was übliche Straftaten Jugendlicher (vorsätzliche Körperverletzung, Diebstahl, Nötigung, Beschädigung und Ladendiebstahl) an Folgen für die Betroffenen haben können. Mediation hat hier das Ziel, die negativen Konsequenzen für Täter und Opfer zu verringern.

Dieser Ansatz macht mir Hoffnung. Ich glaube, dass die Wahrscheinlichkeit größer ist, dass Menschen ihr Verhalten ändern, wenn sie einsehen, dass sie nicht nur gegen ein Gesetz verstoßen, sondern dass auch andere Menschen durch ihr Verhalten Schaden nehmen. Wenn sie bis ins Innerste verstehen, wie ihr Handeln andere Menschen betroffen hat, wird sie das stärker motivieren, rücksichtsvoller zu handeln als Gesetze

---

53 Anm.d.Ü.: Gemeint ist die Vereinbarung eines Ausgleichs, der zur Erfüllung von Bedürfnissen des Geschädigten im Hier und Jetzt beiträgt, kein „Wiedergutmachen" im moralischen Sinne.

es vermöchten. Wenn wir wiederherstellen, was sich wiederherstellen lässt anstatt uns darauf zu konzentrieren, diejenigen, die Straftaten begangen haben, zu bestrafen, bin ich zuversichtlich, dass so in viel größerem Maße Wiederholungstaten vorgebeugt werden kann.

Im Rahmen einer Mediation können unterschiedliche Formen von „Absprachen" oder Vereinbarungen getroffen werden. Es kann zum Beispiel eine Vereinbarung darüber geben, wie die Parteien sich dem jeweils anderen gegenüber verhalten sollen.

Die meisten in diesem Buch beschriebenen Prinzipien und Kenntnisse können auch in der Mediation in Strafsachen eingesetzt werden. Allerdings ist dafür noch einiges mehr zu berücksichtigen, auf das in diesem Rahmen nicht eingegangen werden kann.[54]

Zusammenfassung, was Mediation in Strafsachen bewirken kann:

- Vorbeugung von Wiederholungstaten
- Eine Möglichkeit für die Opfer, Antworten auf ihre Fragen zu bekommen und darin gesehen zu werden, was die Tat für sie bedeutet hat
- Eine Möglichkeit für den Täter, Selbstachtung zu erleben
- Unterstützung für den Täter, sein Selbstbild als „Krimineller" zu verändern
- Konfliktlösung
- Pädagogischer Effekt (alternative Möglichkeiten aufzeigen, wie man mit Konflikten umgehen kann)
- Beteiligung: Mehr Personen bekommen die Chance, sich an der Behandlung des Verbrechens zu beteiligen. Es ist nicht nur eine Sache des Rechtssystems.
- Entlastet das vorhandene Rechtssystem von weniger gravierenden Vergehen, die zwischen den Parteien gelöst werden können.

---

54 Vertiefende Gedanken zu Mediation in Strafverfahren finden Sie hier:
www.s-f-m.se und www.medling-vidbrott.se (schwedischsprachige Quellen)

Wiederherstellende Gerechtigkeit[55]

Hinter Mediation in Strafsachen steht die Philosophie der sogenannten wiederherstellenden Gerechtigkeit (eng.: *restorative justice*)[56] – ein relativ neuer Begriff in der traditionellen Kriminologie. Wiederherstellende Gerechtigkeit kann als alternative Umgangsweise mit den Konsequenzen einer Straftat und mit der Wiedergutmachung des Schadens beschrieben werden. Die Prinzipien selbst sind jedoch uralt und werden in verschiedenen Kulturen auf der ganzen Welt angewandt. Wiederherstellende Gerechtigkeit beruht auf der Idee, dass das Opfer einer Straftat selbst die Gelegenheit bekommt, dem Täter zu erzählen, wie die Straftat sich auf sein Leben und seinen Alltag ausgewirkt hat und dadurch eine Möglichkeit zur Heilung geschaffen wird.

Mediation in Strafsachen, zum Beispiel der Täter-Opfer-Ausgleich, zielt darauf ab, entstandenen Schaden wiedergutzumachen und Wiederholungstaten vorzubeugen. Stärke und Kennzeichen dieser Sichtweise ist, dass der Täter als Teil eines sozialen Umfelds gesehen wird – was in der praktischen Umsetzung leider nicht immer ganz so funktioniert. Werden im Mediationsprozess die das Leben des Täters beeinflussenden gesellschaftlichen Zusammenhänge nicht genügend berücksichtigt, ist das Risiko groß, dass der präventive Aspekt verlorengeht. Auch wenn z.B. notwendige Folgetreffen teilweise aus Effektivitäts- und Kostengründen gestrichen werden, riskiert man, dass die Kosten auf lange Sicht ansteigen und die Effektivität abnimmt. Das Potenzial der Mediation als gesellschaftsverändernde Kraft wird dann nicht ausreichend genutzt.[57]

---

55 Anm.d.Ü.: Restorative justice (wiederherstellende Gerechtigkeit) ist ein international gebräuchlicher (und aufgrund der Doppelbedeutung von „justice" nicht umfassend ins Deutsche übersetzbarer) Begriff für eine alternative Form der Konfliktregelung. Es ist eine Reaktion auf Delikte, die den Geschädigten, den Täter und die Gemeinschaft in die Suche nach Lösungen einbezieht. Die Lösungen sind auf die Wiederherstellung von positiven sozialen Beziehungen, insbesondere auf Wiedergutmachung, Versöhnung und Vertrauensbildung hin angelegt. Ein Beispiel für diese Form der Konfliktregelung ist der „Täter-Opfer-Ausgleich" im deutschen bzw. der „Außergerichtliche Tatausgleich" im österreichischen Strafrecht.
56 www.restorativejustice.org (englischsprachige Quelle).
57 Åström, Pernilla & Landberg, Anna-Carin (2004), Peace, love and understanding – blir det effekten av medling vid ungdomsbrottslighet? Umeå universitet (schwedischsprachige Quelle)

Das traditionelle Rechtssystem, wie es in den meisten Ländern der Welt praktiziert wird, stellt häufig das genaue Gegenteil der wiederherstellenden Gerechtigkeit dar. Im Grunde geht es nur darum, dass *Staat* und *Täter* sich begegnen und dass ein starres Regelwerk befolgt wird. Die Strafe wird entsprechend einer vorbestimmten Skala festgesetzt.

Mediation kann auch dann in Strafsachen eingesetzt werden, wenn wir die eine Person als Schuldigen sehen. Allerdings versäumen wir so zu erkennen, wo die wirklichen Veränderungen stattfinden müssen. Wir unterstützen dann ein Mediationsgespräch zwischen Täter und Opfer, unterlassen es aber, den Täter als Teil eines Umfelds zu sehen, das zu der Straftat beigetragen oder sie zumindest nicht verhindert hat. Wiederherstellende Gerechtigkeit basiert auf einem uralten Wissen darüber, was in einer Gesellschaft geschehen muss, wenn jemand einen Fehler gemacht hat. Unter anderem die Maori setzen seit Jahrtausenden einen „Versöhnungsrat" ein. Bei ihnen findet Mediation nicht nur zwischen Tätern und Opfern statt, sondern auch die Familien beider Seiten, Freunde und andere Personen aus ihrem Umfeld können zum Versöhnungsrat eingeladen werden. Alle bekommen die Möglichkeit, sich zu äußern und auf Zusammenhänge hinzuweisen. Ich bin der Ansicht, dass wir gerade dann, wenn wir Fehler gemacht haben – und wer ist schon fehlerlos? – unsere Mitmenschen am meisten brauchen.

Howard Zehr, ein Vertreter der wiederherstellenden Gerechtigkeit, hat verglichen, welche typischen Unterschiede sich zwischen dem traditionellen Rechtssystem und dem Gedanken der wiederherstellenden Gerechtigkeit zeigen:[58]

Traditionelles Rechtssystem:
Welche Gesetze wurden übertreten?
Wer hat es getan?
Welche Strafe verdienen die Täter?

Wiederherstellendes System:
Wer ist zu Schaden gekommen?
Welche Bedürfnisse haben diese Personen?
Was muss getan werden, um das wiedergutzumachen?

In unserer Rechtsordnung will man mit der Strafe selbst zeigen, dass gegen ein Gesetz verstoßen wurde. Oft ist jedoch nicht deutlich, in welcher Weise die Straftat Menschen betroffen und ihnen Schaden zugefügt hat. Die Opfer werden so häufig zu Nebenfiguren. In einem wiederherstellenden System werden die Bedürfnisse der Opfer in den Mittelpunkt gerückt und ein besonderer Schwerpunkt auf die Verantwortung des Täters gelegt, dazu beizutragen, den Schaden, den er verursacht hat, wiedergutzumachen.

---
58 Zehr, Howard (2002), The Little Book of Restorative Justice, Good Books (englischsprachige Quelle).

Zusammenfassung „Wiederherstellende Gerechtigkeit"

- Die Aufmerksamkeit richtet sich darauf, wiederherzustellen, anstatt zu strafen.
- Es geht um den *Täter* und um das *Opfer*, nicht um das Rechtssystem.
- Ziel ist, dass der Täter die Konsequenzen seiner Handlung einsieht und für diese Verantwortung übernimmt.
- Das Opfer hat das Recht, sich aktiv zu beteiligen.
- Im Zentrum der Aufmerksamkeit stehen Versöhnung und Integration.

Mediation in Arbeitsgruppen und Teams

Halb ernst gemeint, halb im Scherz, pflege ich zu sagen: „Wenn wir nur so schlau wie Pferde wären, würden wir viel schneller Wege finden, zusammenzuarbeiten." Der Gedanke gründet sich unter anderem auf Beobachtungen, die ich als pferdebegeisterte Jugendliche machte.

Auf dem großen Weideland außerhalb meiner Heimatstadt werden die Junghengste jedes Frühjahr als Herde auf die Weide gelassen. Jedes Jahr versammeln sich auch viele neugierige Menschen, weil sie es spannend finden, zuzusehen, wenn die Pferde ihre Rangordnung klären. Zu Beginn gibt es recht heftige Zusammenstöße, mit Bissen und Tritten. Aber noch vor dem Abend ist die Rangordnung klar und die Pferde weiden friedlich miteinander.

Würden wir in unseren Teams ähnlich schnell zusammenkommen wie die Pferde, könnten wir unsere gemeinsamen Ziele auf viel effizientere Weise erreichen. Damit meine ich natürlich nicht, dass wir uns beißen oder treten sollten. Wir müssen eine andere Form der Kommunikation finden, die zu uns als Menschen passt. Ich glaube, es könnte unserer Zusammenarbeit dienen, wenn wir klarer ausdrücken würden, was wir wollen und es wagten, unsere Verletzlichkeit zu zeigen und „alle Karten" auf den Tisch zu legen.

Was aber mag es sein, das es den Menschen oftmals so schwer zu machen scheint, eine Struktur für ihre Zusammenarbeit zu finden? Wie kommt es, dass die meisten Menschen schon einmal Mitglied eines Teams waren, in dem ihnen wiederkehrende Konflikte alle Kraft genommen haben? Waren wir einst ähnlich naturbegabt wie Pferde, eine funktionierende Gruppe zu schaffen? Gibt es Menschen und Gruppen, die immer noch in der Lage sind, so einfach und effektiv zusammenzuarbeiten?

Zu diesen Überlegungen gibt es keine einfachen Antworten. Ich glaube, dass unsere Schwierigkeiten teilweise darauf beruhen, dass wir oft der Frage, wer die Gruppe leitet, zu viel Bedeutung zumessen und uns hierarchisch anordnen, selbst wenn dies keinerlei Funktion erfüllt. In einer hierarchischen Struktur zu arbeiten oder Autoritäten blind zu folgen ist keine Lösung. Wir müssen eine Art des Umgangs finden, die allen Mitgliedern einer Gruppe dient und die uns Menschen entspricht. Und die Art des

Umgangs, für die wir uns entscheiden, sollte im Einklang mit der Natur und anderen Lebewesen stehen.

In Dominanzsystemen wird die Leitung als wichtigste aller sozialen Funktionen oder Rollen gesehen. Entsprechend haben in den meisten Organisationen Leiter und Vorgesetzte die höchsten Gehälter und die meisten Privilegien. Man gesteht ihnen zu, dass sie diese besonderen Privilegien verdienen und dass sie ein Recht auf mehr Wohlstand als andere haben. Außerdem haben wir gelernt, uns von äußeren Belohnungen motivieren zu lassen und so ist eigentlich ganz klar, worum wir uns schlagen. Es ist nicht verwunderlich, wenn Menschen in solchen Systemen mit aller Macht um Führungspositionen kämpfen oder zu verhindern versuchen, dass andere diese besetzen. Da wir gleichzeitig gelernt haben, wie wichtig es ist, zu gewinnen und welche Bedeutung persönlicher Besitz hat, sind dies Strategien, zu denen wir oft greifen.

Da das Thema Führung so brisant ist, verlieren wir andererseits manchmal aus den Augen, welche positiven Seiten ein System mit einem Leiter haben kann. Dann fällt es uns schwer, überhaupt funktionierende Gruppen zu bilden und den Leiter zu unterstützen. Und da wir – wie bereits gesagt – gelernt haben, Motivation aus Belohnungen zu ziehen, gilt es, beim Leiter ein gutes Ansehen zu genießen, da dieser die Macht zu belohnen und zu bestrafen hat. Dinge, die dieses System bedrohen, kommen jedoch häufig nicht auf den Tisch, werden tunlichst verheimlicht, und genau aus diesem Vermeidungsverhalten können immer wieder Konflikte entstehen, die später eskalieren und nur noch schwer beherrschbar sind. Wenn innerhalb eines solchen Systems jemand etwas Neues ausprobieren möchte, endet das häufig in „Meuterei" oder Rückzug – beides weiterer Nährboden für Konflikte.

Wie wirken sich nun derartige Machtkämpfe auf eine Gruppe aus? Stellen Sie sich ein Gespräch in einem Team vor, in dem der größte Teil des Gruppenprozesses unter der Oberfläche geschieht:
Birgit: *„Michael will blaue Tapeten im Pausenraum haben."*
Mechthild: *„Ich habe doch gesagt, dass ich nicht glaube, dass das in blau gut aussehen wird. Ich will auf jeden Fall die grünen haben."*
Birgit: *„Anne scheint sich auch für blau entschieden zu haben."*
Mechthild: *„Oh ... Na dann. Vielleicht ist blau gar nicht so schlecht, solange es nur der richtige Farbton ist."*

Dies ist eine übliche und zumeist unbewusste Art, sich in einer Gruppe zu verhalten, in der man nach Einflussmöglichkeiten und seinen Platz in der Rangordnung sucht. Als Mediator in Teams müssen Sie darauf gefasst sein, sich mit für Sie anfangs nicht durchschaubarem „altem Sauerteig" auseinanderzusetzen. Alles, was bisher nicht geklärt worden ist, kann sich auf aktuelle Konflikte auswirken. Deshalb kann auch eine bestimmte Tapetenfarbe im Pausenraum plötzlich so unglaublich wichtig sein und es kann Monate dauern, bis es zu einer Entscheidung kommt. Wenn Ihnen als Mediator klar ist, dass der Konflikt zwischen Michael und Mechthild bereits seit langem besteht und sich schon in ganz unterschiedlicher Form gezeigt hat, wundern Sie sich vielleicht nicht mehr so sehr, wenn die Mediation sich plötzlich um die Farbe der Tapeten dreht, auch wenn der Kern des Problems etwas ganz anderes ist.

Wenn es einer Gruppe gelingt, gemeinsam eine Lösung in einer unbedeutend scheinenden Frage finden, ist dies nicht zu unterschätzen. Die Beteiligen können daraus die dringend benötigte Hoffnung ziehen, dass sie tatsächlich in der Lage sind zu kooperieren. Deshalb kann ein solches Ergebnis viel bedeutungsvoller sein, als es aussieht, insbesondere wenn die Gruppenmitglieder seit langem aufreibende Konflikte hatten. Selbst wenn allen klar ist, dass man noch nicht zum Kern des Konfliktes vorgedrungen ist oder ihn in seiner Ganzheit gelöst hat, kann sich eine kleine Lösung auf das Wohlbefinden aller Gruppenmitglieder auswirken.

Im obigen Beispiel fühlt sich Mechthild Anne, die sie unterstützt, sehr verbunden. Deshalb möchte sie möglichst nichts tun, was diese Beziehung beeinträchtigen könnte. In einer Gruppe mit mehreren stark ausgeprägten „Fraktionen" hat es oft den Anschein, als äußerten sich alle offen zu einer bestimmten Frage, während in Wirklichkeit das meiste im Hintergrund geschieht. Besonders wenn es in einem Konflikt um Macht und Führungsfragen geht, wird Ehrlichkeit häufig als Bedrohung des mühsam erworbenen Ranges erlebt. Da eine Mediation jedoch ohne Offenheit nicht funktionieren kann, müssen zunächst Zeit und Energie dafür aufgewendet werden, eine Atmosphäre des Vertrauens zu schaffen, in der die Mitglieder der Gruppe es riskieren können, ehrlich zu sein.

In einer Gruppe zu vermitteln, in der es viele Tabuthemen, eine starke Ausrichtung auf Konkurrenz und wenig Konfliktkompetenz gibt, kann eine ziemliche Herausforderung sein. Zur Vorbeugung von Konflikten kann ein Gruppenleiter das Miteinander so gestalten, dass Konkurrenz und Wettkampf nicht gefördert und stattdessen Kooperation und gegenseitiger Respekt begünstigt werden. So wird es deutlich weniger Konflikte geben. Wenn man zudem nicht länger auf Angst vor Strafe und Aussicht auf Belohnung als Motivatoren setzt, sondern hier nach Alternativen sucht, wird auch das den Umgang mit Konflikten erleichtern. Lässt man Mitglieder an Entscheidungen teilhaben, die einen großen Teil der Gruppe betreffen, wird es vermutlich zu weniger Konflikten kommen.

Gruppen, die darüber hinaus bereit sind, offen über Tabuthemen wie Geld, Konflikte, starke Gefühle (beispielsweise Wut oder Trauer) zu sprechen, werden vermutlich auf befriedigende Weise mit Konflikten umgehen können. Es wird ihnen auch leichter fallen, die Möglichkeit ins Auge zu fassen, eine dritte Partei um Unterstützung zu bitten.

Wertschätzung – vorbeugender Umgang mit Konflikten

Seit etwa 20 Jahren bin ich als Beraterin, Trainerin und Mediatorin tätig und habe in dieser Zeit immer wieder in Arbeitsgruppen nachgefragt, ob die Teilnehmer der Meinung seien, dass sie ausreichend Wertschätzung ausdrückten und hörten. Noch nie habe ich ein „Ja" zur Antwort bekommen. Die meisten von uns sehnen sich danach, häufiger zu hören, auf welche Weise ihr Handeln für andere einen echten Unterschied bewirkt. Wenn wir nicht das Maß an Wertschätzung zu *hören* bekommen, das wir uns wünschen, ist es leicht zu glauben, dass deshalb andere nicht schätzen, was wir tun – und vielleicht begnügen wir uns damit. Aber, Hand aufs Herz, wie viele Menschen in Ihrer Umgebung bekommen all das zu hören, was Sie an Ihnen wertschätzen? Die meisten von uns drücken bei Weitem nicht so viel Dankbarkeit aus, wie sie erleben. Wenn ich frage, was Menschen daran hindert, Wertschätzung und Dankbarkeit auszusprechen, bekomme ich oft eine der folgenden beiden Antworten: *„Sie weiß bereits, wie sehr ich sie wertschätze!"* Und: *„Er würde sowieso nicht zuhören. Er scheint immer so verlegen zu werden, wenn jemand ihm seine Wertschätzung zeigt."*

Sollen das wirklich die Gründe sein, die Sie daran hindern, Ihre Wertschätzung auszudrücken? Meinen Sie, dass ein anderer Ihre Wertschätzung nicht hören will, auch wenn er weiß, dass Sie die Dinge schätzen, die er tut? Möchte jemand nicht hören, dass Sie dankbar sind, selbst wenn er sich vielleicht etwas geniert und nicht gewohnt ist, offen Wertschätzung anzunehmen? Würden Sie selbst es hören wollen? Ich vermute, dass die Antwort „Ja" ist.

Was hat Wertschätzung mit Mediation zu tun? Inspiriert durch einen Vorschlag von Marshall Rosenberg habe ich verschiedenen Teams empfohlen, testweise Gelegenheiten einzuplanen, bei denen sie über Dinge sprechen, die sie wertschätzen. Das kann z.B. in der Teambesprechung sein, in der Besprechung des Führungskreises oder in einer wöchentlichen informellen Kaffeerunde, in der man einfach darüber spricht, was funktioniert und was man an dem, was andere tun, schätzt, und zwar mindestens zehn Minuten lang. Zu Beginn erscheint das vielen als zu lang, aber wenn ich diese Gruppen einige Zeit später wiedersehe, berichten die meisten, dass sie sich mittlerweile mindestens 20 Minuten für Wertschätzung nehmen und dass ihnen das wirklich gefalle. Ergebnis? Alle Gruppen, die diese Herausforderung angenommen haben, berichten, dass es gleichzeitig leichter geworden ist, mit Konflikten und Dingen, die nicht funktionieren, umzugehen.

Was kann die Erklärung dafür sein? Ich glaube, wenn wir Menschen begreifen, welche enormen Möglichkeiten wir haben, zum Leben anderer beizutragen, werden wir auch erkennen, wie viel Freude es zur Folge hat, wenn wir diese Möglichkeit wahrnehmen. Sind wir mit dieser Freude einmal in Kontakt gekommen, werden wir vermutlich bewusst unser Leben und das anderer bereichern wollen.

Teil einer Gruppe zu sein, in der alle gesehen werden und in der Ehrlichkeit einen hohen Stellenwert hat, ist eine ausgesprochen nährende Erfahrung. In einem solchen Team ist die Motivation groß, die Gemeinschaft zu schützen, indem man z.B. potenzielle Konfliktsituationen klärt.

Wertschätzung à la GFK

Damit Wertschätzung innerhalb einer Mediation für beide Seiten den höchstmöglichen Nutzen hat, muss sie so ausgedrückt werden, dass der andere genau erfährt, was jemand an seinen Worten oder Taten schätzt. So kann derjenige, der Wertschätzung erfährt, wesentlich leichter aufnehmen, was der andere ihm sagen will. Es ist wichtig, sich in Beobachtungssprache auszudrücken, damit der andere keine Möglichkeit hat, etwas misszuverstehen. Im nächsten Schritt wird geäußert, welche Auswirkungen das, was der andere getan hat, auf den Sprechenden hatte: In welcher Weise macht es sein Leben schöner, leichter, lustiger o.Ä.? Wie fühlt er sich? Welche seiner Bedürfnisse wurden durch die Worte oder Taten des anderen erfüllt?

Schritt 1: Erzählen Sie dem anderen, was Sie ihn haben sagen hören oder tun sehen. Seien Sie dabei so genau wie möglich, zitieren Sie ihn ruhig wörtlich.
Schritt 2: Finden Sie Worte dafür, wie Sie das bereichert hat: wie Sie sich fühlen und welche Ihrer Bedürfnisse dadurch erfüllt wurden.

Wenn Sie Ihre Wertschätzung in Form von Lob ausdrücken, jemandem also sagen, dass Sie ihn für gut, tüchtig, wunderbar etc. halten, kann leicht eine Distanz entstehen, insbesondere dann, wenn der andere nicht weiß, wie er aufnehmen soll, was Sie sagen.

Anstatt jemanden als „tüchtig" zu bewerten, können Sie sagen: *„Ich bin so erleichtert und schätze wirklich, dass Sie all das gemacht haben, weil es meine Arbeit viel einfacher macht."*

Anstatt jemanden als „wunderbar" zu bewerten, können Sie sagen: *„Ich freue mich so, wenn ich an die letzten fünf Mal denke, die wir zusammengearbeitet haben. Ich habe da-*

bei unheimlich viel Spaß gehabt und dank Ihrer Art, mit Menschen umzugehen, habe ich so viel gelernt. Möchten Sie gerne mehr hören?"

Wertschätzung, die so ausgedrückt wird, gibt demjenigen, der sie hört, mehr Energie zurück. Darüber hinaus wird deutlich, wie er etwas beigetragen hat. Der Person, die auf diese Weise Wertschätzung ausdrückt, gibt dies ebenfalls ein ganz anderes Gefühl der Freude. Es ist etwas völlig anderes, ob ich jemandem erzähle, wie mich das, was er getan hat, berührt hat oder ob ich die Beurteilung abgebe, jemand sei „gut" oder „tüchtig".

Was uns selbst täglich nähren kann

Als Mediatoren können wir uns weiterentwickeln, indem wir uns beispielsweise täglich etwas Zeit nehmen, um über den vergangenen Tag nachzudenken. Notieren Sie etwas, wofür Sie dankbar sind, dass Sie oder jemand anders getan hat. Achten Sie auf die Gefühle, die durch diese Erinnerung in Ihrem Körper ausgelöst werden. Stellen Sie eine Verbindung zu den Bedürfnissen her, die durch die Handlung erfüllt wurden. Sich an die Kraft zu erinnern, die Sie und andere haben, das Leben anderer zu bereichern, kann Ihnen Mut machen, dann zu mediieren, wenn es am meisten vonnöten ist. Der folgende Bericht Marshall Rosenbergs inspiriert mich, Wertschätzung aus einer größeren Perspektive zu sehen:

„Ich hatte Kontakt mit dem Orang Asilie Stamm in Malaysia. Niemals werde ich vergessen, was mein Übersetzer zu mir sagte, bevor wir begannen. Er erklärte mir, wie er übersetzen würde. Er wies mich darauf hin, dass es in seiner Sprache das Verb „sein" nicht gebe, wie beispielsweise. in „du bist gut, schlecht, richtig, falsch". Man kann Menschen in keine Schubladen mehr stecken, wenn man das Verb „sein" wegnimmt. Wie beschimpft man dann Menschen? Man nimmt dann doch 90 % meines Vokabulars weg! Ich fragte also: „Was übersetzen Sie, wenn ich sage: ‚Du bist ein Egoist'?" Er antwortete: „Das wird schwer. Ich würde es so übersetzen: Marshall sagt, dass er sieht, dass du dich um deine eigenen Bedürfnisse kümmerst, aber nicht um die Bedürfnisse anderer." Er sagte: „In meiner Sprache sagt man den Menschen, was sie tun und was man möchte, dass sie anders tun. Wir würden nicht auf die Idee kommen, jemandem zu sagen, was er ‚ist'." Dann machte er eine Pause, schaute mich mit aller Ernsthaftigkeit an und fragte: "Warum sollten Sie jemals jemanden beschimpfen wollen?" Ich sagte, man müsse wissen, wen man bestrafen müsse. Strafe ist ein vollkommen fremdes Konzept in diesen Stämmen und Kulturen. Er sah mich an und sagte: „Wenn Sie eine Pflanze haben und sie nicht so wächst, wie Sie es gerne hätten, bestrafen Sie sie dann?" Die ganze Idee der Strafe ist in uns so tief verwurzelt, dass wir uns nur schwer andere Optionen vorstellen können. Sie ist Menschen, die nicht in der Kultur eines Dominanzsystems aufgewachsen sind, vollkommen fremd. In vielen dieser Kultu-

ren werden Menschen, die anderen wehtun, folgendermaßen betrachtet: Sie sind nicht schlecht, sie haben nur ihre wahre Natur vergessen. Die anderen bilden einen Kreis, stellen diese Menschen in ihre Mitte und erinnern sie an ihre wahre Natur, daran, wie es ist, ein wirkliches menschliches Wesen zu sein. Diese Menschen im Kreis haben sich entfremdet und die anderen bringen sie zum Leben zurück.[59]

---

59 Von Marshall Rosenberg erzählt, u.a. auf der CD „Empathy and Needs" vom Internationalen Intensivtraining 11/2001 in Corona (USA).

Konflikte kosten Geld

Lassen sich die Kosten eines Konflikts in Geldwert beziffern? Selbstverständlich ist menschliches Leiden ein Teil aller Konflikte, und da kann es einem recht lächerlich vorkommen, über die wirtschaftlichen Aspekte von Konflikten zu sprechen. Hier folgt trotz allem ein Versuch, diese zu beleuchten.

Die direkten Kosten eines Arbeitsplatzkonfliktes sind relativ leicht zu bemessen. Es handelt sich um Honorare für diverse Experten, die zu Rate gezogen werden, um den Konflikt zu handhaben: Personalbetreuer, Betriebsärzte, Mediatoren, Berater, Therapeuten, Anwälte und mehr. Das sind Kosten, die man schwarz auf weiß bekommt: Die Honorarrechnungen weisen sie deutlich aus.

Ein anderer, oft erheblich größerer Kostenfaktor ist die verringerte Produktivität. Da die Produktivität von vielen weiteren Faktoren beeinflusst wird, liegen die wirklichen Kosten eines Konfliktes leicht im Verborgenen, sind nicht ganz so deutlich wie direkte Kosten. Für einen Konflikt ca. eine Stunde pro Angestellten und Tag zu rechnen, scheint mir jedoch ganz angemessen zu sein. Auch die Sorgen, die durch den Konflikt entstehen, die Konfrontationen selbst sowie anschließende Gespräche darüber rechne ich in diese Stunde ein. Und auch wenn es wie eine Übertreibung klingen mag: Wenn ein Konflikt wirklich schlimme Ausmaße annimmt, ist diese eine Stunde noch eher zu knapp bemessen. Rechnet man zusammen, was durch geringere Produktivität verloren geht bzw. bezieht man den Stundenlohn der betroffenen Personen mit ein, kann man ermitteln, welche Kosten ein Konflikt verursacht. Dass ein langandauernder Konflikt das Betriebsergebnis einer Organisation negativ beeinflussen kann, ist in diesem Zusammenhang nur zu verstehen. Rechnen wir noch ausgebliebene kreative Leistungen, verminderte Motivation und mangelnde Kooperation mit ein, treibt das die Kosten wirklich enorm in die Höhe.

Starke Belastungen können nicht nur zu erhöhten Krankheitszeiten führen, viele Mitarbeiter kündigen auch wegen eines Konfliktes. Das hat dann nichts mit Mobbing zu tun. Vielmehr können sie es nicht mehr aushalten, dass so viele Beziehungen unter dem Konflikt gelitten haben. Wenn Angestellte kündigen, geht der Organisation Kompetenz verloren und neue Mitarbeiter zu finden und einzuarbeiten verursacht erhebliche Kosten.

Eine konflikterfüllte Arbeitsumgebung bewirkt, dass die Angestellten sich psychisch schlecht fühlen, eine niedrigere Frustrationstoleranz und einen höheren Stresspegel aufweisen. Eine solche Umgebung ist definitiv kein guter Nährboden für positive Kundenbeziehungen und so ist das Ergebnis schnell ein verschlechterter Kundenservice. Desillusionierte Mitarbeiter vermitteln ihrem Umfeld ein schlechtes Bild des Unternehmens. Führt mangelnde Qualität dann noch zu Anspannung bei den Mitarbeitern, kann auch ganz schnell die Kundenzufriedenheit sinken, was wiederum zu noch größeren Verlusten führt.

Ich hoffe, diese Darstellung konnte deutlich machen, dass die Kosten umso niedriger bleiben, je früher man einen Konflikt angeht.

Eskalation und Deeskalation

Die Eskalation von Konflikten kann man beschreiben, indem man sich verschiedene Stufen vorstellt, auf denen ein Konflikt sich jeweils abspielt. Auf der ersten Stufe bin ich als Betroffener in der Lage, mich an meine eigenen Bedürfnisse zu erinnern, an die des anderen und worum es in dem Konflikt geht. Ich bin aufgebracht, bin mir aber nach wie vor im Klaren darüber, dass ich auch will, dass der andere mit unserer Konfliktlösung zufrieden ist.

Ein Konflikt kann sich aus mehreren Gründen über diese Stufe hinaus entwickeln. Wenn er auf eine zweite Stufe eskaliert, hören die Parteien einander nicht zu, lassen sich auf die Realität des anderen nicht ein oder es gelingt ihnen nicht, dem anderen ihre Wirklichkeit zu vermitteln. Die Beteiligten wissen dann immer noch, dass sie das Problem an sich lösen wollen, denken aber nicht mehr daran, welche Auswirkungen ihre Handlungen auf den anderen haben. Vielleicht agieren sie aus der Angst heraus, dass der andere ihre Bedürfnisse nicht berücksichtigt und sie deshalb mit dem Ergebnis nicht zufrieden sein werden.

Ebenso häufig kommt es vermutlich vor, dass jemand seine eigenen Bedürfnisse und Interessen aufgibt, selbst wenn sich das für ihn nicht wirklich gut anfühlt. Auch dadurch eskaliert der Konflikt. Wenn z.B. lautstark diskutiert worden ist, können für diese Partei Harmonie, Akzeptanz, Liebe oder Rücksichtnahme wichtiger sein als für ihre Interessen einzustehen. Selbst die Entscheidung nachzugeben hat – wenn es nicht freiwillig geschieht – oft unerwünschte Konsequenzen. In länger andauernden Beziehungen kann dies zu einem „Spiel" werden, bei dem der größte Märtyrer „gewinnt" und Nähe und Vertrauen in Mitleidenschaft gezogen werden.

Konflikte können auf eine dritte Stufe eskalieren, wenn die Parteien überhaupt keinen Weg finden, Rücksicht auf ihre Bedürfnisse zu nehmen. Nun tritt sogar das eigentliche Problem in den Hintergrund. Es geht nur noch darum, zu überleben, z.B. durch Rache. Glücklicherweise kommt es im alltäglichen Leben nicht so oft vor, dass Konflikte sich bis zu dieser Stufe hin entwickeln.

Um zu verhindern, dass ein Konflikt eskaliert, müssen mindestens eine der Parteien oder eventuell eine dritte Partei die Aufmerksamkeit darauf richten, dass die Bedürfnisse aller Beteiligten berücksichtigt werden. Wenn die Parteien erleben, dass die Bedürfnisse aller wichtig sind, ist es viel wahrscheinlicher, dass sie kooperieren wollen und der Konflikt kann deeskalieren.

Aus Fehlern lernen

Wenn Sie denken, dass eine Mediation wirklich schiefgegangen ist, ist es wichtig, dass Sie einen Weg finden, mit Ihrer Enttäuschung umzugehen. Gelingt es Ihnen, sich der Enttäuschung zu nähern, indem Sie sich fragen, was Sie aus dieser Erfahrung lernen können, kommen Sie wieder in Ihre Kraft und können durch Reflexion von dem Geschehenen profitieren.

Wenn ich denke, dass ich versagt habe, ist es manchmal sogar schwierig, die Motivation zu finden, noch einmal zu mediieren, weil ich besorgt bin, dass dasselbe wieder passieren wird. Deshalb ist es notwendig, das Geschehene zu „betrauern", daraus zu lernen und Kraft darin zu finden. Für eine Trauerarbeit, die Sie beim Lernen aus Ihren Fehlern unterstützt, nehmen Sie zunächst Kontakt mit den *Bedürfnissen* auf, die während der Mediation durch Ihr Tun oder Nicht-Tun *unerfüllt geblieben sind*. Nehmen Sie sich etwas Zeit, um den Kontakt mit diesen Bedürfnissen zu vertiefen und Ihnen wird deutlich werden, was Ihnen wichtig ist und wie Sie weitermachen können.

Im zweiten Schritt treten Sie mit den *Bedürfnissen* in Verbindung, die Sie durch Ihre Handlung *zu erfüllen versuchten*. Wenn Ihnen diese klar sind, können Sie darüber nachdenken, ob es andere Wege gibt, diese Bedürfnisse während einer Mediation zu erfüllen. Die Fähigkeit, eigene kritische Gedanken, sowohl über sich selbst als auch über andere, schnell zu übersetzen, ist eine unschätzbare Hilfe für Sie als Mediator. Das können Sie jeden Tag üben, egal ob Sie gerade vermitteln oder nicht. Ein Mediationsgespräch, das Sie begleitet haben, auszuwerten, ist eine Möglichkeit, Ihre Mediationsfähigkeiten kontinuierlich weiterzuentwickeln. Nehmen Sie sich dafür so oft wie möglich Zeit. Wenn Sie wirklich davon profitieren wollen, achten Sie darauf, dass Sie Ihre erfüllten oder unerfüllten Bedürfnisse auswerten und nicht etwa Gedanken darüber, ob Sie sich als gut oder schlecht beurteilen. Die nachfolgenden Fragen können Ihnen helfen, Ihren Kontakt mit sich selbst zu vertiefen und innerlich zu wachsen. Denken Sie daran, dass Sie auch andere Menschen um Unterstützung bitten können, wenn Sie verstehen wollen, wie Ihre Handlungen Bedürfnisse erfüllt oder nicht erfüllt haben.

Auswertung Ihrer Fähigkeit, zu vermitteln

Führen Sie diese Auswertung nach einer Mediationssituation durch, mit der Sie sich unzufrieden fühlen oder nach einer Situation, mit der Sie gerne anders umgegangen wären.

1. Denken Sie zu Beginn an die Situation und schreiben Sie gegebenenfalls auf, was Sie sich selbst sagen. Lassen Sie Ihren Gedanken freien Lauf. Je ehrlicher Sie zu sich selbst sind, desto nützlicher wird die Übung für Sie sein. Beurteilen Sie sich selbst oder Ihr Vermögen zu vermitteln? Sind da innere Forderungen, einige „Solltes" oder „Müsstes", denen Sie nicht gerecht geworden zu sein glauben?
2. In welcher Situation sind diese Gedanken aufgetaucht? Was haben Sie getan, auf das Sie jetzt kritisch reagieren und das Sie gerne anders gemacht hätten?
3. Welche Gefühle kommen in Ihnen auf? Was empfinden Sie, wenn Sie diesen Gefühlen freien Lauf lassen? Stehen Sie doch einen Moment lang auf und erlauben Sie es diesen Gefühlen, wirklich da zu sein.
4. Auf welche Bedürfnisse weisen diese Gefühle hin? D.h., welche Ihrer Bedürfnisse wurden durch Ihr Handeln während der Mediation nicht erfüllt?
5. Fragen Sie sich nun: Welche Ihrer Bedürfnisse versuchten Sie durch das, was Sie getan haben, zu erfüllen?
6. Nehmen Sie sich einen Moment Zeit, um Ihren Antworten wirklich nachzuspüren und fragen Sie sich, was Sie daraus für die nächste Mediation lernen können? Können Sie sich vorstellen, auf welche Weise Sie die Bedürfnisse, die Ihnen bewusst geworden sind, erfüllen könnten?

Erfolge feiern und aus ihnen lernen

Werten Sie Ihre Fähigkeit zu mediieren aus

Führen Sie die folgende Auswertung nach einer Mediationssituation durch, mit der Sie zufrieden sind. Wenn Sie sich Zeit nehmen, über das zu reflektieren, was funktioniert hat und wie sich diese Aspekte in künftige Mediationssituationen übertragen lassen, können Sie mehr über Mediation lernen.

1. Denken Sie zu Beginn an eine Situation und schreiben Sie gegebenenfalls auf, was Sie zu sich selbst sagen. Bewerten Sie sich dabei, stecken Sie sich in eine „positive Schublade"?
2. Formulieren Sie nun das, was Sie getan haben und womit Sie besonders zufrieden sind, in Form von klaren Beobachtungen.
3. Wie fühlen Sie sich, wenn Sie darüber nachdenken? Halten Sie einen Moment inne und erlauben Sie es sich, diese Gefühle wirklich zu spüren.
4. Auf welche Bedürfnisse weisen diese Gefühle hin? D.h., welche Ihrer Bedürfnisse wurden durch Ihr Handeln während der Mediation erfüllt? Halten Sie inne und genießen Sie die Kraft, die Sie haben, Ihr Leben und das Leben anderer zu bereichern.
5. Nehmen Sie sich einen Moment Zeit, damit sich Ihre Antworten wirklich setzen können und fragen Sie sich, was Sie daraus lernen können? Gibt es einen „Anker", den Sie nächstes Mal, wenn Sie mediieren, als Erinnerung nutzen können?

Kapitel 10

Mediation zwischen Kindern

Zwischen Kindern vermitteln

Alle in diesem Buch dargelegten Prinzipien können unterstützend angewendet werden, um zwischen allen Menschen zu mediieren, unabhängig von deren Alter, Kultur, Geschlecht, religiösem oder ethnischem Hintergrund. Natürlich gibt es bestimmte Unterschiede, auf die ich als Mediator in verschiedenen Situationen achten kann. Eine Mediation zwischen Erwachsenen unterscheidet sich z.B. von einer Mediation zwischen Kindern (insbesondere kleinen Kindern) darin, dass der Wortschatz der Kinder nicht so groß ist. Dann sind wir gefordert, unsere Kreativität ins Spiel zu bringen und Wege des Vermittelns zu finden, ohne an bestimmten Formulierungen festzuhalten.

Ich habe jedoch die Erfahrung gemacht, dass Kinder, selbst recht kleine Kinder, mehr Wörter verstehen als sie aktiv verwenden können. Außerdem lassen sie sich oft eher unterstützen als Erwachsene, was das Vermitteln zwischen Kindern ziemlich leicht machen kann.

Wie wir als Erwachsene auf einen Konflikt zwischen Kindern reagieren, hat Auswirkungen auf alle Beziehungen innerhalb der Familie, in Kindergartengruppen, Schulklassen und überall dort, wo Erwachsene und Kinder zusammen sind – nicht nur im Moment des Konflikts, sondern auch auf längere Sicht. Unser Umgang mit Konflikten hat eine große Bedeutung und kann bei Kindern entweder zu einem höheren oder zu einem verminderten Sicherheitsempfinden führen bzw. zu mehr oder weniger Vertrauen.

Als Erwachsener können Sie streitenden Kindern helfen, indem Sie Beobachtungen von Bewertungen unterscheiden, Urteile in Gefühle und Bedürfnisse umformulieren, zuhören und wirklich versuchen, die Kinder zu verstehen und darauf verzichten, zu vergleichen, zu fordern oder zu drohen. Dadurch können Sie ihnen ein unschätzbares Geschenk machen, welches die Kinder ihr ganzes Leben lang begleiten wird. Ihre Gegenwart kann den Kindern nicht nur dabei helfen, mit Konflikten umzugehen, sondern kann ihnen auch zeigen, dass es möglich ist, dies auf eine für alle Beteiligten bereichernde Weise zu tun.

Die meisten Erwachsenen möchten Kinder vor emotionalem und körperlichem Schmerz schützen. Auch sind wir besorgt, dass unsere Kinder nicht lernen könnten, mit Beziehungen umzugehen. Vielen von uns ist wichtig, dass Kinder sich mitzuteilen lernen. Auch möchten wir dafür sorgen, dass sie mit anderen Kindern zusammen sein und andere mit einbeziehen können, zu einer Gemeinschaft dazugehören und dass sie lernen, sich einzufügen und zu kooperieren.

Doch gerade in den Momenten, in denen Uneinigkeit aufkommt, nehmen die wenigsten von uns Kontakt mit den Werten auf, die uns am Herzen liegen oder mit dem, was wir unseren Kindern zu geben wünschen. Manche lassen die Kinder selbst mit ihren Problemen klarkommen, andere greifen ein oder versuchen, ihnen zu helfen, die Konflikte zu lösen. So weisen wir zum Beispiel darauf hin, dass ein anderes Kind ein Spielzeug zuerst hatte und sorgen dafür, dass dieses Kind es wieder zurückbekommt. Einige erinnern die Kinder daran, „dass man mit anderen teilt" oder „dass man sich abwechselt". Manchmal setzen wir auch Formen von Strafe ein. Selbst wenn diese Strategien einen Konflikt vorläufig befrieden, schwächen sie unser Vermögen, die Bedürfnisse unserer Kinder und auch unsere eigenen tiefgehend zu erfüllen. Wir schaffen nämlich keinerlei Gelegenheit, auf eine Weise mit Konflikten umzugehen, bei der wir die Bedürfnisse aller in den Mittelpunkt stellen.

Was können wir also tun, wenn wir Konflikte zwischen Kindern als Chance für uns alle nutzen wollen, um zu lernen, wie wir in Frieden leben können, die Bedürfnisse aller erfüllen, echte Zusammenarbeit fördern und zu wirklichem Mitgefühl beitragen können? Ich meine, dass wir Kindern am besten durch unser eigenes Verhalten zeigen, was sie tun sollen. Die Aussage „Kinder machen was wir tun, nicht was wir sagen", trifft häufig zu. Mir ist es ausgesprochen wichtig, Kindern zu zeigen, dass die Bedürfnisse aller Beteiligten zählen und erfüllt werden können. Will ich diese Botschaft weitergeben, muss ich mir überlegen, wie ich sie Kindern demonstrieren kann, anstatt ihnen nur davon zu erzählen. Will ich nicht, dass mein Kind sich mit lauter Stimme durchsetzt, ist selbst herumzuschreien kaum die beste Art und Weise, ihm das beizubringen. Will ich nicht, dass es andere schlägt oder tritt, sollte ich es selbst vermeiden, ihm gegenüber meine körperliche Kraft einzusetzen.

Oft nehmen Erwachsene einem Kind etwas aus der Hand und geben es einem anderen, während sie gleichzeitig sagen: „Nicht wegnehmen!" Dem Kind den Gegenstand wegzunehmen, erscheint dem Erwachsenen vollkommen logisch, da er so seine Bedürfnisse nach Gerechtigkeit, Fürsorge und Unterstützung zu erfüllen versucht. Genauso logisch kann es jedoch für das Kind sein, einen Gegenstand, mit dem ein anderes Kind spielt, zu nehmen, um seine Bedürfnisse nach Spielen, Freiheit und Erforschung des Lebens zu erfüllen. Wenn wir ein Kind an einer Handlung hindern, mit der es seine Bedürfnisse zu erfüllen versucht, ohne dass wir gleichzeitig darüber nachdenken, wie diese Bedürfnisse auf andere Weise erfüllt werden können, tragen wir oft zu einer Konflikteskalation bei.

Ich könnte ein ganzes Buch damit füllen, worauf wir achten können, wenn wir zwischen Kindern vermitteln. Stattdessen habe ich mich entschieden, es bei einigen Beispielen zu belassen, die hoffentlich dazu dienen, Menschen wachzurütteln (oder noch besser, zu inspirieren).

Wenn der Erwachsene zuhört und beide Seiten zu verstehen versucht

Der Erwachsene hört die Gefühle und Bedürfnisse beider Kinder an. Das kann kurz oder lange dauern, je nachdem, wie sehr die Kinder es gewohnt sind, Unterstützung anzunehmen und wie aufgebracht sie sind. In der Situation mit dem Auto braucht das Mädchen vermutlich die Zuversicht, dass sie später Freude mit dem Auto haben wird. Das Bedürfnis des Jungen ist es, Spaß zu haben und frei zu sein, so zu spielen, wie er will.

Mediation zwischen Kindern · 233

Manchmal dauert es eine Weile, bis beide gehört worden sind, aber danach können alle gemeinsam versuchen, einen Weg zu finden, der die Bedürfnisse beider Kinder erfüllt. Der Erwachsene übernimmt weder die Konfliktlösung, noch ist es ihm egal, wie die Kinder ihn lösen.

**Wenn der Erwachsene sich entscheidet,
Partei zu ergreifen, kann Folgendes geschehen:**

**Auch so könnte es sich entwickeln,
wenn der Erwachsene sich entscheidet, Partei zu ergreifen:**

Wenn die Eltern (oder irgendein anderer Erwachsener) in Konflikten der Kinder Partei ergreifen, kommt es oft zu Eskalationen, weil sie den Kern des Konfliktes übersehen. Eines der Kinder ist vielleicht zufrieden, jedenfalls für den Moment, aber das andere Kind hat nun zusätzlich noch einen Konflikt mit den Eltern. Außerdem verpassen die Eltern eine wertvolle Gelegenheit, dem Kind zu zeigen, dass es Alternativen zu „einer gewinnt und einer verliert" gibt.

Viele von uns würden nicht im Traum auf die Idee kommen, Erwachsene in derselben Weise offen zu beurteilen oder in Schubladen zu stecken (wie z.B. „dumm" oder „egoistisch"), wie wir das oft mit Kindern tun. Zugleich erwarten wir, dass Kinder uns respektvoll behandeln und für unsere Anliegen Verständnis haben – und das in Situationen, in denen Kinder erleben, dass von Erwachsenenseite genau diesen Bedürfnissen (Respekt und Verständnis für ihre Anliegen) nicht viel Beachtung geschenkt wird.

Wenn der Erwachsene sich entscheidet, nicht einzugreifen

Die meisten Kinder haben frühzeitig gelernt, miteinander zu konkurrieren. Deshalb werden Konflikte (sowohl von Kindern als auch von Erwachsenen) oft nach dem Motto „der Stärkste gewinnt" entschieden. Wenn ein Kind in einem Konflikt einen Erwachsenen um Unterstützung bittet und zu hören bekommt: „Das müsst ihr selbst klären", vergibt dieser eine Chance, vorzuleben, dass es möglich ist, auch in einem Konflikt die Bedürfnisse aller Beteiligten zu berücksichtigen. Darüber hinaus fördert eine solche Herangehensweise indirekt eine Kultur, die sich auf Wettbewerb und Selbstbehauptung gründet.

In etlichen meiner GFK-Kurse haben Eltern erzählt, dass sie schlechte Erfahrungen damit gemacht haben, zwischen ihren Kindern zu vermitteln. Sie haben es versucht und dann erlebt, dass sich der Konflikt verschärfte. Deshalb haben sie es schließlich überhaupt nicht mehr probiert. Im Verlauf des Kurses ist vielen Eltern dann aufgefallen, dass sie in ihren bisherigen Vermittlungsversuchen Vergleiche angestellt und hervorgehoben haben, was „richtig" oder „fair" sei. Vielen ist auch aufgegangen, was für einen Unterschied es macht, beim Vermitteln die Erfüllung der Bedürfnisse beider Seiten im Blick zu haben und nicht nur die der einen.

Häufig gelingt es Kindern, mit ihren Konflikten ohne die Unterstützung Erwachsener umzugehen. Gleichzeitig können sie sich recht einsam, unsicher und allein gelassen fühlen, wenn der Erwachsene, den sie um Unterstützung bitten, ihnen sagt, dass sie das selbst klären müssten. Ich würde mir wünschen, dass mehr Menschen eine Kultur des Hinschauens pflegen und Konflikte als etwas sehen, das uns alle angeht und das einmalige Lern- und Kooperations-Chancen bietet.

Wenn der Erwachsene den Konflikt beendet, anstatt zu vermitteln zu versuchen

Wenn ein Elternteil (oder irgendein anderer Erwachsener), der gebeten wird, in einem Konflikt unter Kindern zu helfen, mit Strafe droht oder auf andere Weise versucht, den Konflikt zu beenden, können verschiedene Dinge geschehen. Auch hier verpasst der Erwachsene eine Gelegenheit, den Kindern etwas über Konflikte beizubringen. Leicht verstehen die Kinder es so, als seien Konflikte etwas Tabubehaftetes und sollten am besten ganz vermieden oder verheimlicht werden. Eltern sollten stattdessen deutlich machen können, dass Konflikte etwas Natürliches sind und man mit ihnen umgehen kann. Sie werden nicht einfach verboten oder vertagt. Außerdem könnten die Kinder dabei lernen, wie wertvoll es in einem Konflikt sein kann, Unterstützung durch einen Dritten zu bekommen, der nicht Partei ergreift.

Wenn Konflikte unter den Tisch gekehrt werden oder wenn derjenige mit der meisten Macht (gewöhnlich der Elternteil oder Erwachsene) sie zu verbieten versucht, werden die sie mit jedem Mal, das sie auftauchen, schwieriger zu handhaben. Schreit ein Elternteil mit lauter Stimme ein lautstark streitendes Kind an, es solle mit Streiten aufhören, lebt ihm dieser Erwachsene keine neue Art des Umgangs mit Konflikten vor. Vielmehr verfestigt das die Idee, dass Schreien und Drohen effektive Wege sind, Konflikte zu handhaben, zumindest wenn man der Größte ist oder die meiste Macht hat.

Wenn der Erwachsene vergleicht

Ich habe oft gehört, wie Erwachsene Vergleiche anstellen, wenn sie Kindern helfen wollen, mit Konflikten umzugehen oder wenn sie ihnen etwas beibringen möchten. Auch wenn die Absicht ist, den Kindern zu helfen, kann das auf Dauer tragische Konsequenzen haben. Oft führen solche Vergleiche zu weiteren Konflikten, schaffen große Distanz innerhalb der Familie und – was vielleicht das Schlimmste von allem ist: Es trägt zu einem niedrigen Selbstwertgefühl der Kinder bei.

Wenn wir verärgert sind, ist es leicht, in Vergleiche zu verfallen und Dinge wie, „Warum kannst du nie pünktlich sein, so wie deine Geschwister?" zu sagen. Vergleiche in die andere Richtung: „Super, du hast das in weniger als der Hälfte der Zeit geschafft, die dein Bruder gebraucht hat!" können daher rühren, dass wir verwundert und entzückt sind. Für alle Beteiligten ist es jedoch in beiden Fällen konstruktiver, wenn Sie als Erwachsener, anstatt zu vergleichen, beschreiben, was Sie hören oder sehen.

In der auf den vorhergehenden Bildern dargestellten Situation zeigt der Erwachsene, dass er großzügiges Geben für einen entscheidenden Wert hält. Gleichzeitig kann man diese Aussage leicht so verstehen, dass man nicht aus einem echten Wunsch heraus, anderen zu geben, großzügig sein soll, sondern, um etwas richtig zu machen. Die meisten Erwachsenen schätzen es, wenn Menschen ehrlich und echt sind. Die dargestellte Vorgehensweise wird vermutlich nicht dazu beitragen. Der Erwachsene mischt sich ein und anstatt einen Kontakt herzustellen, schafft er Konkurrenz zwischen den Kindern. Auf längere Sicht kann das zu Kooperationsproblemen und zu schwerer lösbaren Konflikten führen.

Mehr darüber, was geschehen kann, wenn der Erwachsene vergleicht

Beschreiben Sie, was Sie sehen, anstatt zu vergleichen

> Ich sehe euch beide am Drachen ziehen. Wollt ihr meine Hilfe?

Hier hat der Erwachsene die Aufmerksamkeit der Kinder gewonnen und somit einen Zugang, um sie im Umgang mit der Situation zu unterstützen. Wenn wir uns an Beobachtungen halten – an das, was wir sehen, anstatt an das, was wir interpretieren, wie jemand ist oder was er anders machen sollte –, fällt es beiden Seiten leichter, darauf zu vertrauen, dass wir ihnen helfen wollen. Das gilt übrigens für Erwachsene ganz genauso wie für Kinder.

Der nächste Schritt ist, zu verstehen, was beide Kinder brauchen und sie dabei zu unterstützen, Wege zu finden, um ihre Bedürfnisse zu erfüllen.

Eingreifen, um zu schützen, anstatt zu bestrafen

Manchmal gelingt es uns vielleicht nicht, zwischen Kindern zu vermitteln und der Konflikt eskaliert. Wenn wir uns Sorgen machen, dass jemand zu Schaden kommen könnte, können wir unsere körperliche Überlegenheit nutzen, um das zu verhindern. Um eine gute Beziehung aufrechtzuerhalten, ist es wichtig, dass wir mit der Absicht eingreifen, zu *schützen* und nicht, um zu *bestrafen*.

Macht als Strafe einsetzen

Macht zum Schutz einsetzen

Haben wir unsere Macht eingesetzt, um jemanden davor zu schützen, zu Schaden zu kommen, ist es wichtig, sobald wie möglich wieder den Dialog aufnehmen, mit dem Ziel, Verbindung und gegenseitigen Respekt zu schaffen. Wenn wir ein Kind davor schützen, zu Schaden zu kommen, kann das zur Sicherheit aller beitragen, aber nur wenn wir dabei den Respekt für alle Beteiligten gewährleisten.

Haben wir eingegriffen und das Kind hat sich beruhigt und niemandem wurde wehgetan, können wir den beiden helfen, in Verbindung zu kommen. Wenn sie sich wieder gut verstehen und bereit sind, eine Lösung zu suchen, die für alle funktioniert, finden sie diese oft von ganz alleine. Das folgende Beispiel verdeutlicht, welchen Unterschied es macht, dass man zum Schutz eingreift und nicht, um zu bestrafen.

Eine meiner Freundinnen hat es als allein erziehende Mutter finanziell manchmal ganz schön schwer. Alle unvorhergesehenen Ausgaben werden zu einer Herausforderung. Als ihr Sohn einmal einen Ball mit hineinnahm und anfing, damit in der Wohnung zu spielen, bat sie ihn, aufzuhören, damit nichts kaputt gehe. Er machte weiter. Als sie mich um Rat fragte, schlug ich vor, ihren Sohn um das zu bitten, was sie wollte, anstatt um das, was er nicht tun sollte.

Sie versuchte es und bat ihn darum, den Ball auf dem Boden zu rollen und erklärte, dass so nichts kaputt gehe. Er ließ den Ball weiterhin springen. Nachdem ich gehört hatte, wie sie ihm mal empathisch zu begegnen versuchte und mal ergebnislos bat, den Ball zu rollen, schlug ich vor, ihm stattdessen den Ball wegzunehmen, um ihre gemeinsamen Besitztümer zu schützen.

„Aber ich will, dass er sich frei fühlt", entgegnete sie müde. Abwartend sah ich dabei zu, wie sie ihn weiterhin bat, den Ball nicht herumzukicken. Sie wurde immer gereizter. Schließlich hatte sie genug, entriss ihrem Sohn den Ball und versteckte ihn. Verständlicherweise war er enttäuscht und tat das lautstark kund. Da die Mutter mittlerweile selbst verärgert war (weil sie so lange damit gewartet hatte, für ihre Bedürfnisse einzustehen), fiel es ihr schwer, seinen Gefühlen empathisch und unterstützend zu begegnen.

Als wir einige Tage später darüber sprachen, sah sie ein, dass sie so lange gewartet hatte, bis sie den Kontakt zu ihren eigenen Bedürfnissen verloren hatte. Ihr Ärger kam daher, dass sie nicht schon eher für ihr eigenes Bedürfnis nach Sicherheit eingestanden war und den Ball früher weggenommen hatte. Sie erkannte, dass sie viel besser in der Lage gewesen wäre, der Enttäuschung ihres Sohnes mit Verständnis und Mitgefühl zu begegnen, wenn sie mit dem Wegnehmen nicht gewartet hätte, bis sie wütend wurde.

Wenn sie ihre Macht hätte anwenden wollen, um zu schützen, hätte sie den Ball nehmen und weiterhin in Verbindung mit sich selbst sein können. Gleichzeitig hätte sie vielleicht sagen können: „Jetzt bin ich so besorgt, dass ich den Ball an mich nehmen werde, um unsere Sachen zu schützen, damit sie nicht kaputt gehen. Ich werde ihn nehmen und verstecken, und ich möchte gerne hören, wie das für dich ist." In dieser Variante wäre sie immer noch in Verbindung mit ihren eigenen Bedürfnissen und so müsste es ihr leichter fallen, für das Kind da zu sein, um ihm zu helfen, mit seiner Wut und Enttäuschung umzugehen.

Wenn ein Erwachsener ärgerlich ist und ein Kind für etwas, das es getan hat, bestraft, wird es aller Wahrscheinlichkeit nach schwierig sein, den Kontakt direkt wiederherzustellen. Wenn wir wütend sind, ist unser Kopf so voller Urteile, dass wir selten offen für die Gefühle und Bedürfnisse eines anderen Menschen (egal welchen Alters) sein können. Dann benötigen wir vermutlich erst einmal etwas Zeit, um wieder in Verbindung mit uns selbst und unseren eigenen Bedürfnissen zu kommen. Wenn der Erwachsene das Kind „böse" oder etwas anderes genannt hat, wird es vermutlich einige Zeit dauern, bis das Kind dem Erwachsenen wieder vertraut und ihn respektiert. Auch das andere Kind hat möglicherweise Angst bekommen und es fällt ihm nun schwerer, sich sicher genug zu fühlen, um sich dem Erwachsenen gegenüber zu öffnen.

Wenn der Erwachsene mithilfe von Strafe zu vermitteln versucht

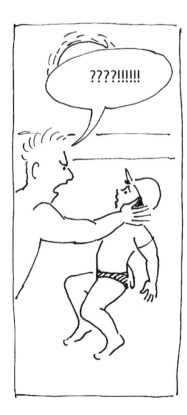

Eines Tages sieht mein Sohn Neo am Strand einen Jungen und ein Mädchen spielen. Mit Tom, dem Jungen, hat er zuvor schon öfter gespielt und so rennt er zu beiden, um mitzuspielen. Tom, der eine andere Sprache spricht als Neo, kreischt etwas in seine Richtung und wirft ihm Sand ins Gesicht. Neo wirft sich weinend in meinen Schoß und fragt, wieso der Junge das getan hat. Zur selben Zeit gibt Toms Papa, der alles gesehen hat, Tom eine richtige Ohrfeige und sagt etwas mit lauter Stimme zu ihm. Da ich ihre Sprache nicht verstehe, kann ich nur vermuten, dass es etwas in der Art ist wie: „Das macht man nicht!" Oder: „Das war dumm!" Der Junge beginnt zu weinen. Alles geht so schnell, dass Neo, der in meinem Schoß liegt, nichts sieht, sondern nur hört, wie Tom zu weinen anfängt. Neo schaut auf und fragt schniefend, wieso Tom weint. *„Ich vermute, er wurde traurig, als sein Papa ihn geschlagen hat"*, antworte ich. *„Warum hat er ihn geschlagen?"*, ruft Neo und fängt noch mehr zu weinen an.

Die Mama des Jungen sagt zu Neo (in gebrochenem Englisch, deshalb verstehe ich die Worte): *"Jetzt ist alles gut, schau: Tom weint. Du kannst ihm also verzeihen."* Ich vermute, dass die Eltern auf diese Weise versuchen wollten, die Verbindung zwischen den beiden zu unterstützen.

Meine Vermutung ist, dass diese Eltern im selben Gedankensystem feststecken wie so viele andere auch. Vermutlich haben sie gelernt (ebenso wie der größte Teil der derzeitigen Erdbevölkerung), dass, wer etwas falsch gemacht hat, bestraft werden muss. Wenn derjenige seine Strafe bekommen hat und leidet, ist das Vergehen gesühnt und kann vergeben werden. Ich bezweifle, dass Tom daraus gelernt hat, was seine Eltern ihm vermitteln wollten. Es war wohl vor allem verwirrend und schmerzhaft für ihn. Ebenso für Neo. Darüber hinaus hat es nach diesem Vorfall lange gedauert, bis die Jungs wieder aufeinander zugehen und miteinander spielen konnten.

Übung „Zwischen Kindern mediieren"

Meiner Erfahrung nach ist es gleichzeitig leichter und schwieriger, zwischen Kindern zu vermitteln, als zwischen Erwachsenen. Schwieriger deshalb, weil es die statischen Vorstellungen infrage stellt, welche die meisten von uns darüber haben, wie Kinder sind oder sein sollten. Es kann aber auch einfacher sein, weil Kinder meistens direkter sind und deutlicher zeigen, was sie fühlen.

Diese Übung kann für Rollenspiele in der Gruppe genutzt werden, aber auch als schriftliche Übung ausgeführt werden.

Denken Sie an eine Situation, in der Sie auf für Sie nicht zufriedenstellende Weise versucht haben, zwei Kindern zu helfen, miteinander in Verbindung zu kommen. Es ist egal, ob beide Ihre eigenen Kinder waren, ein eigenes Kind und einer seiner Freunde oder zwei fremde Kinder.

1. Beschreiben Sie kurz die Situation. Verwenden Sie dafür reine Beobachtungen, um sich selbst Klarheit zu verschaffen.
2. Wie fühlen Sie sich, wenn Sie an diese Situation denken?
3. Welche Ihrer Bedürfnisse hätten Sie sich in der Situation erfüllen wollen?
4. Wollen Sie jetzt im Nachhinein einige Bitten an sich selbst oder an die Kinder richten?
5. Denken Sie an eines der Kinder und schreiben Sie auf, was Sie meinen, dass dieses Kind fühlt und braucht.
6. Formulieren Sie dann, was Sie zu ihm sagen könnten, wenn Sie Empathie mit seinen Gefühlen und Bedürfnissen vermitteln wollen.
7. Schreiben Sie auf, was Sie glauben, dass das Kind antworten würde.
8. Denken Sie an das andere Kind und schreiben Sie auf, was Sie meinen, dass dieses Kind fühlt und braucht.
9. Formulieren Sie dann, was Sie zu ihm sagen könnten, wenn Sie Empathie mit seinen Gefühlen und Bedürfnissen vermitteln wollen.
10. Schreiben Sie auf, was Sie glauben, dass das Kind antworten würde.
11. Schreiben Sie nun je eine Antwort auf die Reaktionen der Kinder, in der Sie empathisch zu erraten versuchen, was in ihnen vorgehen könnte. Notieren Sie auch, wie Sie Ihre eigenen Gefühle, Bedürfnisse und Bitten ausdrücken würden.

Setzen Sie den Dialog so lange fort, wie es Ihnen sinnvoll erscheint oder bis Sie eine Lösung gefunden haben, bei der die Kinder wieder miteinander in Verbindung sind.

Anhang

Nachwort

Als dritte Partei zu vermitteln, ist für mich wie ein Tanz, bei dem ich zwar versuchen kann, meinen Tanzpartner zu führen, aber die Bewegungen und Schritte nicht vorherbestimmt sind. Was in einer Mediation geschehen wird, ist nie vorhersehbar und immer wieder muss ich darüber staunen, was geschehen kann, wenn Menschen Unterstützung dabei bekommen, einander zu begegnen. Für mich ist das ein großes Mysterium, angesichts dessen ich tiefen Respekt davor habe, an einer Mediation beteiligt sein zu dürfen.

Alle können lernen zu mediieren, davon bin ich überzeugt. Ihr Menschenbild entscheidet, ob es für Sie leicht sein wird oder nicht. Wenn Sie gelernt haben, dass man Menschen in „Gute" und „Böse" aufteilen kann, wird es vermutlich eine Herausforderung für Sie sein, bestimmte Menschen wirklich in ihrer tiefen Menschlichkeit zu hören. Wenn Sie dagegen gelernt haben, dass allem, was Menschen tun, Träume, Werte und Bedürfnisse als Motivation zugrunde liegen, wird es vermutlich etwas leichter sein. Mithilfe dieses Buches hoffe ich Sie inspiriert zu haben, ein Menschenbild zu erforschen, das sich darauf gründet, dass alle Menschen mit allem was sie tun lediglich versuchen, sowohl ihre eigenen Bedürfnisse als auch die anderer zu erfüllen. Nun haben Sie die Chance, die erlernten Werkzeuge einzusetzen, um Menschen dabei zu helfen, einander zu begegnen.

Die meisten von uns brauchen Übung, um auf wirksame Weise vermitteln zu können. Ich hoffe, dass dieses Buch, insbesondere die Übungen, Ihnen einen Teil dieser Praxis vermitteln kann. Theorie ist jedoch keine Praxis (obwohl gute Theorie praktisch ist!). Um wirklich zu verstehen, wie Sie als dritte Partei etwas beitragen können, müssen Sie wagen, es auch „in echt" zu tun. Nachdem Sie Ihre ersten Mediationsversuche unternommen haben, formelle oder informelle, kann es wertvoll sein, dieses Buch noch einmal zu lesen. Es wird Ihnen eine große Hilfe sein, die theoretischen Grundlagen zu wiederholen, insbesondere nachdem Sie diese aktiv geübt haben, um weiterzugehen und noch mehr dazuzulernen.

Es gibt auch Kurse und Ausbildungen, bei denen Sie gemeinsam mit anderen üben können. Diese finden Sie unter anderem unter www.gewaltfrei.de.[60]

Viel Erfolg!

---

60 Die Autorin bietet auch internationale Mediationstrainings (auf Englisch) an, siehe dazu www.friareliv.se.

Übungsplan für Mediations-Übungsgruppen

Dieser Übungsplan ist für Gruppen gedacht, die planen, sich insgesamt mindestens sechs Mal für zwei bis drei Stunden zu treffen. Natürlich eignet er sich besonders für bereits bestehende Gruppen oder Übungsgruppen, die sich eine Zeit lang speziell mit dem Thema Mediation beschäftigen wollen. Er kann aber auch Menschen unterstützen, die sich in Mediations-Übungsgruppen mit dem Ziel zusammengefunden haben, gemeinsam verschiedene Fertigkeiten weiterzuentwickeln, die man benötigt, um effektiv vermitteln zu können. Am besten funktionieren die Übungen, wenn ein Trainer oder jemand, der bereits vertiefte GFK-Kenntnisse hat, dabei ist. Aber auch ohne diese Unterstützung kann eine Gruppe ihre Mediationskompetenzen erweitern, indem sie den Übungsplan gemeinsam durchgeht. Am besten geeignet sind die Übungen für Gruppen zwischen drei und zwölf Personen. Sorgen Sie für einen ausreichend ruhigen Treffpunkt, um mit Rollenspielen arbeiten zu können, ohne dass Sie sich Sorgen machen müssen, möglicherweise andere zu stören. Je vorbereiteter alle zu den Treffen kommen, desto mehr Zeit Ihres Treffens können Sie dem eigentlichen Üben widmen. Ermutigen Sie sich deshalb gegenseitig, die vereinbarten Textstellen wirklich vor jedem Treffen zu lesen.

Erstes Treffen

Vorbereitung: Lesen Sie vor dem Treffen Kapitel 1-2 und 5. Lesen Sie „Sich der eigenen Absicht beim Mediieren bewusst werden" in Kapitel 7 als Vorbereitung, um die Übung gemeinsam zu machen.

Beginnen Sie damit, sich darüber auszutauschen, wieso Sie an dieser Übungsgruppe teilnehmen wollen. Besprechen Sie das erste Kapitel und Ihr Verständnis des Zieles beim Mediieren.

Machen Sie die Übung „Sich der eigenen Absicht beim Mediieren bewusst werden" aus Kapitel 7 (beginnen Sie ruhig schon vor dem Treffen damit). Tauschen Sie sich dann aus und unterstützen Sie einander, Ihre persönliche Absicht beim Mediieren, Stolperfallen, Chancen und Wachstumsbereiche zu finden.

Zweites Treffen

Vorbereitung: Lesen Sie vor dem Treffen Kapitel 6 sowie die Übungen in Kapitel 7.

Sprechen Sie über Ihr Verständnis der verschiedenen Werkzeuge, die in der „Hand-Grafik" aufgeführt sind.

Machen Sie die Übung „Beobachtung oder Interpretation: Abhängig von der Perspektive" aus Kapitel 5.

Machen Sie die Übung „Das Gesagte so übersetzen, dass es zur Verbindung beiträgt" aus Kapitel 7.

Drittes Treffen

Vorbereitung: Lesen Sie Kapitel 3 und 4 und wiederholen Sie eventuell die Textabschnitte über Selbsteinfühlung und Unterbrechen in Kapitel 6.

Sprechen Sie über Passivität. Welche Träume, Wünsche und inneren Ansprüche weckt Kapitel 3 in Ihnen?

Machen Sie die Übung „Jemanden am Ohr ziehen" aus Kapitel 7.

Machen Sie auch die Übung „Unterbrechen und ‚Erste-Hilfe-Empathie' geben" aus Kapitel 7.

Viertes Treffen

Vorbereitung: Lesen Sie Kapitel 8. Bereiten Sie sich zusätzlich vor, indem Sie die Übung aus Kapitel 3 machen. Reflektieren Sie also, wie Sie damit umgehen, wenn Menschen in Ihrem Umfeld einen Konflikt haben.

Bei Ihrem Treffen können Sie darüber sprechen, was Sie über Ihren Umgang mit Konflikten in Ihrem Umfeld herausgefunden haben.

Machen Sie die Übung „Informelle Mediation – Mediation in Zeitlupe" aus Kapitel 7, vielleicht sowohl schriftlich als auch in Form eines Rollenspiels, in das Sie alle Ihre bisher erworbenen Kenntnisse einbringen. Sie können eine bestimmte Situation vertiefen oder sich entscheiden, mehrere verschiedene Situationen auszuprobieren.

Fünftes Treffen

Vorbereitung: Lesen Sie Kapitel 9.

Machen Sie die Übung „Formelle Mediation – Mediation in Zeitlupe" aus Kapitel 8.

Üben Sie, wie der Mediator eine Mediation einleiten kann und werten Sie gemeinsam aus, welche Dinge zu Beginn zwingend gesagt werden müssen, welche zum Sicherheitsempfinden der Teilnehmer beitragen usw. Lassen Sie sich von den Vorschlägen in Kapitel 9 inspirieren.

Sechstes und weitere Treffen

Vorbereitung: Lesen Sie Kapitel 10.

Fahren Sie mit einer der bisherigen Mediationsübungen fort, falls Sie eine bestimmte Fertigkeit gezielt üben wollen. Ansonsten üben Sie den vollständigen Ablauf einer Mediation anhand von Rollenspielen.

Alltagsbegriffe für Bedürfnisse

Manchmal kann es passieren, dass Menschen sich an bestimmten Wörtern oder Formulierungen reiben und die Mediation dadurch erschwert wird. Wenn Ihnen das als Vermittler auffällt, ist es hilfreich, dieselbe Sache auf unterschiedliche Weise ausdrücken zu können. Hier geht es darum, kreativ zu sein und sich voranzutasten.

Die folgenden Sätze sind Vorschläge, wie Sie Ihr Repertoire zum Ausdrücken von Bedürfnissen erweitern können, ohne immer das Wort „Bedürfnis" verwenden zu müssen. In die Leerzeichen können Sie jedes beliebige Wort einsetzen, das ein Bedürfnis beschreibt.

Alle diese Sätze können Sie verwenden, solange die Aufmerksamkeit auf Bedürfnissen und Werten liegt und Sie sich vergegenwärtigen, dass diese nicht an Personen, Zeiten, Orte oder spezifische Handlungen gebunden sind. Wenn Ihnen nicht klar ist, dass Sie *Bedürfnisse* ausdrücken wollen, riskieren Sie, den Unterschied zwischen Bedürfnissen und Strategien, die Menschen nutzen, um Bedürfnisse zu erfüllen, zu verwischen.

Weil ich … brauche.
Weil ich … will.
Weil ich mir … wünsche.
Weil ich … liebe.
Weil ich interessiert an … bin.
Weil ich … genieße.
Weil ich … mag.
Weil es wichtig für mich ist, … zu haben.
Weil ich mich auf … freue.
Weil ich … wertschätze.
Da ich … vorziehe.

Weil ich mich nach … sehne.
Weil ich auf … hoffe.
Weil das, woraus ich Energie beziehe, … ist.
Weil etwas, für das ich lebe, … ist.
… ist toll für mich.
… ist wichtig/bedeutsam für mich.
… gibt meinem Leben mehr Sinn.
… unterstützt mich dabei, mich wohl zu fühlen.
… trägt dazu bei, dass ich glücklich bin.[61]

---

61 Aus dem GFK-Übungsbuch „Nonviolent Communication i praktiken" von Liv Larsson.

Das Modell der Gewaltfreien Kommunikation

Ich äußere ehrlich, wie es mir geht, ohne zu beschuldigen oder kritisieren.	Ich höre empathisch zu, wie es dir geht, ohne Kritik zu hören.
Beobachtung	
Die konkreten Handlungen, die ich beobachte (sehe, höre, mir vorstelle, an die ich mich erinnere), die zu meinem Wohlbefinden beitragen – oder auch nicht: „Wenn ich (sehe, höre) …,"	Die konkreten Handlungen, die du beobachtest (siehst, hörst, dir vorstellst, an die du dich erinnerst), die zu deinem Wohlbefinden beitragen – oder auch nicht: „Wenn du (siehst, hörst) …,"
Gefühl	
Wie ich mich, bezogen auf diese Handlungen, fühle: „… fühle ich mich .,"	Wie du dich, bezogen auf diese Handlungen, fühlst: „… fühlst du dich …,"
Bedürfnis	
Lebensenergie in Form von Bedürfnissen, Werten, Wünschen oder Gedanken, welche die Ursache meiner Gefühle sind: „… weil ich … brauche."	Lebensenergie in Form von Bedürfnissen, Werten, Wünschen oder Gedanken, welche die Ursache deiner Gefühle sind: „… weil du … brauchst?"
Bitte	
Eine klare und deutliche Bitte darüber, was zu meinem Wohlbefinden beitragen würde. Die konkret machbare Handlung, die ich gerne ausgeführt sähe, ohne sie einzufordern: „Und ich hätte gerne, dass du …"	Eine klare und deutliche Bitte darüber, was zu deinem Wohlbefinden beitragen würde. Die konkrete machbare Handlung, die du gerne ausgeführt sähest, ohne sie einzufordern: „Und du hättest gerne, dass ich …?"

© Marshall Rosenberg (2007). Mehr Informationen über Marshall Rosenberg und das Center for Nonviolent Communication unter www.cnvc.org

Einige Gefühle, die wir alle kennen

Gefühle, die wir empfinden, wenn unsere Bedürfnisse erfüllt sind			
amüsiert	dankbar	fasziniert	neugierig
angeregt	eifrig	froh	optimistisch
aufgekratzt	energiegeladen	geborgen	ruhig
ausgeglichen	entspannt	glücklich	überrascht
begeistert	erleichtert	hoffnungsvoll	überwältigt
berührt	erstaunt	inspiriert	zufrieden
Gefühle, die wir empfinden, wenn unsere Bedürfnisse nicht erfüllt sind			
ängstlich	erschöpft	hin- und hergerissen	peinlich berührt
ärgerlich	erschrocken	irritiert	taub
aufgewühlt	erschüttert	kraftlos	unentschlossen
bestürzt	frustriert	nervös	unglücklich
betrübt	gleichgültig	niedergeschlagen	verwirrt
enttäuscht	hilflos	panisch	wütend

Einige grundlegende Bedürfnisse, die wir alle haben

Nahrung, Luft, Wasser
Berührung, sexueller Ausdruck
Schutz, Sicherheit
Bewegung

Autonomie – meine eigenen Träume und wie ich sie erreichen möchte
Authentizität
Integrität
Zuverlässigkeit/Glaubwürdigkeit
Bedeutung haben
Kreativität/Ausdruck
Sinn
Frieden, Harmonie
Balance, Schönheit
Inspiration
Spiel/Vergnügen

Interdependenz/Bewusstsein der wechselseitigen Abhängigkeit[62]
etwas beitragen, d.h. mein Leben und das anderer bereichern
Akzeptanz
Respekt
Unterstützung
Nähe
Zugehörigkeit
Fürsorge
Rücksichtnahme
Einfühlung/Empathie
Ehrlichkeit
Liebe
Wärme
Ermutigung
Vertrauen
Verständnis
emotionale Sicherheit/Geborgenheit
gehört und gesehen werden

---

62 Anm.d.Ü.: Gemeint sind Bedürfnisse, die hinter der Verbindung mit der Überzeugung stehen, dass die Menschheit auf vielfältige Weise miteinander verwoben ist und dass jede Handlung eines Menschen Auswirkungen auf das Gefüge hat, in dem er handelt. Dies können unter anderem Bedürfnisse sein wie etwas beitragen, Unterstützung, Sinngemeinschaft und Vertrauen (in diesem Netz eingebunden zu sein, andere zu unterstützen und selbst unterstützt zu werden).

Literatur

Åström & Landberg (2004), *Peace, love and understanding – blir det effekten av medling vid ungdomsbrottslighet?* Umeå universitet.
Böhm & Kaplan (2006), *Hämnd och att avstå från att ge igen.* Natur och Kultur.
Clark, E. Mary (2002), *In search of human nature.* Routledge.
Dass, Ram & Gorman, Raul (1994), *Wie kann ich helfen?* Sadhana Verlag.
Diamond, Jared (2006), *Arm und Reich: Die Schicksale menschlicher Gesellschaften.* Fischer.
Eisler, Riane (1996), *Sacred Pleasure: Sex, Myth, and the Politics of the Body.* Harper.
Eisler, Riane (2005), *Die Kinder von morgen. Die Grundlagen der partnerschaftlichen Bildung.* Arbor.
Eisler, Riane (2005), *Kelch und Schwert. Unsere Geschichte, unsere Zukunft.* Arbor.
Eisler, Riane (2007), *The Real Wealth of Nations: Creating a Caring Economics.* Berrett-Koehler.
Fisher, Roger; Ury, William; Patton, Bruce (2004), *Das Harvard-Konzept. Der Klassiker der Verhandlungstechnik.* Campus 2004. (Originaltitel: „Getting to yes")
Frankl, Viktor (2008), *Der Mensch vor der Frage nach dem Sinn.* Piper.
Hartmann, Thom (2000), *Unser ausgebrannter Planet. Von der Weisheit der Erde und der Torheit der Moderne.* Riemann.
Jordan, Thomas (2007), *Att hantera och förebygga konflikter på arbetsplatsen.* Lärarförbundet.
Kashtan, Inbal (2005), *Von Herzen Eltern sein: Die Geschenke des Mitgefühls, der Verbindung und der Wahlfreiheit miteinander teilen.* Junfermann.
King, Martin Luther (2002), *I've Been to the Mountaintop: From a Call to Conscience.* Grand Central Publishing.
Larsson, Liv (2004), *Nonviolent Communication i praktiken: arbetsbok för att lära sig Nonviolent Communication individuellt eller i grupp.* Friare Liv Konsult.
MacKenzie, Mary (2007), *In Frieden leben: Tägliche Meditationen für ein Leben voller Liebe, Heilung und Mitgefühl. Gewaltfreie Kommunikation für jeden Tag.* Junfermann.
Marklund, Linda (2007), *Skolmedling i teori och praktik.* Uppsala universitet.
Milgram, Stanley (1974), *Obedience to Authority.* An Experimental View.
Rosenberg, Marshall (2006), *Eine Sprache des Friedens sprechen in einer konfliktreichen Welt: Was Sie als Nächstes sagen, wird Ihre Welt verändern.* Junfermann.
Rosenberg, Marshall (2007), *Erziehung, die das Leben bereichert: Gewaltfreie Kommunikation im Schulalltag.* Junfermann.
Rosenberg, Marshall (2007), *Gewaltfreie Kommunikation: Eine Sprache des Lebens.* Junfermann.
Rosenberg, Marshall (2007), *Das können wir klären! Wir man Konflikte friedlich und wirksam lösen kann.* Junfermann.
Ueshiba, Kisshomaru (unter der Anleitung von Meister Morihei Ueshiba) (1974), *AIKIDO.* Übersetzt aus dem Japanischen ins Englische von Kazuaki Tanahashi und Roy Maurer Jr., aus dem Englischen ins Deutsche von Walter Rohm. Hozansha Publishing.
Wennstam, Katarina (2005), *En riktig våldtäktsman: en bok om samhällets syn på våldtäkt.* Albert Bonniers Förlag.

Wink, Walter (1992), *Engaging the Powers Discernment and Resistance in a World of Domination.* Fortress P.
Wink, Walter (2000), *Powers that be. Theology for a New Millennium.* Doubleday.
Zehr, Howard (2002), *The Little Book of Restorative Justice.* Good Books.

Internetquellen
www.gewaltfrei.de
www.cnvc.org
www.nonviolentcommunication.com
www.restorativejustice.org
http://de.wikipedia.org/wiki/Lawrence_Kohlberg
http://en.wikipedia.org/wiki/First_they_came...
 (enthält deutsche Übersetzung des Textes)

Schwedischsprachige Quellen:
www.friareliv.se
www.fnvc.se
www.s-f-m.se
www.medlingvidbrott.se
www.bra.se
www.ne.se
www.krf.se

Beispielantworten zur Vertiefungsübung „Unterbrechen"

Die nachfolgenden Antworten wurden von jemandem bei der Durchführung der Übung (s. S. 151) erarbeitet. Ich hoffe, dass sie zu Ihrer Inspiration beitragen und Klarheit darüber verschaffen, was diese Übung Ihnen geben kann.

1a. Denken Sie an eine Situation, in der Sie gerne unterbrechen möchten, es jedoch als schwierig und als Herausforderung erleben. Wie ist es für Sie, jemanden zu unterbrechen? Wie fühlen Sie sich bei dem Gedanken daran, das zu tun?
Oft fühle ich mich unschlüssig und unsicher. Meistens nehme ich mehrmals Anlauf, aber wenn es zum Beispiel jemand anderem etwas eher gelingt, warte ich kurz, ob es ruhig wird und manchmal fängt dann jemand anderes zu reden an und ich verstumme. Wenn die Zeit vergeht und ich nicht unterbrochen habe, obwohl ich das vorhatte, fühle ich mich mal so, mal so: verärgert, enttäuscht über mich selbst, hoffnungslos, unruhig/ungeduldig, erbärmlich.

b. Was meinen Sie: Welche Ihrer Bedürfnisse würde das nicht erfüllen?
Rücksichtnahme auf andere, Schutz und Leichtigkeit, Respekt, Entspannung und Harmonie.

c. Welche Ihrer Bedürfnisse könnten dadurch erfüllt werden?
Gemeinschaft, Ehrlichkeit, Respekt für mich selbst, etwas beitragen, Effizienz.

d. Wenn Sie sich in die Lage des anderen versetzen, wie glauben Sie, würde dieser Mensch sich fühlen, wenn Sie ihn unterbrächen? Und welche Bedürfnisse, meinen Sie, würden durch das Unterbrochen-Werden für diesen Menschen erfüllt bzw. nicht erfüllt?
Vielleicht wäre derjenige baff oder würde nervös werden.
Bedürfnisse, die nicht erfüllt würden könnten, sind Gemeinschaft, Ehrlichkeit, Respekt für mich selbst, etwas beitragen, Effizienz.
Bedürfnisse, die dadurch erfüllt werden könnten, sind Ehrlichkeit, Respekt, Rücksichtnahme, Achtsamkeit, Effizienz.

2a. Erinnern Sie sich an eine Situation, in der jemand zu reden anfing, während Sie selbst noch sprachen – eine Situation, in der Ihnen das unangenehm war. Wie fühlten Sie sich?
Ich war zuerst verblüfft; dann Unsicherheit und zuletzt Ärger.

b. Welche Ihrer Bedürfnisse wurden nicht erfüllt?
Rücksichtnahme, Achtsamkeit und Respekt.

c. Welche Ihrer Bedürfnisse wurden erfüllt?
Es wäre anders gewesen, wenn derjenige erst gefragt hätte, ob es für mich okay ist. Es ist also mehr die Art, wie es gemacht wird, als dass es gemacht wird, was mich stört. Wenn derjenige hingegen vorher gefragt hätte, ob es für mich okay ist, könnten viele meiner Bedürfnisse erfüllt werden: Respekt, Kontakt, Ehrlichkeit, Freiheit zu wählen.

d. Wenn Sie versuchen, sich in die Lage des anderen zu versetzen: Welche seiner Bedürfnisse, meinen Sie, wurden durch Ihr Unterbrechen (nicht) erfüllt?
In diesem Fall glaube ich, dass es ein Risiko für denjenigen sein könnte, nicht zu wissen, wie er seine Bedürfnisse nach Akzeptanz und Respekt erfüllen soll. Aber eventuell hätte es auch seine Bedürfnisse nach Ehrlichkeit und Respekt erfüllen können.

3. Stellen Sie sich eine Situation im Rahmen einer Mediation vor, in der Sie jemanden unterbrechen, weil Sie sicher sein wollen, dass die andere Seite gehört wird, bevor Sie sich mit Ihrer Aufmerksamkeit der anderen Person zuwenden. Der Unterbrochene reagiert auf eine für Sie herausfordernde Weise. Was könnte Ihnen helfen, die Verbindung zu jemandem, der so reagiert, zu halten oder wiederherzustellen?
Ich könnte sagen, wieso ich unterbreche und danach schauen, ob das einen Unterschied für die Person macht, die sich negativ geäußert hat und ob es okay ist, weiterzumachen. Ich kann ihrer Reaktion mit Empathie begegnen.

4. Um weitere unbewusste Urteile herauszufinden, die sich auf Ihre Fähigkeit auswirken zu unterbrechen, selbst wenn es konstruktiv wäre, können Sie folgende Fragen beantworten:

a. Vervollständigen Sie ganz spontan die folgenden Sätze:
⇢ Jemand, der unterbricht, ist ... *egoistisch, unhöflich, ehrlich, respektlos.*
⇢ Wenn ich unterbreche, bin ich ... *genauso respektlos wie alle anderen in der Familie.*
⇢ Unterbrechen ist ... *unhöflich, dumm, schlau, effizient, typisch Mann*
⇢ Menschen, die andere unterbrechen, sollten *lernen, andere zu respektieren.*
⇢ Wenn sie mich noch einmal unterbricht, dann ... *schlage ich ihr in die Fresse.*
⇢ Wenn ich unterbreche, muss ich *mich darauf einstellen, dass es wehtun kann.*

b. Welche Gefühle und Bedürfnisse stehen hinter jeder einzelnen dieser Aussagen?
Ganz allgemein scheint es sich viel um Akzeptanz zu handeln. Aber auch darum, Respekt und Fürsorge für andere ins Gleichgewicht zu bringen.

5. Was haben Sie ganz allgemein aus dieser Übung gelernt? Was können Sie sonst noch tun, um effektiver im Unterbrechen zu werden?
Ich will üben, denjenigen, den ich unterbreche, erst empathisch abzuholen. Ich sehe, dass es oft die Art ist, wie ich es mache, die negative Auswirkungen hat. Sehe das als einen Balanceakt zwischen Bedürfnissen nach Respekt und Fürsorge, die mich beeinflussen. Und dass mein Wunsch nach Ehrlichkeit manchmal zurückstehen muss und ich dann aufhöre, anderen Menschen zuzuhören.

1e. Gibt es etwas an Ihrer Art zu unterbrechen, das Sie ändern könnten? Etwas, das in der vorigen Situation einen Unterschied machen würde? Was könnten Sie anders machen, damit das Unterbrechen für beide Seiten angenehmer wird?
Ja, wenn ich da näher drüber nachdenke, wäre das, erstmal die Person empathisch abzuholen und dann um das zu bitten, was ich mir wünsche.

Dank

Zuerst möchte ich Marshall Rosenberg, dem Begründer der Gewaltfreien Kommunikation (GFK), dafür danken, dass er so viel Zeit investiert hat, um die der GFK zugrunde liegenden Prinzipien zu erarbeiten und zu verbreiten.

Ich möchte auch meinem Partner Kay Rung danken, der seit langer Zeit an meiner Seite steht. In mehr als zehn Jahren ist er mir auf so vielfältige Art und Weise eine Unterstützung gewesen, mehr, als sich in diesem Buch überhaupt beschreiben ließe. Gemeinsam haben wir in Ausbildungen Übungen ausprobiert und haben unsere GFK-Kenntnisse sowohl in unserem Privatleben als auch in heiklen Situationen mit anderen Menschen getestet. Darüber hinaus hat er sich um das Layout [der schwedischen Originalausgabe] und die Illustrationen in diesem Buch gekümmert.

Danke auch an meine Schwester Maria Tison-Larsson, welche die Bilder gezeichnet hat, um die ich sie gebeten habe. Sie hat sie jedes Mal, wenn ich Änderungswünsche hatte, bereitwillig umgearbeitet, auch wenn das vielleicht nicht immer leicht gewesen ist.

Ich bin dankbar, dass Ariane Korth, die deutsche Übersetzerin, immer wieder ihr Verständnis des Textes bei mir überprüft hat, um sicherzugehen, dass sie wirklich die Feinheiten dessen, was ich ausdrücken wollte, erkennt. Ich weiß, was für eine enorme Herausforderung es ist, einen Text auf diese Weise zu übersetzen und es ist ein Privileg für mich, eine fachkundige Übersetzerin zu haben, der mein Buch so sehr am Herzen liegt.

Zu guter Letzt will ich allen Menschen meine Wertschätzung ausdrücken, die das Buch gelesen haben, Gesichtspunkte eingebracht haben, mich darauf aufmerksam gemacht haben, wo etwas fehlt sowie meine Tippfehler und manchmal eigenartigen Formulierungen bemerkt haben. Besonderen Dank auch an euch, die ihr mir bei mehreren Gelegenheiten empathisch zugehört habt, wenn mir Zweifel an meinen eigenen Schreibfähigkeiten kamen. Euch, die ihr mich Angst davor habt ausdrücken hören, mich zu zeigen und dieses Buch zu schreiben. Eure Empathie hat mir auch über meine Urteile und meine Schwierigkeiten mit dem Satzbau, Präpositionen, Kommasetzung und anderen Kniffligkeiten der schwedischen Sprache hinweggeholfen. All diese Unterstützung hat dazu beigetragen, dass es dieses Buch jetzt gibt und es hoffentlich dazu beitragen wird, dass mehr Menschen immer mehr Möglichkeiten finden, sich jenseits ihrer Meinungsverschiedenheiten zu begegnen.

Über die Autorin

Liv Larsson ist zertifizierte Trainerin in Gewaltfreier Kommunikation (GFK) und hat bisher die Bücher „Nonviolent Communication i praktiken" (Gewaltfreie Kommunikation in der Praxis), „Varning för prat" (Achtung – Gespräch!) sowie „Lilla Känsloboken" (Das kleine Gefühlsbuch) geschrieben. Sie wurde unter anderem durch Marshall Rosenberg, den Begründer der GFK, ausgebildet, mediiert in Schulen, Familien und Organisationen und bildet Menschen in unterschiedlichen Kontexten in Mediation und im Umgang mit Konflikten aus. Seit 1990 arbeitet sie als Beraterin und Trainerin und hat mehrere von Marshall Rosenbergs Büchern ins Schwedische übersetzt. Diese werden von Friare Liv Konsult herausgegeben, ihrer 1992 gegründeten Firma. Seit 1999 vermittelt sie in Schweden, Europa und anderen Teilen der Welt die GFK so unterschiedlichen Gruppen wie Führungskräften, Friedensaktivisten, Mitarbeitern von Kinderheimen, Mediatoren, Theatergruppen, Ärzten, Lehrern u.v.m. Ihre Leidenschaft sind längere Ausbildungsprogramme, da sie beim Beleuchten von auf Dominanz basierenden Strukturen in die Tiefe gehen und Werkzeuge vermitteln möchte, diese hinter sich zu lassen und lebensbereichernde Systeme in uns und um uns herum zu schaffen.

„Die GFK beinhaltet die Möglichkeit, die Entwicklung von Einzelnen, Gruppen und Führungskräften zu begleiten und trägt dadurch nicht nur zum Leben von Einzelnen bei, sondern auch dazu, dass wir Systeme schaffen, welche Gruppen unterstützen. Ich habe großes Vertrauen in die GFK als Ansatz, wenn wir nachhaltige Veränderung schaffen wollen, um die Bedürfnisse aller zu berücksichtigen. So, wie ich es sehe, sind empathisches Zuhören und respektvolle Ehrlichkeit eine Voraussetzung für Demokratie."

Liv Larsson
www.friareliv.se

Stimmen zu diesem Buch

„Ich bin begeistert von diesem Buch, denn es ist eines der wenigen deutschsprachigen Bücher, das die Themen Mediation und Gewaltfreie Kommunikation umfangreich und sehr erhellend verbindet. Die übersichtliche Struktur, die vielen lebendigen Beispiele und Übungen sowie die fundierte Auseinandersetzung mit der Thematik machen das Buch für mich als Ausbilderin für Mediation auf der Basis der Gewaltfreien Kommunikation zu einer sehr wertvollen und praktischen Unterstützung meiner Arbeit. Ich bin der Autorin dankbar für dieses Werk, das in wunderbarer Weise eine Lücke füllt, die oft von meinen Teilnehmer/innen beklagt wurde." – *Cornelia Timm,* Mediatorin BM und Trainerin CNVC

„Seit 1999 leite ich Mediationsausbildungen und mir fehlte bislang ein Buch, dass diese Arbeit wirklich unterstützt. Endlich also ein Buch, mit dem man ganz konkret an der eigenen wertschätzenden Haltung als Mediatorin arbeiten kann. Mit etlichen Übungen, dem Aufzeigen von Fallstricken und Reflexionen ist es für die praktische Arbeit ein hilfreicher Begleiter. Ein Kapitel, um sich über die eigene Motivation beim Mediieren bewusst zu werden, bringt selbst einen ‚alten Hasen' noch zum Nachdenken." – *Anja Kenzler,* zert. Trainerin für Gewaltfreie Kommunikation (Trainer CNVC), Mediatorin und Ausbilderin BM, Leiterin der Anerkennungskommission des Bundesverbandes Mediation e.V.

„Mir gefällt, wie Liv Larsson ein klares Bild darüber vermittelt, wie ein Mediationsprozess ablaufen kann, und dabei den Leser immer wieder dazu anregt, sich mit seiner eigenen Haltung auseinanderzusetzen. Die vielen konkreten Beispiele machen gleichzeitig Mut, selbst aktiv zu werden." – *Rainer Korn,* Kommunikationstrainer

„Als Mutter von drei kleinen Kindern lerne ich viel aus Büchern. ‚Begegnung fördern' hat sich als sehr hilfreich erwiesen, die Beispiele sind sehr realistisch und haben uns als Familie toll geholfen, besser in Verbindung zu bleiben. Es ist sehr bereichernd, endlich in der Lage zu sein, Konflikte zur Zufriedenheit aller lösen zu können. Ich plane nun mit Hilfe der genauen Anleitung, die das Buch gibt, eine Mediationsgruppe ins Leben zu rufen, um auch anderen Familien zu ermöglichen, diese wundervolle Verbindung zu leben." – *Natália Fialho, Cascais,* Übersetzerin und Mutter

„Wenn etwas von Liv Larsson kommt, empfehle ich es. Ich habe Liv im Jahr 2000 auf einem neuntägigen GFK-Intensivtraining in der Nähe von Stockholm kennengelernt. Seither haben sich unsere Wege immer wieder gekreuzt. Mit der Zeit habe ich eine tiefe Wertschätzung dafür entwickelt, wie Liv die Gewaltfreie Kommunikation in ihr Leben integriert. Als ich erfuhr, dass sie ein Buch über das geschrieben hat, was sie und ihr Partner Kay als GFK-Mediationstrainer gelernt haben, freute ich mich. Ich persönliche habe nämlich die Vision, dass binnen der nächsten fünf Jahre Trainer aus den fünf größten Sprachräumen der Welt in der Lage sein werden, hauptberuflich GFK-Mediationsausbildungen anzubieten. Ich bin zuversichtlich, dass Livs Buch den Weg für die Ausbildung von Trainern in unzähligen Sprachen ebnen wird." – *Ike Lasater,* Anwalt und international tätiger GFK-Mediationstrainer, der selbst zusammen mit John Kinyon an einem GFK-Mediationsbuch schreibt.

„Danke, Liv Larsson. Ihr Buch wird mein treuer Begleiter.
Nicht mehr fliehen, nicht mehr wegschauen. Stattdessen beginnen, liebevoll und verständnisvoll auf mich selbst und alle anderen zu schauen. Das Buch hat mir Spaß gemacht, es ist in lebendiger Sprache geschrieben und übersetzt, sodass mir dieses so wertvolle Thema ganz leicht erscheint. Ich bin begeistert und fühle mich in meiner Vision bestärkt, dass ich und jeder von uns – egal in welcher Lebenssituation – zur Verbindung zwischen Menschen beitragen kann. Bei diesem Gedanken fühle ich Hoffnung und Dankbarkeit, weil eine neue, respektvolle und friedliche Welt für mich zur realen Möglichkeit wird." – *Ines Gläsle,* Make-up-Artist, Stuttgart

„Was dieses Buch so interessant/wertvoll für mich macht, ist dass es zwei große Bereiche sehr gut abdeckt: Die Autorin wirft Fragen auf, die für das Verständnis von Mediation aus meiner Sicht essenziell sind und liefert dazu das Verständnis erweiternde Hintergrundinformationen. Des Weiteren bieten die vielfältigen Übungen immer wieder aufs Neue Gelegenheit, das neu erworbene Wissen auch praktisch anzuwenden – und zugleich die Gelegenheit, jederzeit für sich selbst eine Standortbestimmung vorzunehmen." – *Thomas Grabner,* Rösrath, Trainer und Coach

„Liv Larssons Ausführungen über komplexe Zusammenhänge in der Mediation und die zugrunde liegende Haltung der Gewaltfreien Kommunikation sind leicht und klar nachvollziehbar. Dies vor allem deshalb, weil sie in ihrem Buch ihren Schatz eigener Erfahrungen und ihre jahrelange Beschäftigung mit gesellschaftlichen und menschlichen Strukturen, die uns beeinflussen, teilt. Seit einigen Jahren kenne ich Liv und habe erlebt, wie sie sich einmischt, ihre Erfahrung und Präsenz teilt, mit der Absicht, zum Prozess beizutragen, in dem die Anliegen aller gehört und berücksichtigt werden: sei es in Mediationen, Workshops, die sie selbst leitet, oder auch in informellen Gruppen. Für mich ist dieses Buch ein Ausdruck ihres tiefen Wunsches, zu einem gesellschaftlichen Wandel beizutragen – indem es Menschen ermöglicht wird, konkrete Mittel in die Hand zu bekommen, um selbst herausfordernde Situationen zu verändern." – *Katharina Ossko,* Empathietrainerin

„Ich bin überrascht, in diesem Buch so viele praktische Tipps zu finden, die ich gleich anwenden möchte." – *Lisi Maas,* Lehrerin an einer Schule für Erziehungshilfe, Mutter von zwei Kindern

Der Weg zum respektvollen Miteinander

240 Seiten • € (D) 19,95 • ISBN 978-3-87387-454-1

MARSHALL B. ROSENBERG

»Gewaltfreie Kommunikation«
Eine Sprache des Lebens

Wie kann man sich auch in Konfliktsituationen so verhalten, dass man seinen Mitmenschen respektvoll begegnen und gleichzeitig die eigene Meinung vertreten kann – ohne Abwehr und Feindseligkeit zu erwecken?

Mit der Gewaltfreien Kommunikation! Die Methode setzt darauf, eine Konfliktsituation zu beobachten, Gefühle auszusprechen, Bedürfnisse aufzudecken, und dann den anderen zu bitten, sein Verhalten zu überdenken. Ehrlichkeit, Empathie, Respekt und Zuhören-Können stehen dabei im Vordergrund. Mit Hilfe von Geschichten und beispielhaften Gesprächen zeigt M. Rosenberg alltägliche Lösungen für Kommunikationsprobleme.

Bestseller – 160.000 verkaufte Exemplare!

Dr. Marshall B. Rosenberg ist Konfliktmediator und Begründer der GFK. Er lehrt in Europa und den USA und reist regelmäßig in Krisengebiete, wo er Ausbildungen und Konfliktmediationen anbietet.

Das komplette Junfermann-Angebot rund um die Uhr – Schauen Sie rein!

Sie möchten mehr zu unseren aktuellen Titeln & Themen erfahren? Unsere Zeitschriften kennenlernen? Veranstaltungs- und Seminartermine nachlesen? In aktuellen Recherchen blättern?

Besuchen Sie uns im Internet!
www.junfermann.de